東アジアの中の戦後日本

戦後日本を読みかえる
5

坪井秀人 編

臨川書店

序言

坪井秀人

〈戦後〉という時代概念はもはや無効である。こうした声がもうすでにかなり以前から、日本研究に関わる人文学、とりわけ歴史学などから盛んに言われるようになってきた。〈戦後〉と日本語が指示するものは、日本という国・地域にしか当てはまらない、一国主義的で特殊な時代区分・概念でしかない。このことを認めるならば、〈戦後〉の有効性に対するこの問い直しには一定の説得力がある。隣国の韓国を例に取れば、そこに住まう人々はなお韓国戦争（朝鮮戦争）の休戦状態にあり、〈戦後〉ではなく〈戦時〉にあると言う方が正確であろう。その朝鮮半島における〈戦時〉を代償として日本の〈戦後〉も成立していることを考えるならば、なおさらのことである。

日本にとっての〈戦後〉。それは韓国・朝鮮を含む東アジアの諸地域においては別の時間、すなわち〈解放後〉〈光復後〉その他の呼称で言われる別の時間と、非対称な形で対応し、時にはきびしい対立をもはらむだろう。〈戦後〉という時間について考える時、こうした東アジアにおける非対称性のことを無視するわけにはいかないのである。

しかし、その反面で、いわゆる構造改革以後の日本の政治のステージでは、新自由主義の風潮が強まることともあいまって、時々の政権によって、〈戦後〉という軛からの脱却とその超克が繰り返し声高に叫ばれてきたという経緯もある。七十年以上の長きにわたって続いてきた日本の〈戦後〉は、いまやイデオロギーに関わりなく、ある種強制的な忘却の力学によって空洞化され、過去化されようともしている。

このようにして〈戦後〉は日本の内から外から、しかもそれぞれまったく違う力学のもとでその終末を迎えようとしているのかもしれない。しかし、このような現在だからこそ、〈戦後〉とはどのような時代だったのかを徹底的に検証し、考え直す時が来ているのではないだろうか。〈戦後〉という時間に殉じるがごとく、（皮肉なことに）衰弱の途を取らされ続けている人文学の知をここに集めて、臆することなく真っ向から〈戦後〉を読みかえることに挑んでみたい。

本叢書『戦後日本を読みかえる』が目指すのは、保守主義を中心に唱えられてきた〈戦後〉に対する挑戦に対峙し、〈挑戦〉する権利を私たちの側に奪い返すことである。安易に〈戦後〉が総決算され、そこから脱却されることに抗し、本当の意味で〈戦後〉を終わらせるための作業に就くこと。本叢書の評価はその作業に対する評価によって決しられるはずである。

＊　　＊

叢書『戦後日本を読みかえる』の第五巻は「東アジアの中の戦後日本」と題する。〈戦後〉とは、文字通り〈戦争の後〉を生きる時間であり、言わずもがなのことながら、それは起点としての〈戦争〉の時間と切り離して考えることは出来ない。身体に刻まれた傷、記憶に刻まれた精神的な外傷など、戦争が残したさまざまな傷と向き合いつづける時間。戦後の時間とはそのような時間として始まった。

もちろん十年、二十年と年を経るにしたがって記憶の風化を危惧する声が強まっていくと、傷痕の隠蔽と消去のことが議論の俎上に乗ってくるのだが（このことについては敗戦後十年単位の新聞メディア等の論調を遡及的に取り出して分析した拙著『戦争の記憶をさかのぼる』［筑摩書房、二〇〇五］も参照していただけると幸いである）、少なくとも個体の生の時間の続く限り、傷＝記憶は疼き続けるだろうし、その傷は、それをもたらした責任主体（加害者）を告発する過程を取ることも少なくないだろう。個体に刻まれた（単一化されない）いくつもの傷の一つ一つが、それぞれの傷を与えた主体の責任を問わないではいられなくなるのだ。

これは日本に限ったことではないが、一つ一つの異なる傷がその存在（傷痕）を主張し、その傷の個別性が（個別性＝差異を維持したままで）剥き出しになって声をあげるということは、体制の維持（国体護持）を目論み、個別性を共同的身体（国体）のパーツとして回収しようとする国家共同体にとっては、もっとも忌まわしく、かつまた恐るべき事態であろう。体制はこういうときにはきまって、ノスタルジアを基調とする感情共同体を構成して、その個別性を馴致し、平準化して共同性の中に回収することによって乗り切ろうとする。そのかけ声の代表的な例は敗戦後間もなく、時の首相東久邇宮稔彦王によって唱えられた一億総懺悔論に見ることが出来る。

敗戦の因って来る所は固より一にして止まりませぬ、前線も銃後も、軍も官も民も総て、国民悉く静かに反省する所がなければなりませぬ、我々は今こそ総懺悔し、神の御前に一切の邪心を洗い浄め、過去を以て将来の誡めとなし、心を新たにして、戦いの日にも増したる挙国一家、相援け相携えて各々其の本分に最善を竭し、来るべき苦難の途を踏み越えて、帝国将来の進運を開くべきであります（第八八回帝国議会［臨時会］における施政方針演説）

全国民に敗戦の責任を背負い、神（その代行者たる天皇）の前に総懺悔せよと求めたこの言葉は、追いつめられ万策尽きた日本帝国によって担ぎ上げられた皇族首相によるものであることを割引いても、軍官民の別を取り払い、個別性を捨象して（平等＝平準化して）天皇に帰一し奉る国民精神を再確認するもので、それは帝国憲法下（当然治安維持法もなお有効であった）、〈戦後〉の開始を告げるはずのこのステイトメントが実質的に〈帝国の継続〉つまりは〈戦時の（戦後への）継続〉を訴えるものに他ならないことを示している。こうした本質はＧＨＱによって見破られて短時日のうちに東久邇宮内閣は総辞職に追い込まれることになるが、当時から猛反発を受けたとはいえ、この一億総懺悔論は主体の個別性を消去する〈戦後〉的言説の端緒として記憶しておくべきだろう。

そして戦時／戦後の連続性に則ったここでの〈懺悔〉論は、日本の戦後世論を長く支配することになる被害者史観に接続されていく。この両者に共通するのは、天皇の前で懺悔する立場において、そして自分たちが被害者であることにおいて、平等でいられることである。一億臣民こぞって反省し天皇に謝罪する総懺悔論は、（天皇も含めて）誰も相互に責任を取らなくて良い、債務帳消しの恩恵を差別なく享受できる平等システムである。

一方、被害者史観についても、この日本列島（本土）の島民たちは、戦時の、耐乏・空襲・疎開・焼跡・復員・引揚までの〈銃後の守り〉の個人史／家族史を被害の歴史として一律に語り始めることで、島の内部で自己完結する〈敗戦国民〉としての戦後的アイデンティティを享受することにおいてあたかも平等であるかのような関係に組み込まれた。もちろんその〈平等〉は、例えば戦災孤児や傷痍軍人、街娼といった人々のことを考えるだけでも虚像に過ぎないことは明らかだ。

そして言うまでもなく、その島民たる日本国民の被害者的アイデンティティの紐帯は、文字通り捨て石にされた南は沖縄、北は樺太（サハリン）といった周辺の島々の人々の生死の経験を封印することと引き換えにして行われた。日本列島の周辺への想像力が立ちあがらない以上、ましてや旧植民地としての台湾・朝鮮、旧満洲、南太平洋や東南アジアの占領地域の人々の存在が意識化される余地はきわめて小さかった。満州国建設や〈大東亜共栄圏〉の夢と野望がついえると、世界化というモメントも戦後の日本国内の世論からは急速に萎んでいったのである。

東アジアにおいて旧宗主国民（colonizer）という立場にあった日本国民が二十世紀末に至るまで戦後の長きにわたって植民地支配と戦争責任／戦後責任の加害意識を共有できなかったことは、やはり問題とされなければならない。イム・ジヒョン（林志弦、韓国・西江大学校）が提唱する被害者的民族主義（Victimhood Nationalism）という概念は、主として韓国や日本などの東アジア地域の戦後国家をモデルにしたものだが、被害感情の共有によってナショナリズム（民族主義／国民主義）が構築されるパターンは韓国と日本とで重なるとしても、それは同じものではない。

ただ、興味深いことに、二十世紀の終わりに新自由主義の潮流に乗って、日本における嫌韓と韓国における親日バッシングとが相補的にあらわれて、それによって萌芽してきた戦後責任の議論が挑戦を受けてきたこと、このことは朝鮮半島と日本列島の両岸を同時に視野に入れなければ見えてこない状況であろう。朝鮮半島の人々の、旧植民地被支配者（colonized）としての被害の記憶と、それによって民族的同一性が維持される被害者的民族主義。そしてそれと相似形を成す被害者感情によって保証された国民的同一性を無自覚に享受してきた旧コロナイザーたちが加害者意識（戦後責任）への覚醒によって長く貪った安穏な眠りを妨害され、そこに謝罪への道筋が用意されると、こうした変化に対抗し、いわゆるネット右翼や在特会などの在日韓国・朝鮮人排斥団体の勢力がその謝罪への道筋を閉ざすべく、覚醒と謝罪の相方（対象）となる（朝鮮）韓国の民族主義にその変化の罪を着せる動きを活発化させてきたわけである。

韓日両岸を引き裂きながらしかし補完もしあう、両者のナショナリズムのねじれた関係は、ファナティックな決断主義によって理性的な議論を排除する、いわゆる〈自虐史観〉批判の文脈をその両岸に用意することになった。すなわち、ここで私たちは、一億総懺悔論から被害者史観へ、そしてその被害者史観を克復しようとして立ち上げられた戦後責任論の勃興に対してそれを〈自虐史観〉として蹴散らそうとする歴史修正主義へという系譜を描くことが出来るだろう。

国名の中に〈民主主義〉を掲げる北朝鮮、憲法改訂のたびに〈人民民主主義〉の扱いを考慮しなければならなかった中国をも含めて、戦後の東アジアの国々は、ナショナリズムとともに民主主義というものを（その実体はそれぞれまったく別のものであったとしても）共通の鍵概念として運用してきた。その第十条に《日本政府は日本国国民における民主主義的傾向の復活を強化し、これを妨げるあらゆる障碍は排除するべきであり、言論、宗教及び思想の自由並びに基本的人権の尊重は確立されるべきである》とあるポツダム宣言を受け入れて総力戦体制を終わらせ、戦後をスタートさせた日本においては、〈民主主義〉という言葉の持っていた輝きはやはり大きなものであった。民主主義の徹底というものがもたらした最大のものの一つは女性参政権を勝ち取ることによって実現させた完全普通選挙だと言ってよいが、そこに至る昂揚した敗戦期の民衆の時間は、確かに日本の歴史のそれ以前にも以後にも見られなかった稀有な瞬間だったはずである。

ところで今日、一九四〇年代後半から五〇年代、六〇年代にかけての東アジアの民主主義（そしてナショナリズム）に関わるこうした文脈について考える際に、繰り返される民主主義への批判に応対する中で、ジャック・ランシエールが選挙や代表制と民主主義とは本来相容れない別のものであると述べたことは、重要な意味を持つ。

普通選挙権は、民主主義の当然の帰結ではまったくない。民主主義が自然な帰結を生まないのは、まさにそれが「自然」の分割であり、自然的特性と統治形態の結びつきの切断だからである。普通選挙権は、寡頭制から生まれた混合形態であり、民主主義の闘いによって方向をずらされるが、たえず寡頭制によって元に戻される。寡頭制は、選挙民がくじ引きの民であるかのようにふるまう危険をけっして排除できないとしても、候補者や時には政策の決定までを選挙民に委ねるのである。（ジャック・ランシエール『民主主義への憎悪』、松葉祥一訳、［原著、二〇〇五］、インスクリプト、二〇〇八、七五―七六頁）

ランシエールによれば、選挙や代表制が少数の権力者が支配する〈寡頭制〉との妥協の産物である以上、それを民主主義と同一視することはできない。〈地元〉に根を張った世襲議員が選挙で代々選ばれ続け、支持率が低下しても内閣が倒れない現行の日本の政治（〈一党独裁〉の自由主義ヴァージョン？）を見ていると、さもありなんと思う一方で、民主主義を制度としての〈民主制〉ときっぱりと区別するこうしたランシエールの意図を読み誤ると、日本の〈戦後民主主義〉を、制度（ハード）としての民主制や平和憲法を獲得した歴史としてだけ語って終わり（そして実体は何もかわらない）という空虚な語りのなかに片づけることと同じ結果に陥る。《民主主義とは、たえず寡頭制政権から公的生活の独占権を奪い取り、富から生活の絶対権力を奪い取る活動である。民主主義とは一つの力であり、現在かつてないほど、これらの権力を唯一の支配法則のなかに混合することと闘わなければならない》（同書、一二九頁）のであって、それは政治から排除されてきた《とるに足らない》人々に声を与える理念なのである。

私たちはこのことを敗戦後の日本そして東アジアにいまいちど差し戻して考えてみるべきであろう。

その時に民主主義というものの理念がどれだけの革命的な衝撃力を持っていたのかに、私たちはあらためて思いを致す必要がある。《民主主義とは一つの力であ》るという、その力を私たちは忘れてしまっている、いや忘れさせられてしまってきたかもしれないからだ。例えば女性参政権の問題も単なる制度の問題なのではなく、まさに声を持たないと限定されてきた人々（女性）に声を与えることなのであった。それは一億総懺悔論のように、戦時／戦後の連続性を前提に、天皇や為政者の責任を自由に告発する人々の声を封じこめるあり方とは決定的に対立するものであった。またそれは、被害者史観や自虐史観批判が日本国／日本国民という単独の領域に内向きになり、他者との対話（応答責任《レスポンシビリティ》）を閉ざしてしまうあり方を克復する可能性を秘めていたはずである。

　もちろん日本への民主主義の仲介役となった合州国政府とＧＨＱが逆コースに転じたこと、そして占領下の検閲体制のことを無視するわけにはいかないが、声を奪われた者が声を持とうとする力は、戦時、日本帝国によって声をあげることを抑圧されてきた東アジアの人々に刻まれた傷、その傷に耳を傾ける、そしてそれに応答する力ともなったはずだ。それは一八〇度にねじれた被害感情（ナショナリズム）によって関係づけられることではなく、〈国体〉という権力身体によってなきものにされてきた人々が声を持つことの可能性を民主主義の中に見出すことである。それを分有することを通して初めて戦後日本は東アジアの中に開かれると言いうるのである。

　本巻の最初の三つの章に配された北原恵、秦剛、尹芷汐の論考は、いずれも美術や文学において戦争という経験や記憶と戦後の時間をつなぐときに起こる葛藤や可能性について探求したものである。

北原は日本の戦後における戦争画をめぐる思考がアジアと《出会い損ねた》のではないかと問いかけているが、このことは美術に限らず文学やその他の分野にもあてはまるだろう。戦時期における戦争画の分析から空爆／空襲そして防空という概念の線引きがジェンダーや国境によって引き直されることを示しながら、最近の現代美術における戦争画の試みに、アジアに向かう志向を見出し、経験の継承だけではなく、それを批判的に検証する萌芽があることも示してみせる。秦の論考は南京大虐殺を作品化した堀田善衛の『時間』を取り上げ、日本社会が戦争責任という問題に対していかに無自覚であったかをきびしく問いかけ、堀田の『時間』という作品もいかに冷淡に遇されてきたかを批判的に検証している。堀田が依拠したと思われる東京裁判の一次資料と作品との照合も行われている。尹の論考も中国における日本軍の加害責任を扱いながら、戦後三十年余りが経過して〈日中友好〉の気運の高まった時期に、戦争責任というテーマに正面から取り組んだ作品があらわれたことに注目する。戦前日本での強制労働の記憶をもとに創作された鄧友梅の『さよなら瀬戸内海』、そして森村誠一の『悪魔の飽食』『新・人間の証明』が分析され、一九八〇年代という時代に戦争記憶の問題が浮上することの意味を中国と日本の両方の視点から考察したものである。森村が扱う七三一部隊に関する博物館が哈爾浜にあり、私も最近訪れて、感情的なデモンストレーションを極力抑制し、膨大な文献資料で徹底的に事実を実証してみせる展示の説得力に感銘を受けた。だが、尹はそうした実証主義とはまた別の、文学による表象の可能性に目を開かせようとしたものと言うことが出来る。

つづく廣瀬陽一と申知瑛の論考は戦争および敗戦の経験が半島における朝鮮の人々、在日朝鮮人作家がどのように受けとめられ、表現されたのかについて論及したものである。廣瀬は〈転向〉の問題を戦後に設定し、より多様な視点からそれを考察し、従来の転向研究が《自己完結的な言説空間に過ぎない》と批判し、朝鮮人など植民地の人々の〈転向〉への視座が欠落していることを問題化している。金達寿を例に〈親日〉と抵抗が複雑に絡み合った様相を〈転向〉という視野の中に置いて捉え返した試みである。中の論考は日本一国を中心に組み立てられた一九四五年八月一五日を起点とする〈戦後〉という時代概念そのものを相対化する試みであり、玉音放送の天皇の声が朝鮮の人々によって〈解放〉〈独立〉としてどのような過程で翻訳・変形されたかを、朝鮮人作家の小説をもとに検証している。とりわけ〈噂〉というトピックへの着目には、多くの示唆が含まれているだろう。

最後の二篇、目取真俊の小説を取り上げて沖縄戦の記憶と身体の問題を論じた村上陽子の論考と、東日本大震災前後の〈台湾〉イメージについて女性雑誌の分析から考察した李文茹の論考は、一見対照的ながらも、沖縄と台湾の視点から、戦後生まれの世代においてポストコロニアル状況がどのような意味を持つのかという問いを投げかけたものである。村上が取り組んでいるのは、死者の魂が生者の身体にどのようなかたちで語り得るのかという根源的な問題だ。沖縄の地で、言語化し得ない、まさに身体に刻む込まれた傷が、死者となっても癒えないままに、伝えようとするものがあるのに対して、その声を聴き取ろうとする生者は身体を持つがゆえに暴力に接するあやうさを引き受けなければならない。受肉した生者が暴力をどのように乗り越えるのかという問いは、日々、米軍基地をかかえる中で日常的に暴力にさらされている沖縄の空間の中からのものだけに、これは重いと言わなければならない。李の論考は一九七〇年代から八〇年代にかけての男性中心的な台湾ツアーから九〇年代以降の女性主体のツアーリズムにシフトしたことの見取り図を傍らに置きながら、消費の対象としての台湾が、特に三・一一以後、同時にある共同体的なノスタルジアの装置として機能することの意味を読者に問いかける。東アジアは確かにいまや日本に開かれている。植民地主義を意識化させる距離感はそこには稀薄に見える。けれどもそれならば、日本の身体は、はたして東アジアに開かれているのだろうか。

目次

装幀・野田和浩

第1章　「戦争画」概念再考

――「空襲」は銃後の図像か

北原　恵

鈴木誠《皇土防衛の軍民防空陣》一九四五年　東京国立近代美術館（無期限貸与作品）©Nishiki Suzuki 2018 /JAA1800126　Photo：MOMAT/DNPartcom

はじめに

最近、アジア・太平洋戦争期の戦争画や戦争をテーマにする若い世代のアート作品が急増している。二〇一五年は戦後七〇年を記念して戦争画関連の展覧会や雑誌特集が数多く企画されたが、その後もアジア・太平洋戦争を扱う作品制作は継続しており、これは一過性の動きではなさそうである。「戦争画」を扱った現代作家としてまず思い浮かぶのは、一九九〇年代半ばから「戦争画リターンズ」シリーズを制作してきた会田誠（一九六五年〜）であろう。しかし、この数年特徴的なのは、会田誠と同年代か、もっと若い世代のなかで戦争画や作戦記録画、あるいは従軍美術家の人生を媒介として作品を制作する作家が増えていることである。なかでも、特攻隊員だった祖父の戦争体験と平和教育とのズレに疑問を持つことから制作を始めた後藤靖香（一九八二年〜）のような孫世代の活躍が目立つ。戦争画を模写したりプロパガンダの様式を用いる美術家たちもいる。それらに特徴的なのは戦時中の戦争画に関心を抱くだけでなく、生活のなかの戦争を知るために徹底して資料を渉猟し、あらたな想起の糧を創り出していることである。

戦争の視覚記憶については膨大な研究が積み重ねられているが、記念碑やモニュメントが対象になる場合が多い。一方、美術史研究においても作戦記録画を中心に個々の美術作品の分析や美術史に位置づけ直す研究が進展してきた。戦争画の実物に触れる機会が増大し、ネットや画集でも戦争画の画像を簡単に見ることができる今、それらが戦争の記憶を再構築する側面に注目し、戦争画をめぐる言説を検証する必要があるだろう。(1)そのような状況の中で、現在の戦争画の急増とも見える現象と作品群はどのように位置づけることができるのだろうか？

本稿では「戦争画」という概念を再考するために、三つの視点から論ずる。まず戦争画をめぐる言説や研究の歴史を四つの時期に区分して一九三七年から現在まで概観した上で特徴を述べる。次に、これらの特徴の中で「前線／銃後」「空襲／空爆」「防空」という概念に焦点を当てつつ具体的な作品の図像と言説分析を通して問題点を指摘し、最後に、冒頭で触れた現代の戦争画を詳述して、「戦争画」概念再考の今後の課題を述べたい。(2)

1　戦争画言説と研究の歴史

戦争画言説の時期区分と特徴

近年、日本では戦争をめぐる美術作品が増えているが、一九九〇年代半ばまで、アジア・太平洋戦争を描く作品数は文学領域に比べるとはるかに少なく、アカデミズムにおいても戦争画研究がタブー視された時期が存在した。一九六〇年代後半には戦争画リバイバルとも呼べる現象が起こり、戦争画をめぐる言説は、タブーにせよブームにせよ、戦争記録画の存在によって左右されてきた。

そこで、本節では戦争画言説の特徴を浮き彫りにするために四つに時期を区分し、①戦争画の制度化・序列化がなされ同時代の〈状況キロク〉[3]として表象される時期（一九三七〜四五年）、②戦争責任論争がうやむやになり戦争画が忘却され、〈体験〉として表象される時期（一九四五〜六五年）、③アメリカでの「戦争画の発見」をきっかけに生じたリバイバルののち一転してタブー化されるなかで、〈証言〉や〈歴史認識〉の表明として表象される時期（一九六五〜九五年）、④アカデミズムでの研究が始まった一九九〇年代半ばから現在に至るまでの〈記憶〉〈アーカイブス〉として表象される時期（一九九五年〜現在）、に区分する。この分類によって、従来、作戦記録画と対極的に扱われることの多かった靉光と松本俊介の絵画や、一九四五年で歴史を切断して戦後の反戦・平和の美術の代表として論じられてきた浜田知明や香月泰男、丸木俊・位里、山下菊二らの作品を「戦争VS平和」の二項対立図式から解放し、現在新たに起こっている戦争画ブーム現象を歴史的にとらえることができるだろう。

美術が戦争に国家組織的に動員されるようになったのは、日中戦争が始まり大日本陸軍従軍画家協会（のちに陸軍美術協会に解消）の結成や作戦記録画の発明など制度化が成された「状況キロク」の時代（一九三七〜四五年）である。戦争画においては作品のテーマやメディアも序列化されるが、聖戦美術展や大東亜戦争美術展など大規模な総合展覧会を調べることによってその形成の過程を知ることができる。

一九三九年七月、満州事変勃発二周年を記念して開催された第一回聖戦美術展（朝日新聞社・陸軍美術協共催）は、洋画・日本画・彫刻の各部門から成り、戦争に関する絵画の一般公募を行った戦時下初の展覧会だった。兵士や傷痍軍人が参加する場合は、プロ・アマを問わず、別に出品枠が設けられたことからわかるように、戦争画の真の主人公は画家ではなく兵士でなくてはならなかった。展覧会図録では、第一部の「戦線」以下、第二部「白衣の雄姿」、第三部「占拠地」、第四部「銃後」、第五部「スケッチ集（前線）」の順番に構成されており、「前線」を「銃後」の上位に置くテーマの序列化を明確に見ることができる。その後、公式の戦争画を「作戦記録画」と呼び、最高位に置く序列が確立するとともに、天皇が作戦記録画を眼差す「天覧」という権威によって一般の戦争画の差異化はさらに図られた。大規模な戦争美術展には日本人女性や朝鮮人男性の画家も出品していたが、作戦記録画を任されるのは、内地の日本人男性のみであり、日本人女性や植民地出身者が依頼されることはなかった。戦争末期に、東京空襲での軍民防空の様子を描いた作戦記録画《皇土防衛の軍民防空陣》（一九四五年）を任されたのも、日本人男性画家の鈴木誠だった。

このように一九三七年から四五年の時期には、美術の戦争動員が制度化されるにつれて、①「銃後」よりも「前線」を主題とした絵画の優位性、②作戦記録画を頂点とする序列化、③そのことにより生じた「日本人男性＞日本人女性・植民地出身男性」という制作者の序列が構築され、明確化されていったことがわかる。

一九四五年の敗戦直後、日本では戦争画制作の戦争責任をめぐって、画家たちが雑誌や新聞紙上で論争を開始し（「美術家の節操」論争『朝日新聞』一九四五年一〇月他）、一九四六年には日本美術会が戦争責任を負うべき美術家のリストを公表した。だが、これらの「節操」論議は真に美術家の戦争責任に迫るものとならず、「転向」など思想的課題に深められることもなく、一九五一年、GHQは接収した戦争記録画を米国に持ち去った。その後も元従軍画家たちが体験を回顧して週刊誌で語ることはあっても[4]、美術界の主流で活躍し始めるにつれて戦争画の存在は急速に忘れ去られていく。

再び戦争画が人々の話題に上るのは一九六〇年代半ば頃からである。日本の高度経済成長と国際政治の変化に伴って生じた戦争の語りの変容は、一九六三年の全国戦没者追悼式や終戦記念日の制度化を促進させ、公文書や記録フィルムなどの返還運動につながるが、美術界では戦争記録画をめぐる動きに顕著に現れた。一九六〇年代初頭から始まった水面下での動きの中で、朝日新聞社が米国に運ばれた戦争記録画の返還運動を起こし、六四年に東京国立近代美術館も加えて外務省に返還促進の願いを出す。一九六三年には江田島の旧海軍兵学校が所蔵する戦争画が東京・大阪で展示され、GHQに接収された戦争記録画について「異国の倉庫にくちさるよりも、一時も早い返還を期待したい[5]」と主張した。だが戦後二〇年目の六五年になっても返還は果たされず、六六年に写真家中川市郎がアメリカ国防省で戦争画を「発見」したことが大スクープとなり、六七年には、戦争画の画集の出版や展覧会の開催など、突如として「戦争画ブーム」(鈴木勝雄)ともいえる現象が巻き起こった。そして、戦争記録画は一九七〇年、無期限貸与という形で東京国立近代美術館に一括返還された。

同館学芸員の鈴木勝雄は、アジア・太平洋戦争の集合的な記憶の形成に「美術」という制度がどのように関与したかを検証するなかで、返還前にすでに戦争画のリバイバルとブームがあったことに注目して、次のような特徴を挙げている。①戦争画だけに限らず、公文書やフイルムなど被接収資料の返還運動が「奪われた戦争の記録を取り戻す」というナショナリズムを発動させたこと、②戦争画は、一般的な美術作品以上に「美術」と「史料」双方にまたがる性質を持つこと、③そのため戦史の挿図として扱われているにも関わらず、厳密な史料批判をすり抜け、「名画」という言葉で戦争画を過去の真正な証言に転換してしまっていること、④さらに、戦争記録画の美術館への帰属によって「戦争画」が馴致されたことだと述べる。(6)

戦争画が美術と史料の両方の性質を持つという鈴木の指摘は、一九六七年にノーベル書房から出版された『太平洋戦争名画集』を見れば明白である。この「名画集」は、一九三七年の序戦から一九四五年の終局に至るまでの戦争の局面を時代順に追った構成を取り（序戦—開戦—進攻—戦闘—終局）、その順番に並べられた戦争画が、戦記・戦史の挿絵として機能している。この時代順の構成は、戦時中の大型展覧会での前線の様子を描いた絵画の展示を踏襲しており、作品解説も作品そのものではなく、描かれた戦史の解説となっている。すなわち、「美術作品」としての返還を要求しながらも、美術としての作品分析はなされず、戦史のビジュアル化の役割を果たしていたのである。

一九六七年は戦争画の画集や雑誌の特集が続き、美術雑誌『みづゑ』は「戦争記録画の時代」という特集を企画している。特集では、針生一郎による戦争画批判の論考と、宮本三郎ら従軍画家体験者たちによる戦争批判の視線を欠いた回想談の二種類の言説が、共存していた。(7)針生は、当時の戦争画を扱った雑誌やテレビ番組などを「過去への無批判なノスタルジーにみちていていささか唖然」としたと述べたのち、日中戦争以降の戦争画の歴史を振り返り、「戦争画の洪水を拒否して、自己の芸術的主体を守りえた」ごく少数の例外として、靉光や松本俊介の名前を挙げており、このように戦時下の画家を二分する語りはその後広く引き継がれるようになった。

戦争画ブームの始まった一九六七年は、美術家たちが当時の南ベトナム民族解放戦線の絵についても議論を行っているが、現在の主題として戦争を考えようとするものの、ベトナムの歴史を戦前にまで遡り日本との関係から捉えなおそうとする歴史的視点はない。(8) それは、ベトナム戦争が終結した一九七五年に出版された『日本美術』の特集「画家と戦争体験」においても同様だ。戦争画の問題は、「なお傷ついた心をひきずって制作する」「十字架を背負う画家たち」という日本人男性画家のみの問題に収れんしており、かつて日本がアジアで戦争をしたという歴史認識から「戦争画」を捉えなおす視座はやはり見られない。(9) 一九七〇年前後に日本社会で生じたアジア認識の転換期に、日本の戦争画をめぐる思考は「アジア」と出会い損ねたと言えるのではないだろうか。しかも、一九七七年に東京国立近代美術館は、予定していた戦争記録画の一括展示について、「近隣諸国の感情に配慮する」としてアジアを引き合いに出して延期の理由とし、封印してしまったのである。

この時期の戦争画言説の担い手は、元従軍画家や菊畑茂久馬のような現代作家と針生一郎ら美術評論家だったが、戦争画を真正面から見つめ、早くから論考を発表した人物は、美術史家ではなくアーティストの菊畑茂久馬だった。戦争記録画の公開中止に対して中原佑介やヨシダ・ヨシエらが批判し、(10) 菊畑茂久馬もこれを機に『天皇の美術——近代思想と戦争画』(一九七八年)を上梓した。東京国立近代美術館での一括公開が突然中止された一九七七年以降、戦争画のタブー化が進むが、作品は数点ずつ公開され、八〇年代末になると各地の美術館でルポルタージュアートや昭和の美術史の視点から戦争画をとらえ直す展覧会が徐々に開催されるようになった。美術史研究においても八〇年代前半には、自ら少国民世代だと称する田中日佐夫が、自分たち以上の世代にとって最も難しいのは「『聖戦美術』をわが国の近代美術史の中にまともに位置づけること」[11]だと述べつつ、モダニズム芸術史観のなかで異端視された戦争画を美術史のなかに位置づけ直し、明治時代からの歴史を初めて体系化した。

ここで、アジア・太平洋戦争を描いた戦後の画家について簡単に見ておきたい。

敗戦から一九六〇年代半ばまでの時期には、古沢岩美の戦争体験や戦地の慰安婦を描いた絵画《餓鬼》（一九五二年）、《なぐさめもだえ》（一九四九年）や、浜田知明の「初年兵哀歌シリーズ」（一九五一〜五四年）、香月泰男の「シベリアシリーズ」（一九四七〜七四年）、丸木俊・位里「原爆の図シリーズ」（一九五〇〜八二年）のように、自らの戦争体験や原爆体験を絵画化する画家が登場し、生涯を通して重要な仕事を残していく。山下菊二は戦時中の体験を絵画化していたが、やがて天皇制とアジアの犠牲者とがコラージュされた《背景》（一九七一年）へと変化した。この山下菊二や富山妙子の《海の記憶　慰安婦に捧げる》（一九八四年）などのように、六〇年代以降、一部の芸術家はアジア・太平洋戦争に対する批判的思想を深めて、〈体験〉から植民地主義批判に至る〈歴史認識〉や〈思想〉の表現に変化していったように思われる。文学などの領域においてアジア・太平洋戦争像が〈証言の時代〉と呼ばれる一九六五年から一九九〇年頃までの時期にアジア・太平洋戦争を描いた美術作品は多くないが、丸木俊・位里が米兵捕虜や朝鮮人をテーマにして継続して取り組んだ「原爆の図シリーズ」や、平山郁夫の日本画《広島生変図》（一九七九年）、荒木高子の陶芸《原爆の証言》が制作された。そして長い沈黙を経て東京大空襲の体験を描いた井上有一《噫横川国民学校》（一九七八年）、深尾庄介《死の舞（骨の山）》（一九八一年）などが現れた。

一方、一九七〇年代半ばから戦争体験者による絵画が「証言」として登場するようになる。NHKの「市民の手で原爆の絵を残そう」という呼びかけに応じ、被爆三〇年を経て描かれた絵画が一般市民から二千枚以上集められ、広島平和記念館をはじめ全国を巡回した例が挙げられよう。被爆者自らによる戦争画はその後も継続的に収集され、「市民の手による原爆被災の記録であり、核兵器が人間に何をもたらすかを示す貴重な証言」（広島平和記念資料館・平和データベース）としてインターネットで公開されている。だが、東京空襲など空襲体験を証言する絵画の収集や体系化の時期は、文字で書き綴る体験談に比べると遅く[12]、しかも収集の主体となり展示したのは美術館ではなく、各地の平和博物館や市民団体、自治体等であり、美術界からのアプローチは遅かったと言える。

継承される戦争画の序列

一九九〇年代以降、戦争の記憶や表象をめぐり人文学の研究が進展する一方、美術界ではまだ戦争画をタブー視する言説が続いていた。たとえば、『芸術新潮』は、一九九四年三月の特集のひとつに「美術界のタブー――〝戦争画〟の真実[13]」というタイトルの章を載せ、「第二次大戦当時の、日本画家と洋画家の知られざる〝戦争画〟合戦」を紹介している。このタイトルからも当時美術界で戦争画が「タブー」として共有された認識を見ることができよう。

状況が変わるのは、一九九四年五月に美術史学会全国大会のシンポジウム「戦争と美術」を開催した頃からである。それ以前は美術史学会の機関誌には戦争美術を扱った論文が一篇たりとも掲載されず、美術史家たちは「社会一般のかかえるなまぐさい諸問題にまみれようとしたがらない(14)」という状況だったが、これを画期として美術史学では、それまでの「日本近代美術史の空白部分」と呼ばれた戦争画をめぐる研究状況に風穴があいたと言われている。その後、研究・展覧会・画集・雑誌ＴＶメディアの取組によって戦争画研究の社会的承認と普及は進んでいった。この新しい研究活動は、若桑みどりや千野香織によるジェンダーやポストコロニアル理論の導入や、地域・素材・資料の拡大によって着実に深化してきた。日本だけでなく、朝鮮・満洲・台湾などかつての植民地や占領地での美術活動や、日清・日露戦争期の戦争画や油彩画中心だった対象を日本画・彫刻・戦争キモノなどへと広げ、さらに、占領期の戦争記録画研究に欠かせないＧＨＱ／ＳＣＡＰ文書など、これまで美術史研究者がほとんど扱わなかった資料の調査を開始して、様々な側面において研究対象と視野を拡大させた。

個々の研究については詳述しないが、それらの優れた研究の成果は二〇〇八年に刊行された『戦争と美術　１９３７―１９４５年』（針生一郎・河田明久他編）に最もよく表れている。同書では戦時中の作品図版を紹介したのち、論考と作品解説が続く構成となっている。一九三七年から一九四五年に描かれた代表的な作品を紹介する第Ⅰ部は、制作順序に並んでいるものの、一九六〇年代の戦争画ブームの頃出版された名画集などとは異なり、戦史を再現したり、戦史の挿絵として掲載されているわけではない。

第Ⅱ部の作品図版は、制作年代順ではなく、「大陸・南方、歴史画、仏画、象徴、彫刻、現所在不明作品」の項目を立てテーマ別に並べており、この分類方法は今日の戦争画集においてもたびたび踏襲されている[15]。

このように戦後、戦争画をめぐっては戦争画を美術として扱おうとしつつも、戦史から切り離しえていない時期から、美術としてみなす視点に大きく変化したが、研究や一般メディアの言説を歴史的に見てくると、いくつかの特徴が浮かび上がってくる。第一に、語りのパターンの形成である。たとえば、作戦記録画をはじめとする戦中の戦争画を経て、一九四五年以降は、丸木俊・位里、浜田知明、香月泰男らによる平和を希求する絵画へ変化したという歴史叙述の定型化である。第二に、一九四五年での戦前と戦後の切断である。第三に、戦時中に形成された戦争画の序列が継承され、作戦記録画を取り上げる場合にも幾つかの作品とそれらを描いた画家に関心が集中していることである。

一方、変化もある。美術の断絶を前提とするこの歴史観は研究の進展とともに見直され、二〇一五年の終戦七〇年を記念した各地の展覧会では、一九四〇年代から五〇年代の連続性をとらえる展示が数多く見られた。さらに、三重県立美術館が試みたように、占領期という時期を意識化する視点が登場したことも特筆される[16]。

戦争画について取り上げられる作品や画家の変化は、一九六七年に出版された『太平洋戦争名画集』（ノーベル書房）と、最近出版された画集を比較すると明白だ。『太平洋戦争名画集』では戦史の性格も持つため大きな戦闘や軍事作戦に合わせた絵画を見せる必要があり、アジア・太平洋各地の地名を冠した海戦図や空中戦を描いた戦争画が数多く掲載されていたが、二〇〇八年の『戦争と美術　１９３７―１９４５』や最近の戦争画集では海戦図は数を大きく減らしている。それは、第一に、空爆によって撃沈する敵艦と、水しぶき、近景に飛行する爆撃機を俯瞰構図で描くという定型的な海戦図の重複を避けること、第二に歴史的文脈による海戦図の意味が変容したこと、そして第三に、美術史家の関心が美術史や様式的に価値のある作品に偏ってきたことによる。これらの単調な構図の海戦図の数々は、戦史において日本軍快進撃の「記録」として繰り返し描かれ、戦争末期には「追悼」の役目も果たし必要とされていたが[17]、美術としての側面が強調されるに従って登場回数を減らしたのである。

作戦記録画を頂点とする戦争画のヒエラルキーの継承は、描き手のジェンダーやエスニシティの序列にも当然ながら影響を及ぼす。戦争画における「前線／銃後」という枠組も、戦前・戦後を通してそのまま継承されているが、それが一体どのような意味を持つのか、次節では空襲の図像に注目しながら検証したい。

2　「前線／銃後」の区分（空爆／空襲の図像）の踏襲と、ジェンダー

空襲は「銃後」か？

「空襲」という概念は、前線と銃後の境界を揺るがすものである。総力戦においては民間人死傷者が戦闘員の死傷者を上回り、原爆を除く本土空襲の民間人死者は、東京大空襲の十万人を含めて二十万人

に上った。では、美術において空襲はどのように描かれてきたのだろうか？　戦争社会学や歴史学においては空襲・防空の研究が進んでいるのに対して、美術史学では特に防空や空襲の作品や図像がテーマとして注目されることはない。また、戦争画研究では、「防空」や「空襲」の表象を「銃後」に、「空爆」を「前線」としてジャンル分けすることは自明視され、疑問もなくこの区分は踏襲されているが、そのことに問題はないのだろうか？　本稿では歴史学や戦争社会学での最近の研究成果に学び[18]、行為の主体を明確にするために、攻撃する側に着目する場合を「空爆」、攻撃される側に着目する場合を「空襲」として用いることとする。長志珠絵は、「空襲」と「防空」概念について、戦前日本では新聞でも公文書でも「空襲」という用語の使用例は少なく、行政制度を伴う用語が「防空」であること、行政文書の表題では防空は空襲より上位概念であることを指摘し、「空襲」という出来事を「防空」として読み替える試みをしている[19]。この概念の差異は、美術作品と作品をめぐる言説においてどのようなかたちで表出しているのだろうか。総力戦においては、兵士が戦う「前線」と、日本国民が生活する「銃後」は、空間上も明確に隔てられていなくてはならないが、いったい国家にとって理想的な「前線」と「銃後」の姿は戦争画ではどのように描かれてきたのだろうか？

花岡萬舟の油彩画《銃後ト戦線ノ勇姿》（制作年不明）は、前線と銃後が明確に空間的・ジェンダー的に区分された理想的な姿の典型例である。画面手前では爆弾の炸裂する前線で戦う男たちが、家族から送られてきた手紙や慰問袋を眺めてつかの間の休憩を取り、一方、画面後方の農村では、残された家族たちが一生懸命に米の収穫作業を行い、実り豊かな日本を守っている。前線の男たちと彼らが思いを馳せる故郷の農村風景を繋ぐのは、両方の空間に描かれた日の丸の旗である。この絵を描いた花岡萬舟（一八九五〜一九四五年）は、日本画と洋画を習得したのち、得意の中国語を生かして中国で諜報活動を行い、一九三七年には第十六師団を率いる中島今朝吾の側近として常に身近に付き従いながら、南京攻略に従軍した画家である。その後も軍部や皇族と密接な関係を持ち、広島で被爆して亡くなった。二〇〇九年にその存在が再発見されてからはこの特異な経歴に注目が集まり、銃後と前線が同一画面に描かれた《銃後ト戦線ノ勇姿》は彼の代表作のひとつとして紹介されるようになった。

図１　花岡萬舟《銃後ト戦線ノ勇姿》制作年不明　早稲田大学會津八一記念博物館蔵

一九三〇年代後半から四〇年代にかけての戦争画のなかで、革新的な表現として画家たちの心をとらえたのが、戦闘機に乗って空から地上を見下ろす風景だった。その背景には、日本国民が熱狂した「航空の世紀」の到来がある。向井潤吉の《影（蘇州上空にて）》は、一九三七年一一月に陥落した蘇州の街並みを支配するかのように、日本軍の機体の不気味な影が大きく描かれ、見る者に不安感を呼び起こす油彩画である（一九四一年第一回航空美術展出品）。吉田博の《急降下爆撃》（一九四一年第四回新文展）は、上空からの視点を得たダイナミックな構図を取り入れ、画面を切り裂くように上空から急降下する戦闘機を背後から捉えている。ほかにも陸地への空爆の様子は、「長距離・渡洋爆撃」の世界初の事例として宣伝された一九三七年首都・南京の爆撃を描いた田村至《南京空襲》（一九四〇年第五回海洋美術展）、一九三八年から四三年にかけて日本軍が断続的に二一八回の無差別爆撃を行ったとされる重慶爆撃に赴く海軍の攻撃機を描いた松見吉彦《重慶爆撃行》（一九四二年頃）、台南海軍航空隊のゼロ戦が、米陸軍極東航空軍のクラークフィールド飛行場を攻撃した様子を描いた佐藤慶《クラークフィールド総攻撃》（一九四二年第一回大東亜戦争美術展）、日本画の山口蓬春《香港島最後の総攻撃図》（一九四二年第一回大東亜戦争美術展）、ニューヨークへの日本軍の空爆を想像した古城江観《紐育征壓の図》（一九四三年第七回大日本海洋美術展）、一九四四年七次にわたる成都飛行場群への攻撃を描いた小川原脩の《成都爆撃》（一九四四年第三回陸軍美術展）などがよく知られている。

一方、防空に備える地上の光景を描いた美術作品は、本土初のドーリットル空襲を受けた一九四二年頃から大型の戦争美術展で急に作品数が増加した新しいジャンルともいえる。もちろん一九三〇年代前半から防空の冊子やポスターには夥しい数の防空の図像が描かれていたが、一九四一年七月の第二回聖戦美術展では防空や空襲の図はほとんどなく、同年九月に大日本航空美術協会が開催した第一回航空美術展には作品は登場するものの、それらの空襲の図像は曖昧な印象を伝えている。例えば、高野《こうの》三三男《みさお》の油彩画《空襲下の巴里》には、暗雲垂れ込めるなか、小さく描かれた飛行隊と、無傷の寺院がそびえ立つモンマルトルの丘と建物が描かれているが、主役は、空爆を行った同盟国ドイツではなく、高野が一九四〇年まで滞在し美術を学び心情同化した巴里である。また、空からの街の俯瞰と、街での消火活動が描かれる茨木衫風の日本画《防空演習昼夜二題》は、地上と空からの視点の両方を持ち、「防空」が地上の視線に固定化されているわけではない。

空襲が現実味を増した一九四二年一二月から始まった第一回大東亜戦争美術展では、防空図が急増する。戦争ごっこ中の少年たちが空を指さして爆音を見分ける様子や、子どもたちの救護ごっこを描いた絵画も含まれ、防空の気構えや備えを強調する精神主義が特徴的である。同展に出品された菅原勇記の日本画《防空陣》や、永原廣の彫刻《訓練》は消火訓練をする女性たちの姿を描いているが、いずれも切迫感はあまりない。等々力巳吉の油彩画《防空婦人団》に描かれたゲートルを巻いてこちらを見つめる女性二人は、鉄兜を脱いで休憩中のように見える。だが、展覧会の画集のキャプションには、「家庭防火団の待機の姿勢、さあ！　来れ！　焼夷弾であれ、爆弾であれ、不断の用意で必ず消しとめてやるぞ！」[20]と書かれ、勇ましい。その後、等々力の《防空婦人団》が、一九六八年の画集『大東亜戦絵画美術集』に登場した時、そのキャプションは「爆弾の前には、家庭防火も非力かもしれない。焼夷弾の前には、家庭消化も非力かもしれない。だが、不断の用意を欠いたならば、いざというときに、うろたえ

図２　等々力巳吉《防空婦人団》1942年　第１回大東亜戦争美術展

るばかりであろう。そのための待機の姿勢……、戦かう防空婦人である。[21]」に変化した。それは空襲体験から四半世紀が経った一九六〇年代後半の時代にも、焼夷弾の前になすすべもなかった空襲の記憶が人々の心の底には生々しく残っていたことの証左であろう。

鈴木誠《皇土防衛の軍民防空陣》(一九四五年)

今日、空襲を描いた絵画として最も有名なものは、鈴木誠の《皇土防衛の軍民防空陣》(一九四五年)であろう。東京大空襲のために一九四五年四月に延期して開催された陸軍美術展(第三回)に出品された陸軍作戦記録画である。画中では、鳶口や火たたき棒を持ち、バケツリレーをして焼夷弾を消そうとするモンペ姿の女性たちや、幼い子どもの手を引き赤ん坊を抱えて逃げる女性の姿がドラマチックに描かれている。だが、夜空に向けられたサーチライトの線は細くて弱々しく、死体も負傷者も敵機も描かれず、画面にはどこか空虚感すら漂う。登場人物の表情が乏しいうえ、急場にも関わらず当時普段着では着ることのなかった上下揃いのモンペを着て全員が両足に靴をきちんと履いていることからも「絵空事」のような空虚さはさらに増す[22]。三月に東京大空襲を経験したばかりの人々にとって、焼夷弾が火たたきや鳶口で消火できないのは明らかだった。この作品を描いた鈴木誠(一八九七〜一九六九年)は、東京美術学校で藤島武二に師事し、その後フランスでの修業を経て猪熊弦一郎らと新制作派協会を創設した画家である。群像表現や女性像を得意とし、戦時中には、隣組の人々や防空壕の女性や子ども、空襲で負傷した人々を描き、《皇土防衛の軍民防空陣》は実在の隣組の人々をモデルにしたと言われている。

鈴木誠の《皇土防衛の軍民防空陣》は、今日の画集や研究書においても「銃後」の絵として区分され掲載されることが多いが、[23]果たして「銃後」の絵という分類は妥当なのだろうか？　空の上から描かれる軍事作戦の「空爆」を「前線」としてカテゴライズする一方、焼夷弾の猛火に焼かれる地上の光景は「銃後」として戦争画の序列の下方に位置づけられてきた。

それにも関わらず《皇土防衛の軍民防空陣》は、戦後、画集などで頻繁に引用され、展覧会で展示され続けている。敗戦以降、戦争画のタブーが解ける一九九五年頃までの三〇年間に、無期限貸与された戦争記録画一五三点が、絵を所蔵する東京国立近代美術館や他館で展示された回数を数え上げてみると、《皇土防衛の軍民防空陣》は、藤田嗣治の《アッツ島玉砕》と並んで最も多いのである。[24]作戦記録画の制作枚数も多く有名な藤田や宮本三郎、小磯良平らの作品と伍して、名前の知られていない鈴木誠の《皇土防衛の軍民防空陣》が好まれたのは、この絵が「戦争画」や「防空」という枠組みを離れて早くから銃後の生活や空襲下の記録として受容されてきたからであろう。

実際、一九六〇年代の戦争画ブームのなかで出版された画集では、《皇土防衛の軍民防空陣》ではなく、《空襲下の東京都民》というタイトルが付けられていた。[25]また、《皇土防衛の軍民防空陣》が最初に東京国立近代美術館以外の場所で展示されたのは、一九八二年二月の衆議院憲政記念館での「憲政史特別展――昭和の開幕から平和条約の締結まで」においてである。史料・絵画・遺品等を通して日本の公的な歴史を構成した同展覧会において、この作品は「空襲下の東京市民」というキャプションをつけ史実を描いた絵画として展示された。[26]一括公開を中止してから八〇年代末までの時期に、東京国立近代美術館以外の場所で無期限貸与の戦争記録画が展示された例は少ないが、鈴木の《皇土防衛の軍民防空陣》は、早い時期から「防空」の図像としてではなく、むしろ空襲下の女性に象徴化された市民生活を描いた歴史画として必要とされたのだった。

しかし、同じ「防空」の図像であっても、占領地での地上の防空の光景は、「銃後」として分類されてきたわけではなく境界が曖昧であることにも留意する必要がある。「南の女が防空壕を出ようとして一点を凝視してゐる姿」[27]を描いたという橋本関雪の《防空壕》(一九四二年、第五回文展)は、占領地を民族衣装を纏った若い女性の豊満な肉体としてジェンダー化し、性的かつエキゾチックに表象した日本画である。また、鈴木亜夫《つぎお》の《ラングーンの防空とビルマ人の協力》(一九四四年、第二回陸軍美術展)は、連合軍の空襲にさらされ戦局が悪化していたビルマの首都・ラングーンの防空を描いた作戦記録画である。占領地と日本軍の民族とジェンダーのヒエラルキーが、救護活動に勤しむ現地女性を前景で大きく描くことによって自然化され協調関係に置き換えられると同時に、占領地での戦局の悪化が不可視化されてしまっている。だが橋本関雪の《防空壕》も鈴木亜夫の《ラングーンの防空とビルマ人の協力》も、今日の研究では「銃後」にカテゴライズされることはない[28]。

このように空襲や防空の作品や言説の変化を見ると、そもそも制作時に「防空」を描いた軍部の作戦記録画として発表された鈴木誠の《皇土防衛の軍民防空陣》が、戦後、空襲下の銃後の日本人を描いた歴史画として読み替えられてきたことがわかる。しかも、銃後の美術を担っていたはずの女流美術家奉公隊を組織していた長谷川春子ら女性画家には委嘱されず、「作戦記録画」として男性作家によって制作された。この時期、沖縄戦では前線と銃後の境界がすでに無化され、住民は前線のただなかに置かれていたが、表象レベルにおいても、このような図像を「作戦記録画」として軍部が注文せざるを得ない戦況であったのである。そして「防空」は読み替えられ、「銃後」と「空襲」の代表的なイメージとして繰り返し登場することによって、今日の私たちの「銃後」イメージを再構築し続けている。

女性（従軍）画家と銃後・防空

女性は防空図の主人公として描かれたが、一方、女性美術家たちもグループを結成して「銃後」の女性の役割を積極的に担っていた。グループの中心的な役割を果たしたのは、長谷川春子である。彼女は姉・長谷川時雨の『女人芸術』を手伝い、女性表現者のネットワークを作ってサポートし続けた。絵の修業のためフランスに滞在したものの、当地の文化に失望した彼女が、次に向かったのが満洲だった。「腕に覚えのある人は満洲へ行け」(29)と檄を飛ばし、幼い弟の満洲国を「プロの母親」として育てる覚悟を持った長谷川春子は、一九三二年に動乱期の満洲を訪れ、抗日ゲリラとの武力衝突が多発する地域を日本軍とともに移動している。他の戦争画家と比べても早くからの従軍経験と言える。彼女は軍部との関係が深く、日中戦争が始まると大阪毎日新聞社や改造社の特別通信員として戦地に赴き、中国東南部、海南島、仏印などを訪問して絵を描き文章を綴った。

一九三八年に美術家たちが「大日本陸軍従軍画家協会」を結成した際には、長谷川は女性ただ一人の発起人として名前を連ね、四三年二月には陸軍報道部の指導のもとで女性画家約五〇名とともに「女流美術家奉公隊」を創設し、その委員長に就任する。女流美術家奉公隊の主要な活動は、「戦ふ少年兵」展の開催や工場での勤労奉仕、「大東亜皇国婦女皆働之図」の共同制作などだった。美術史研究者の吉良智子が明らかにしたように[30]、それは本人たちにとっては自己表現と主体の確認の機会でもあったが、軍部が女性美術家たちに期待したのは、作品の芸術性ではなく、家庭を守りながら国家や軍部に協力する銃後の心構えの育成だった。

とはいえ、戦時下、女性画家の描く行為が国家によって公的性格を付与されたことの意味は大きい。一九四〇年、長谷川春子は輝ク部隊の「中南支方面慰問団」（第一次派遣）を団長格で率いて中国の戦地を訪れたが、それ以降は「内地」にとどまり、女流美術家奉公隊など「銃後」の活動に専念するようになった。女性洋画家を中心としたこの大規模な団体の活動は、軍部のお墨付きのもとで公的なものとして認知され拡大することができた。だが、戦時下において国家・社会と接点を持つ公的な存在に「昇格」したために、女流美術家奉公隊とそれを率いた長谷川春子の活動は、敗戦後、真っ先に忘却されなければならなかった。敗戦から四カ月後（一九四五年一二月）、元女流美術家奉公隊のメンバーたちが、東京で開催した日本女流美術家協会第一回展を伝えるメディアの報道は、戦争が終わり平和が訪れた社会のなかでの軌道修正をよく表している。新聞記事のなかで評者は、「女流美術家奉公隊が会色を新たに出直してゐるのだが、特別の見せかけの要らぬ今度の方がもちろん女らしい仕事に好感が持てる」（傍点は引用者）と述べ、今回の展覧会を花や静物画を描いた「女らしい仕事」として評価する。一方、戦中の奉公隊時代の仕事を絵画表現として未熟だったと非難することによって、彼女たちを戦争画から切り離し女性領域に囲い込もうとしたのだった。

長谷川春子はいわゆる「女性兵士」ではなかったが、軍部の協力を得て前線に赴き、銃を携えて戦地を駆け巡った。そのような彼女の存在は、女性が平和の象徴となり男女のジェンダー秩序を回復しなくてはならない戦後の日本社会を脅かしかねないものだった。敗戦直後一九四六年に日本美術会が戦争責任を負うべき美術家のリストを発表したときには、「自粛を求める者」として名前を挙げられた八人の美術家のなかに長谷川春子は唯一の女性として含まれていた。だが、このとき名指しされた藤田嗣治など男性画家たちが戦後の戦争画をめぐる言説のなかに中心的に登場するのに対して、長谷川は一九六七年に亡くなるまで料理・ファッションに通じた辛辣な毒舌家の画家として位置づけられ、二一世紀初頭に再発見されるまで彼女の「戦争画」と従軍活動は忘却されていたのである。

最近発見された長谷川春子の絵の中に、《少婦国防》という油彩画がある。国防色に身を固めた女性が防空ヘルメットを首の後ろにつけて雲行きの怪しい空をキッと見上げる肖像画は、一九四三年三月、第一回陸軍美術展に出品された。何を描いたものなのかについては諸説あるが、女流美術家奉公隊の結成直後に制作されたこの絵は、防空を自分たち女性の責務だと表明する決意宣言ではないだろうか。長谷川は同年開催の「戦う少年兵展」にも対空砲射を扱う少年兵を描いた《兵砲一魂》を出品しており、当時防空に関する関心がひときわ高かったことを窺がわせる。前線を遠ざかり内地に留まり続けた彼女にとって、「防空」とは「前線」で戦うことと等しいと思いたかったのではないか。

——。

3　急増する現在の「戦争画」——〈記憶〉〈アーカイブス〉として

空から襲いかかる米軍の爆撃機を高射砲で迎え撃つ女性たちと、鎧兜の大魔神の戦いを描いた作品

これは、現代の作家、風間サチコが制作した《大日本防空戦士・2670》（二〇〇九年）である。タイトルの「2670」という数字は、皇紀二六七〇年を意味し、大魔神の横に建つ「八紘一宇」の塔とともに、大日本帝国のフィクショナルな時空間が現在も続いていることを暗示している。だが、この巨大な木版画は、大日本帝国体制と米軍の戦争という単純な二項対立を描いているのではない。大魔神の足元の画面中央には、国立新美術館がその敷地の前身である旧陸軍歩兵第三連隊の建物と一体化して描きこまれ、八紘一宇の塔の右隣には、かつて陸軍駐屯地—米軍将校宿舎—陸上自衛隊檜町駐屯地だった東京ミッドタウンがそびえ立つ。そうであるならば、画面手前で聴音器や高射砲を操縦する少女たちはどこで戦っているのか？　地図上に六本木の国立新美術館と東京ミッドタウンを重ねてみると、彼女たちのいる場所は、麻布米軍ヘリ基地や、森ビルあたりだと考えられる。つまり、大日本帝国のフィクショナルな時空間が日米合作で続いていることを示す空間配置なのである。

戦争の実体験を持たない風間サチコ（一九七二年〜）は、巨大な画面に木版画という複製技術を用い戦時期の図像を蘇らせることによって、現代社会に警告を発してきた。美術批評家・井上幸治は、それ

図３　風間サチコ《大日本防空戦士・2670》2009年

を「歴史の背後にあるフィクショナルな要素を断罪するのではなくて、その物語の架空性を徹底的に延命させることが、歴史を「忘却」させまいとする風間の批判方法」だと喝破する。(31) 風間の《大日本防空戦士・２６７０》は、女性や子どもに「被害者」性を表象させる戦後社会の「空襲」像ではなく、戦後長らく忘れ去られていた「防空」の図像と言説が現実の社会に急速に広がり始めている今の時代を予告していたかのようだ。

風間サチコだけでなく、一九九〇年代半ば以降、美術界では戦争画や戦争をテーマにする新たな世代の美術家たちが登場し始めた。特徴的なのは、若い世代のなかで戦争画や作戦記録画、史資料、日用品、あるいは従軍美術家や祖父母の経験を媒介として作品を制作する作家が増えていることである。(32)

二〇一五年一二月には、「戦争画ＳＴＵＤＩＥＳ」という展覧会が東京都美術館で開かれた。これは、タイトルの通り「戦争画」について一年をかけて勉強会や見学会など様々なイベントを開催し、アーティストたちが研究者や作家たちと調べた成果をコンテンポラリーアートとして発表する展覧会だった。そこから今の様々な戦争観や時代認識が見えてきて興味深い。たとえば、飯山由貴（一九八八年〜）は、ネットオークションなどで購入した無名の人々の個人的な記録物から歴史を想起する作業を行ってきた作家だ。同展では一九三七年から三八年にかけての日本軍の報道写真を集めたスクラップブック二冊を元に想像を膨らませ、この二冊の間に記載されていない「南京陥落」をはさむ七カ月間の記事のスクラップを再制作した。また、朝鮮戦争に従軍した米国兵が撮影した個人的な写真を集め始めた飯山は、兵士たちの写真の中に沖縄や日本での観光写真が混在していることに気づき、それらを並べてスライド上映することによって、「戦争画」をめぐる既存のイメージと時空間のカテゴリーそのものを揺るがす。笹川治子（一九八三年〜）は、人間魚雷の特攻兵候補となりながら生き残った祖父の話を聞いて育ったアーティストである。アニメやゲームに戦争が氾濫する現在の状況と祖父の経験の大きなギャップについて疑問をもつことから、戦争表象に関心を持ち始めたという。そして人間の生身の弱さや苦痛が抜け落ちた戦争イメージを、段ボールの戦車やベニヤの魚雷、遺品によって表現してきた。

同展には参加していないが、後藤靖香（一九八二年〜）も特攻隊員だった祖父や戦死した大叔父の話を聞いて育った、戦争をテーマに制作する若いアーティストだ。丹念に歴史調査を積み重ね、地元の人々ですら知らない地域と戦争の繋がりを探し出し、英雄ではなく戦時下で生きる無名の若者たちの生活や内面を劇画タッチで巨大な画面に描き出す。それらの調査によって可視化された歴史の中には、地元の人々ですら覚えていないこともある。戦争末期、奢侈品の禁止によりほとんど製品を作ることのできなくなっていた京都の西陣では、金属徽章の代わりに軍部から西陣織の徽章三〇五万個の発注を受けたという。後藤は保管されていた軍需徽章の見本帳から西陣織の徽章を再現し、それを身に着ける人々の群像を描いた一八メートルの大作を母校・京都精華大学で展示した（二〇一六年「必死のパッチ」展）。

戦争画を模写する現代美術家もいる。アメリカで美術を学び、従軍画家として積極的に活躍した清水登之が、戦争末期、最愛の息子・育夫の戦死の報を受け、悲嘆にくれながら育夫の肖像画を亡くなるまで描き続けたことはよく知られているが、辻耕（一九六六年〜）は、その「育夫像」を展示し、自らも模写した（「絵画考――1945年の清水登之から」）。辻は戦死した若い兵士の肖像を模写しながら、戦時中の生活や戦地に思いを巡らせ、清水登之が戦争画を描いた理由について何度も問うたに違いない。あるいは村田真（一九五四年〜）は、戦争記録画一五三点を二〇分の一の縮小サイズで模写し、その大半を裏向きに展示した（《プチ戦争画》）。制作者によれば、「巨大で勇ましくいかめしいイメージがある」戦争画を「手のひらにのせて愛でてやりたい」という気持ちが発想の原点にあり、同時に様々な思惑や葛藤が渦巻いていたであろう画家たちの複雑な気持ちを追体験し、美術館で常時見ることのできる戦争画がいかに少ないかを示すためだったという[33]。

二〇一五年は藤田嗣治の戦争画の全所蔵作品が東京国立近代美術館で展示され、映画「ＦＯＵＪＩＴＡ」が公開されるなど、藤田の作品と人生にあらためて注目が集まったが、彼をモデルにして架空の画家Ｆの一生を描いた小沢剛の《帰ってきたペインターＦ》も、話題を呼んだ作品である。戦争画に没頭したＦが戦後はパリではなくバリで無名のまま一生を終えるという物語を、小沢剛（一九六五年〜）は、戦時中のインドネシアでの日本人従軍画家と現地の人々との実際にあった交流や美術状況を調べて、インドネシアの芸術家たちと一緒に共同制作した。

このように最近の現代美術のなかで、「アジア」の中へと向かい、ときには共同作業を行う作家たちの活動は注目される。下道基行（一九七八年〜）は、農家の倉庫として利用されたり、あるいは放置されたまま今も日本各地に残るトーチカの写真で有名になったが、その後、台中、長春、サハリン、サイパンなどアジア・太平洋の各地に残る飛行機の格納庫や、神社の鳥居を撮り続けている。かつての占領地において今も人々の日常生活のなかに存在し続けるそれらが、決して過去への甘いノスタルジーを誘う「廃墟」として表象されているわけでないことは重要だ。

藤井光の《爆撃の記録》は、東京大空襲の博物館を作るために膨大な資料が死蔵されたままになっている問題を、展示品を置かずにキャプションのみで表現するという方法で可視化した作品であり、検閲を扱った「キセイノセイキ」展（東京都現代美術館、二〇一六年）で「非展示」の政治性と美術館という制度そのものを問うた。藤井もまた韓国の学生たちとワークショップを行い、《帝国の教育制度》という作品を制作している。山城知佳子の映像作品――沖縄と韓国済州島を舞台に東アジアにおける植民地・戦争・暴力の歴史を結び付け、死者と現代に生きる者を繋いだ《土の人》（二〇一六年）や、他者の体験の継承の不可能性から出発してなおも自らの身体をギリギリまで用いて戦争を追体験しようとする《あなたの声は私の喉を通った》（二〇〇九年）は、もはや戦争の「記憶の継承」に留まってはない。

このように戦争をテーマにした若いアーティストが増えていることの背景には、戦争準備を進める現在の政治状況や、美術館での戦争記録画の公開、二〇一一年東日本大震災の経験が大きく影響している。これらの作品や作家の特徴として、第一に挙げられるのが、直接的、間接的に、戦争画や従軍画家、あるいは市井の戦争体験者の存在に触発されて、想像力を膨らませて作品を制作していることである。作家たちは祖父や祖母たちの戦争体験を英雄視するのでも犠牲者扱いするのでもなく等身大で見つめ、自分の身体を通して追体験しようとする。藤田嗣治や清水登之ら従軍画家への関心や同一化は、作家のアイデンティティ探しの手がかりともなっている。また、これらの表現がマンガなどサブカルチャーの様式を多用していること――、マンガの領域では特に顕著だが、おざわゆきの『あとかたの街』や今日マチ子の『ＣＯＣＯＯＮ』のように地上にいた人々の視点から戦争を描く女性アーティストの活躍も特徴的だ。

第二に、風間サチコや藤井光、後藤靖香らのように、徹底して歴史を調べ、アーカイブスとして戦争画を用い、市井の人々の生や現在との連続性をフィクショナルに描き出す作品は、もはやアジア・太平洋戦争の「記憶」の継承だけでなく、それらの記憶を批判的に検証し再創造する糧となっている。一方で相変わらず美術批評のなかで繰り返される「戦争のリアリティがない日本」や「平和な現在」という認識は、再考する必要があるだろう。戦後、続いてきた戦争画と抵抗画の機械的分類や、戦時中の戦争記録画から戦後の平和を希求するアートへという美術史の定型的な叙述や市民運動の語りも同様である。戦争画や身体を通した「追体験」が、今後どのように展開するのか、その方向は未知数である。

おわりに

私が「前線／銃後」の境界の恣意性が気になったのは、従軍した女性画家・長谷川春子を調べ始めてからである。美術史研究では、女性画家は銃後を描き、男性画家は前線と銃後の両方を描いたと言われている。だが、長谷川春子の中国戦線での絵画を調べてみると、あからさまな前線の銃撃戦や戦闘風景は残されていないものの、前線で伝令が上官に戦況を伝える様子など、「銃後」とは言えないスケッチが新聞で発表されている。当初、私は女性画家が「前線」を描いたことを強調していたが、むしろ「前線」と「銃後」が恣意的に線引きされ、たえず境界をずらしていることの方が重要だと考えるようになった。また海外に目を移すと、ロンドン空襲や女性防空隊の活躍を撮影し、米軍の女性公式戦争写真家としてヨーロッパ戦線で前線の写真を撮ったリー・ミラーが近年注目されている(34)。前線を描いた長谷川春子やリー・ミラーの存在を例外として片づけることはできないのである。

本稿では、戦争画におけるテーマと制作者の序列化を確認したあと、アジア・太平洋戦争期の空爆・空襲の図像や理想的に区分された前線／銃後の作品と、今日、空襲の図像の代表として有名な鈴木誠の《皇土防衛の軍民防空陣》について考察した。戦争末期に日本陸軍の防空の戦争記録画として制作された鈴木誠の《皇土防衛の軍民防空陣》が、戦後、空襲下の東京市民や女性群像として読み替えられ、「銃後」の図像にカテゴライズされてきたこと、だが、同じ防空の作戦記録画であっても占領地を描いた《ラングーンの防空とビルマ人の協力》は、「銃後」に分類されることはないことからわかるように、前線・銃後・防空の概念と境界がジェンダーや民族・国境によってたえず引き直されていることを指摘した。

アジア・太平洋戦争を描いた美術作品は戦争体験者が制作し続けてきたが、一九六〇年代から九〇年代までは作品数が少なくサブカルチャーが戦争表現を担ってきた。一方、戦史の絵解きとしても戦争画は自衛隊関連施設や靖国神社遊就館において相変わらず使われ続けている。このような戦争画展示に限らず、過去の真正な証言として教科書などで使われる戦争を描いた歴史画についても注意深い検証が必要であろう[35]。美術と史料の両側面を持つ戦争画の性格は、現代美術においても両義的な意味を孕んでいる。厳密な史料批判をすり抜けた架空性が、どのような記憶を創り上げていくのか。架空性に目をそらさずに行う徹底した資料調査によって新たなアーカイブスたらんとする作品たちは、戦争画概念そのものを書き換えていくだろう。

（1）本稿では、「作戦記録画」を陸海軍の委嘱で制作された公式の絵画、「戦争記録画」を東京近代美術館に米国から永久貸与で返還された一五三点の絵画、「戦争画」をそれ以外の絵画を含む広義の意味で用いる。現在、東京近代美術館が所蔵する「戦争記録画」一五三点のうち一二〇点余りが作戦記録画である。

（2）本稿は、二〇一六年十二月四日、日文研共同研究会「戦後日本文化再考」での発表を大幅に改訂したものである。発表に際しては坪井研究班の皆様から有益なコメントを頂いた。また、第3節の一部は、「急増する現代美術の「戦争画」」（『Ｌｅｔ'ｓ』八七号、日本の戦争責任資料センター、二〇一六年一二月）を加筆修正したものである。

（3）ここでは、「作戦記録画」と区別するために、「キロク」と表記する。〈状況キロク〉には、作戦記録画から戦時下の状況を描いた作品までを含む。また、同時代の戦争の〈状況キロク〉は、一九四五年で終わるわけではない。シベリア抑留の絵は、四國五郎のように敗戦後の抑留中にも同時代的に描かれていた。時期区分については、成田龍一「戦争像の系譜」『なぜ、いまアジア・太平洋戦争か』（岩波講座　アジア・太平洋戦争1）二〇〇五年を参照。

（4）宮本三郎・向井潤吉・中村研一・栗原信「僕らは従軍画家だった」『週刊サンケイ』（画報特集：大戦を回顧する）一九五六年八月一九日。

（5）田近憲三「江田島の記録絵画発表と戦時の記録絵画返還について」『日本海軍の歴史を語る　戦史名画展』（図録）松坂屋、出版年不明、頁数なし。展覧会は、一九六三年九月一〇日〜一五日東京上野・松坂屋、同年九月一八日〜二四日大阪日本橋・松坂屋で開催された。一九六三年八月、『国際写真情報』の記事「名画は名画―戦争記録画のその後　その返還の機運をめぐって」も、戦争記録画を戦争と切り離し日本の絵画発達史上必須の「名画」として返還要求することを訴えた。

（6）鈴木勝雄「戦争・コメモレイション・美術」『記憶と認識の中のアジア・太平洋戦争』（岩波講座アジア・太平洋戦争戦後篇）二〇一五年。

（7）『みづゑ』「特集：戦争記録画の時代ほか」七五二号、一九六七年一〇月。

（8）針生一郎「今月の焦点：二つの「戦争画」」『美術手帖』一九六七年一〇月号、一四―一五頁。

（9）宗左近・針生一郎「十字架を背負う画家たち」『日本美術』「特集　画家と戦争体験」一九七五年八月号。

（10）中原佑介「「戦争絵画」をなぜ一括公開しないのか」『朝日ジャーナル』一九七七年三月二五日号。ヨシダ・ヨシエ「戦争画公開中止に改めて問いかける」『美術手帖』一九七七年五月号。『美術手帖』（特集：戦争と美術）一九七七年九月号。

(11) 田中日佐夫「戦争画の系譜1：美術と社会と官僚と」『三彩』一九八三年一月、六八頁。一九八三年から始まった同連載は、『日本の戦争画―その系譜と特質』（ぺりかん社、一九八五年）にまとめられた。
(12) すみだ郷土文化資料館監修『あの日を忘れない―描かれた東京大空襲』柏書房、二〇〇五年。
(13) 小泉晋弥「第9章：美術界のタブー――〝戦争画〟の真実」『芸術新潮』一九九四年三月号。
(14) 丹尾安典・千野香織「「戦争と美術」概要および討議報告」『美術史』第一三八冊、一九九五年、二六三頁。
(15) 『戦争と美術　1937―1945年』の分類項目は、『別冊太陽　画家と戦争』（二〇一四年、平凡社）においても「戦争の光景、占拠地・大東亜、銃後、象徴、歴史主題、仏教主題、彫刻」と分類され、類似している。
(16) 三重県立美術館の「20世紀日本美術再見1940年代」展（二〇一五年）は、「占領下の美術」という概念を立て、この時期の美術を絵画・彫刻だけでなく、工芸や写真、建築などの分野を扱うことによって、占領下の美術を戦争との関りに重点を置いて検証しようとした。
(17) 例えば、一九四四年三月の『朝日新聞』京都版には、《ルンガ沖夜戦》という作戦記録画とそれを見る家族の姿が写真入りで紹介されているが、タイトルの「これがお父さま最後の戦」に示されているように、主眼は絵画ではなく、ルンガ沖で戦った清水少将の遺族が父の最期を偲ぶ情景にあった。戦争画を拝む人々の行動については藤田嗣治の玉砕図の前に賽銭箱が置かれ、人々が祈ったという逸話がよく知られているが、人々の祈りは藤田の作品に対してのみなされたわけではなかった。
(18) 例えば、荒井信一『空爆の歴史』岩波新書、二〇〇八年：玉井清『戦時日本の国民意識―国策グラフ誌『写真週報』とその時代』慶應義塾大学、二〇〇八年：柳原伸洋「空襲認識をめぐる諸問題―ドイツ・ドレスデンを例に」『季刊戦争責任研究』第五九号、二〇〇八年春季号：戦争と空爆研究会編『重慶爆撃とは何だったのか―もうひとつの日中戦争』高文研、二〇〇九年：大前治『「逃げるな、火を消せ！」戦時下トンデモ「防空法」』合同出版、二〇一六年：長志珠絵「「防空」のジェンダー」『ジェンダー史学』第十一号、二〇一五年：戦争社会学会研究会編『戦争社会学研究第一巻：ポスト「戦後70年」と戦争社会学の新展開』（二〇一七年、勉誠出版）「特集2：「空襲の記憶」の境界」。
(19) 長志珠絵「「防空」という視座─「防空」と「空襲」／「空爆」のあいだ」同前『ポスト「戦後70年」と戦争社会学の新展開』八四頁。
(20) 『大東亜戦争美術展』朝日新聞社、一九四三年、頁数なし（図版一〇一）。
(21) 清風書房編纂『大東亜戦絵画美術集』一九六八年、清風書房、頁数なし（作品85）。
(22) 田中日佐夫もこの絵を「なぜかあまりに静かすぎる非現実的描写である」と評しており（前掲『朝日美術館：戦争と絵画』）、戦時中の女性たちに対して戦意高揚の効果があったかは疑問である。戦時下のモンペと服装については、尾崎（井内）智子氏からのご教示による。
(23) 例えば、『別冊太陽：画家と戦争』や『画家たちの「戦争」』（二〇一〇年、新潮社）などでは、「銃後」「銃後の護り」として分類されている。
(24) 『戦時下日本美術年表1930─1945』（飯野正仁編、藝華書院、二〇一二年）所収の「戦争記録画（無期限貸与作品）一覧」によれば、鈴木誠《皇土防衛の軍民防空陣》は東近美四回、他館三回：藤田嗣治《アッツ島玉砕》は東近美四回、他館二回：宮本三郎《山下、パーシバル両司令官会見図》は東近美三回、他館一二回：小磯良平《娘子関を征く》は東近美三回、他館八回である（宮本と小磯の他館展示は個展や巡回のため回数が多い）。
(25) 前掲『太平洋戦争名画集』（ノーベル書房、一九五二年版、一六九頁）や『毎日グラフ　臨時増刊：太平洋戦争名画集』（一九六七年十一月三日号、八二頁）に、鈴木誠《皇土防衛の軍民防空陣》がカラー図版と解説が紹介されているが、いずれもタイトルは「空襲下の東京市民」となっている。
(26) 衆議院憲政記念館編『憲政史特別展展示目録　第5回：昭和の開幕から平和条約の締結まで』衆議院事務局、一九八二年。《皇土防衛の軍民防空陣》は、松涛美術館「女性の肖像」展（一九九六年）でも「時代の群像」を表した女性像として展示されている。
(27) 『朝日新聞』一九四二年一〇月九日。

(28) 空襲が常に女性化・子供化され、民間の出来事として語られ記憶されるわけではないことは重要だ。日本軍が、アジア・太平洋戦争期にオーストラリア北部の街ダーウィンを空爆したことは日本ではあまり知られていないが、豪本土への初めての攻撃であったダーウィン空襲は、時間を経る中でその意義を大きく変容させ、オーストラリア国民全体の戦争（国防）体験へと収斂しているという。鎌田真弓編著『日本とオーストラリアの太平洋戦争』御茶の水書房、二〇一二年：鎌田真弓「ダーウィン空襲の記憶」前掲『ポスト「戦後70年」と戦争社会学の新展開』を参照。

(29) 長谷川春子『満洲国』三笠書房、一九三五年、三四頁。長谷川春子については、『アジアの女性身体はいかに描かれたか―視覚表象と戦争の記憶』青弓社、二〇一三年所収の小勝禮子及び北原恵論文を参照。

(30) 吉良智子『戦争と女性画家―もうひとつの近代「美術」』ブリュッケ、二〇一三年

(31) 井上幸治「風間サチコ論―植民地表層の現在」（『美術手帖』通巻一〇〇〇号記念第一五回芸術評論佳作論文）二〇一五年、七頁。

(32) 「戦争画ＳＴＵＤＩＥＳ」展については、「戦争画ＳＴＵＤＩＥＳ展」実行委員会『戦争画ＳＴＵＤＩＥＳ展カタログ』二〇一七年。現代の戦争画と美術状況については、村田真編『いかに戦争は描かれたか』Ｂａｎｋ　Ａｒｔ、二〇一七年：『美術手帖』（特集：絵描きと戦争）二〇一五年九月号、美術出版社：椹木野衣・会田誠『戦争画とニッポン』講談社、二〇一五年：『ＲＥＡＲ：芸術批評誌リア』（特集：２０１５戦争を視る）三六号、リア制作室、二〇一六年一月。

(33) 同前、『戦争画ＳＴＵＤＩＥＳカタログ』一一頁。村田真は《プチ大観（海山十題）》（二〇一七年）などアジア・太平洋戦争期の戦争画を再考する作品を継続して制作している。

(34) 戦時下のリー・ミラーについては、Hilary Roberts, *Lee Miller: A Woman's War*, Thames & Hudson, 2015. 北原恵「リー・ミラー：女の戦争」展を見て」『ピープルズ・プラン』七一号、二〇一六年四月。

(35) 北原恵「教科書のなかの「歴史／画」」『歴史評論』六三四号、二〇〇三年二月号。

第2章　堀田善衛『時間』が問いかけたこと
——戦後日本の戦争責任論の座標から

秦　剛

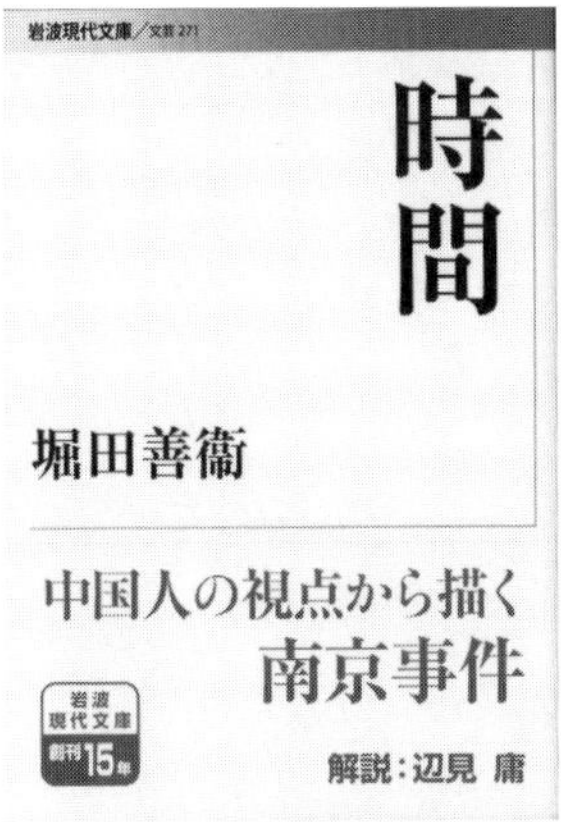

『時間』岩波現代文庫、二〇一五年

はじめに

堀田善衞の長編小説『時間』が刊行されて六十年以上経った。しかし、今日読み返せば、あたかもいま現在のような時代のために書かれたものではないかと思わせるリアルな言葉に引き付けられる。主人公陳英諦の手記という体裁で綴られたこの小説で、陳は日本軍の桐野大尉が柳条湖事件を日本軍の自演自作と知らなかったことに愕然とし、次のように記す。

日本人以外の、全世界の人々が知っていることを、彼は知らない。してみれば、南京暴行事件をも、一般の日本人は知らないのかもしれない。闘わぬ限り、われわれは「真実」をすらも守れず、それを歴史家に告げることも出来なくなるのだ。[1]

このような歴史の「真実」を守ろうとする声は、小説『時間』とともに長い間、黙殺と忘却の闇の中に沈んでいた。日本の十五年戦争の歴史、とりわけ南京大虐殺の歴史をめぐる認識と記憶の危機的な状況にあっては、「闘わぬ限り」こうした声も届きにくい。三十年以上も絶版だった『時間』は、戦後七十年目の二〇一五年一一月にようやく岩波現代文庫の一冊として再版された。それは、作家辺見庸が『週刊金曜日』に連載し、同年刊行された評論『1☆9★3★7』[2]において行なったような「記憶の墓」

をあばくための壮絶な闘いの結果でもあった。

『時間』は、サンフランシスコ講和条約により日本が国際社会に復帰した翌年、一九五三年から書きはじめられ、自衛隊発足により日本の再軍備が実現した一九五四年に脱稿、戦後十年目の一九五五年四月に新潮社より刊行された。南京大虐殺を真っ向から取り上げた日本人作家による最初の文学作品である。特にこの小説は、全編にわたって中国人である主人公の一人称によって語られ、辺見庸の言葉を借りれば、「加害と被害の立場の転換」をもくろんだ「目玉のいれかえ」のような、日本の私小説的な常識を無視した破格の語りの手法が試みられている。しかし、この作品に注目したごく少数の人に、「目下のところ堀田の最高の作」[3]、「堀田の全作品のなかでも記念碑的なもの」[4]と評されたにもかかわらず、辺見庸が指摘する通り、「作家がなげかけた問題が、文壇や思想界ではげしく議論された形跡はない」。

新潮文庫版『時間』は一九五七年一二月に発行され、一九八一年五月一五日の二三刷が出たことが確認できる。少なからぬ読者に読まれたのは確実なのに、一九七〇年代からの三十数年間、この作品についての文学史的な言及は極めて少なく、研究対象としてまともに取り上げられることさえなかった。それは、戦後の文学研究における空白というよりも、南京大虐殺の歴史的言説と記憶をめぐるブラックボックスのように見えてならない。

文庫版の再刊によって、再び一般的に読まれることとなった『時間』が何を問いかけ、何を映し出しているのか。本稿では、堀田善衛が南京大虐殺を題材に『時間』を創作したことの意義と作品が内包する基本的な問題系を、戦後日本の戦争責任論の展開を軸に据えながら考証したい。

1　対アジア戦争責任の自覚へ

堀田善衞が上海で発行された『改造評論』の一九四六年六月号に発表した評論「反省と希望」は、彼が戦後に展開した文学の一つの出発点となった。表題に取り入れられた「反省」という言葉もさることながら、最後に「漢奸、殊に文化漢奸と呼ばれてゐる人々に対して、肺腑よりして済まなかつたと詫びを申上げたい[5]」という謝罪の言葉で結んだことも軽んじてならない。それは、日本の敗戦が伝えられた上海で、「日本の行動と行を共にした東方諸国の諸人士に対する謝意謝罪[6]」を意思表示すべく、「中国文化人ニ告ゲル書」を執筆し、印刷に奔走しながら、ついに刊行に辿り着けなかったことへのせめてもの償いをも意味していたのだろう。それは、日本の敗戦によって不幸な運命を被るであろう中国人に対して、一日本人としての責任を強く自覚した発言である。そうした意識は、やがて小説「漢奸」に主題化されることになる。この小説では、天皇の放送を聞いた作中人物に、「個人が、果して政治のエゴイズムに対して決定的な責任をとりうるものかどうか」と自問させながら、「なお個人は決定的な責任を負わねばならないのである[7]」と言わせている。武藤功がすでに論じたように、そこには「一日本人として中国人にたいする責任意識といったものが込められていた[8]」。戦争被害を受けた〈他者〉に対する日本人としての加害責任の自覚が、堀田善衞の初期創作の根幹をなしていたことをまず確認しておきたい。

一九五三年七月号『文学界』には、堀田善衞と武田泰淳との対談「現代について[9]」が掲載されている。

この対談で記者からの「今後なにを書くか」の質問に答えて、堀田は「日本人全体」がかかわったこととして「一口で言えばやっぱり戦争を書くことだね。それがこれからやろうということの、なにもかもいっさいととても関係が深い」と言いつつ、「こんどの戦争で、日本だけじゃない、日本人の死者だけじゃなくて、アジア全体から背負い込んだ負い目」に向き合うと表明した上で、「これをどうにかしない限り、気持ちの自由さ、独立した判断、そういう不可欠なものさえもない気がする」と語っている。『時間』の第一章「時間」が同年一一月号『世界』に発表され、第二章「詩篇」、第四章「受難楽」がこの対談の掲載誌の翌年二月、八月号にそれぞれ発表されたのを見れば、堀田の発言は明らかに構想中の『時間』のことを指している。

端的に言えば、堀田善衛は『時間』に描かれた日本軍の南京での暴虐なふるまいを「日本人全体」がかかわった戦争の本質的な出来事として認識しており、そうした「日本人全体」が「アジア全体から背負い込んだ負い目」を「どうにかしない限り」、日本人としての「気持ちの自由さ、独立した判断」もありえないと見ていた。つまり、堀田はアジアに対する戦争加害を「日本人全体」のアジアから「背負い込んだ負い目」、すなわち精神的負債として強く意識し、他民族の犠牲者に対しての、日本国民を主体とする集団的な加害責任の所在を提起したのである。さらに、同対談で彼は、昭和天皇の敗戦の詔書が「日本イデオロギーのために、たくさんの犠牲者が、異民族のあいだに出」たことに対して「ぜんぜん知らん顔」している無責任ぶりへの憤りを「ぼくが痛切に感じた」ものとして述べている。この対談からは堀田善衛が『時間』を創作した際の問題意識と基本的なモチーフを十分にうかがい知ることができる。

ここでは、堀田善衛のそうした自覚と認識が同時代的にどのように位置づけられるかを見るために、戦後に繰り広げられた日本の戦争責任に関する議論の流れを大まかに振り返ってみよう。鶴見俊輔は「戦争責任の問題」[10]において、戦後の戦争責任追及の流れを、一九五五年頃を境界とし、それ以前の十年間を第一期「戦争責任意識の制度的形成の時代」とみなし、それ以後の第二期になってやっと「戦争責任意識を自力でつくりだす動きが見えた」と規定している。また、赤澤史朗の論稿「戦後日本の戦争責任論の動向」もほぼ鶴見俊輔の見解に沿いつつ、戦後最初の十年間の戦争責任論議を「法的・政治的責任論が優越していた」時期、一九五五年からの十年間を「主体的戦争責任論の提起」を特徴とする「内面的倫理的責任論が優位に立っていた」時期と捉えた[11]。

しかし、戦後日本に展開された戦争責任論には、日本の侵略戦争について中国をはじめとするアジア諸国に対する加害責任の自覚と反省が著しく不足しているという点において、大きな欠落があった。そうした実態に関しては、大沼保昭が詳しく検証している。大沼は一九五六年を中心とする第二期の戦争責任論が以前に見られたいくつかの問題点をそのまま引き継いだとし、それはすなわち「声なき国民一般が主体として明確に意識されていない」、「日本が全国民が一丸となってアジア諸地域を侵略し」た事実が戦争責任論のなかで「ほとんど意識されていない」[12]と指摘している。特に後者については、「戦後日本の戦争責任論の系譜を探ってみて思わず愕然とせざるをえないことは、日本人あるいは日本民族の他民族に対する責任という発想がいかに乏しく、問題として提起され、論議されることがいかに遅かったかという事実である」[13]と厳しく追及し、「非日本人たる他者からの視線を感受できないという感受性の欠如」を指弾したのである。

実際、アジアに対する加害責任に明確に触れた言説として、もっとも代表的なものは竹内好の「中国人の抗戦意識と日本人の道徳意識」[14]と「戦争責任について」[15]である。前者の文章では、竹内好は林語堂の小説『モメント・イン・ペキン』を「全体としての日本国民の道徳責任を告発している」作品として捉え、「戦争は、一面においては、国民の一人一人にかかわる問題を含んでいる」ので、「個人の負うべき道徳上の責任を国家権力に帰することはできない」と指摘した。先に述べた鶴見俊輔の「戦争責任の問題」はこの竹内好の論文を「日中戦争についての日本人の責任意識を分析したもの」と評価し、「日中戦争についての責任意識が、今度の戦争における日本人の戦争責任意識のもっとも重要な部分」だと再確認している。この鶴見の文章に答える形で、竹内好は「戦争責任について」を書き、日本の行った戦争の「侵略戦争の側面に関しては日本人は責任がある」と明言した。そして、戦争責任問題を再提起した鶴見俊輔の「戦争責任の問題」に先立って、一九五八年五月号『世界』に掲載された「座談会　アジアのなかの日本」（竹内好、石田雄、堀田善衞、加藤周一）における参加者たちの発言も注目に値する。その中で竹内好は「私は、戦争責任の問題は、国際問題じゃなくて」「国内問題、つまり日本人の良心の問題じゃないかと思う。向うがよろしいといったところで自らを許すべきものじゃない。自分で処理しなければならない問題であって、だから、いまの若い世代には戦争に直接の責任はないけれども、親の遺産なのだから、やはり次の世代にも引受けてもらわなければならない問題じゃないかと思う」と語っている。

しかし、竹内好に代表される侵略戦争の対外的責任に触れた論義は、大沼保昭がすでに論証したように、日本の文化界、思想界では「問題意識として共有されることなく、問題を深く掘り下げる努力もほとんど払われていない」[16]。

このような一九五〇年代の時代背景の中で、一九五三年一一月から五五年一月にかけて雑誌に連載され、同年四月に単行本が刊行された『時間』は、南京大虐殺を文学化することで、戦争加害にかかわる日本人全体の道徳的責任の問題を読者に突きつけたのである。日本の戦争加害を主題化した先駆的な作品としてその問題意識は際立っている。それは竹内好が林語堂の小説を評して述べた「全体としての日本国民の道徳責任を告発している」ような作品を、日本文学の内部から生み出したものであり、戦争加害における主体的責任への自覚だけでなく、一般の日本人の戦争加害に対する認識をも促すテクストになりうる。このことについて、本稿ではいくつかのレイヤーに分けて多層的に検証していくことになるが、ここではまず、一九五六年に堀田善衛が第一回アジア作家会議に出席し、日本人文学者の代表として各国代表に謝罪し、アジアに対する日本の戦争責任を明白に言語化していた事実を振り返る必要がある。

一九五六年一二月二三日から二九日まで、第一回アジア作家会議がニューデリーで開催された。アジア諸国の代表と西欧諸国からのオブザーバーを含む一七三名が出席し、堀田善衛は唯一の日本人作家として参加した[17]。各国における文学の状況報告にあたって、堀田は「戦争によって日本がアジア諸国の文化に及ぼした被害についてその罪をわびるという主旨を話した」[18]。日本が侵略戦争を通じてアジア諸国に及ぼした加害に対して、「われわれは日本国民として責任を痛感している」[19]と外向けに表明したことは、この時代において大きな歴史的意味を持つことを認めなければならない。この謝罪発言に関しては、堀田善衛の文章「アジアの中の日本――アジア作家会議に出席して」（一九五七年一月二一日『朝日新聞』夕刊）の「戦争をわびる」という一節、「胎動するアジア――第一回アジア作家会議に出席して」（『文学』一九五七年五月号）の「アジアに対する日本の戦争責任」という一節に、それぞれ記述されている。彼の謝罪の発言が終わったとき、「非常に大きな拍手」が送られ、各国の代表からは「そういうふうにはっきり言葉に出していわれた例を知らない」、「日本の文学者から聞いた言葉をオネストなものとして感じ、受取れたことをわれわれは幸福に思う」[20]といった感想が述べられたという。

第一回アジア作家会議での「戦争をわびる」発言は、堀田善衛の創作に一貫して追求されてきた文学的テーマの一つの必然的な結実であり、そこから『時間』執筆の内在的な動因を逆照射することができる。

同時期に書かれた堀田の評論「日本の知識人――民衆と知識人」[21]は、鶴見俊輔の「知識人の戦争責任」[22]の論旨を受けて、日本知識人と戦争との歴史的な関係を検証したものである。そこでは「中国に対する侵略を除いては、明治大正昭和の歴史は、いかなる意味でも成立しはしない」と強調した上で、「日本の知識人の大多数が」「長年月にわたる中国侵略に現実に従事して来た」事実と将来における日本の知識人の課題と使命についての思索を深めている。また、歴史的な変革期に直面した日本の知識人は、

「自分自身人間としての独立性」「〝インテグリティ〟＝全一性、一体性」を確立し、「自分自身の内的点検」を行い、「より深く知識人としての人間形成の地下室まで下りてみることが必要である」と訴えている。こうした論旨に照らせば、『時間』は「より深く知識人としての人間形成」を試みた創作的実践だったと言える。なぜなら、この小説はまさしく知識人である主人公が苛酷な現実を超克し、「主体的に統一された積極的な人間」への自己再構築の「地下室の思想」[23]を綴ったものだからである。

さらにこの「日本の知識人」においては、「知識人の任務の一つは、ものに名をつけ表現を与えることによって、そのものを存在せしめて行くことにある」とも明確に書かれている。

一九四六年五月から一九四八年一一月にかけて開かれた極東国際軍事裁判（東京裁判）の審理を通じて、日本の戦争犯罪を象徴する事件として南京大虐殺が立証され、戦時下の徹底した報道統制の下に置かれてきた日本人はついに虐殺の事実を知ることになった。ところが、歴史研究者笠原十九司が『南京事件論争史』で考察したように、GHQ当局は東京裁判を利用して日本国民を再教育する熱意を持たなかったために、裁判記録が周知されることはなく、南京大虐殺も日本国民の加害の記憶として共有され、定着されるには至らなかった。[24]そうした時代状況の中で、対日講和条約が発効し日本が独立を回復した翌年から一年かけて、堀田善衞が『時間』を書き上げたことは、南京で起きたことに「名をつけ表現を与える」ことによって「そのものを存在せしめて行く」という、知識人として道義上の責任をとるための創作行為だったと見てとれる。

一九五四年夏に新日本文学会で行った講演「私の創作体験」で、堀田は執筆中の『時間』について次のように触れている。

今ぼくは『時間』という小説を書きつづけてやっていることは、南京虐殺事件、ああいうことを起したということについても、日本人として何らかの考えというものは文学上で記録されるべきであるという大上段にふりかぶったような考えもないことはないんですけれども、そういうこととは別個にというよりも、そういうことよりも以上に、かくかくしかじかの条件と人間というもの、かくかくしかじかの条件のなかにある人間自体、それを考えようとしているわけです。[25]

ここで深く考えようとしている「かくかくしかじかの条件のなかにある人間」を『時間』に即して言えば、まずは戦争に巻き込まれた作中の陳英諦とその家族のことであり、その中には、彼らの眼に映った暴虐の限りを尽くす日本人も含まれる。さらには、同じく日本人としてそうした精神的な負い目に向かい合う作家自身も当然のように内包される。この講演で南京大虐殺について「日本人として何らかの考えというものは文学上で記録されるべき」だと言及したことにも注意すべきである。それを第一義的な企てとしては述べていないが、しかしそうした意識と結果こそ、今日から見れば戦後文学に鮮やかな足跡を残すことになったものとして再認識されるべきである。

2　「わたしがそういう義務を、このわたしに課したのだ」

『時間』の創作は、まず堀田善衞の戦争認識および戦争責任への自省を基盤にしている。その側面においては、日本の戦争加害の実態を告発し、日本国民ひとりひとりの背負うべき道徳的責任のありかを示すテクストになっている。南京大虐殺を「文学上で記録」するという作品の証言性よりも先に、まず日本人の戦争責任を痛感した作家にとって、この小説を書くことは、一日本人として感じた良心の呵責に向き合いながら、おのれも一員としてかかわった戦争加害の道徳的罪責を自律的に償い、自らの精神を清める行為であった。言い換えれば、〈南京〉の文学化は、何よりも堀田善衞自身の贖罪の意識から出発したものであり、書くことを通じて道義上の責任を背負うような文学者としておのれの主体を構築していくことこそが、『時間』を書いた動機の根底にあると考えられる。そうした自己省察の深さと自己贖罪の誠実さに、一九五〇年代の日本文壇に一歩抜きん出たものが見られる。

だからこそ『時間』は、中国人の主人公による一人称の手記という方法をとったのである。しかも、作中の手記の日付の一部は、その部分の内容が執筆された日付だったという作者の証言もある。[26] 語り手の陳英諦が〈南京〉を生きた日々の時間を堪え抜き、その悲惨な現実を乗り越える精神的主体を立ち上げていった過程は、そのまま書き手である作者自身が「主体的に統一された積極的な人間」を目指す過程、すなわち被害者の立場に立つことで、おのれの良知を働かせ、自分の罪責を贖いうる主体を作り出す過程でもあったのだ。書くことを通じて自己の責任を省察することは、作家にとっては自己変革の契機をつかみ、肯定的な自我を作り出す生産的行為そのものである。

ここからは、堀田善衛にとって小説『時間』の執筆が、日本人としての戦争責任を自律的に贖うための知的な作業だったことを検証していくが、最初にドイツの哲学者カール・ヤスパースの戦争責任論を参照しておきたい。

ヤスパースの『罪責論』（*Die Schuldfrage*）は、ドイツ敗戦の翌年に刊行されたもので、橋本文夫によって翻訳され[27]、日本の戦争責任論に大きな影響を与えた。前述した鶴見俊輔の「戦争責任の問題」も、竹内好の「戦争責任について」も、いずれもヤスパースの戦争責任論を参照、もしくは引用していた。堀田善衛もヤスパースを読んだ可能性は大きいが、それはともかくとして、戦争責任のとり方に関するヤスパースの哲学的な知見と『時間』の記述にどのような対応と裏付けが見出せるかを見てみよう。

ヤスパースは、「罪」と「責任」を連動させ、「罪・責任」を四つの位相にわけて考えるように促す。すなわち、「刑法上の罪（責任）」、「政治上の罪（責任）」、「道徳上の罪（責任）」、「形而上的な罪（責任）」である。刑法上、政治上の罪（責任）は主に外部、外側から問われる罪責概念であるのに対して、道徳上、形而上的罪（責任）は、人々が各自の良心あるいは絶対的なものに照らして主に内面、内側から問われる罪責概念とされている。しかも、道徳上、形而上的罪（責任）は、国家による集団的な不正や犯罪が発生した場合、すべての国民が普遍的に問われるものとして位置付けられた。「自分の罪を洞察する場合、罪を内面に向かって自覚の上に影響を及ぼす」という「罪の結果」をヤスパースは次のように書いた。

（c）道徳的な罪からは洞察が生まれ、それにともなって罪滅ぼしと変革とが生まれる。これは内面的な過程であるが、この過程はやがて世界のうちに現実的な結果をも生ずるのである。

（d）形而上学的な罪の結果としては、神の御前で人間の自覚に変化が生ずる。誇りが挫かれる。内面的な行動によるこの生まれ変わりは、能動的な生き方の新たな源泉となることができる。[28]

堀田善衞が『時間』を書きあげるという自律的行為において示した自己観照の目指したものは、ヤスパースのいう道徳的、形而上的な責任が内面から問われ自覚された結果、あるいはそこから企図された「罪滅ぼし」の影響というものにほぼ当てはまる。これには作中に見られる実に多くのモノローグが裏付けとなる。「無意味の大量殺人を目撃して来た」語り手である陳英諦は、日々の苛酷な現実に堪えながら執念深く手記を書きつづけるだけでなく、手記を書く行為自体の意味をも例えば次のように問いかける。

何故こんなに悲惨なことを書きしるしておくのか。明らかに云えば、それはわたし自身のためなのだ、わたし自身の、よみがえりのため、なのだ。[29]

わたしは、家族を失った孤独者なのだ、そしてその孤独の底を割ろうとしているのだ。わたしがいまたたかっているのは、わたし自身の認識に対してだ。認識変革の劇、これがわたしの劇なのだ[30]。

これらの自問自答は、主人公陳英諦のものであると同時に、作家堀田善衛の自己確認でもあろう。そこでの人間性に対する深い認識を獲得し、人間の尊厳を取り戻す「わたし自身の、よみがえり」とは、主人公と作者双方にとっての蘇生を二重に意味する語句なのである。「自身の認識に対して」の「認識変革の劇」を強く求める重層的な「わたし」。この「わたし」による絶え間ない自己確認は、さらにこのようにも繰り返される。「わたしが、眼を蔽いたくなるほどの悲惨事や、どぎつい事柄ばかりをこの日記にしるしているのは、人間が極悪な経験にどのくらい堪えうるか、人間はどんなものか、ということを、痛苦の去らぬうちに確認してみたいがためにほかならない。」だから、「毎時毎分、わたしは黒々としたニヒリズムと無限定な希望とのあいだを、往復去来している」。そして——

しかし、誰が、何が、いったいわたしにそんな義務を課したのか。神か歴史か、わたし自身は、神でもない歴史でもない、わたしがそういう義務を、このわたしに課したのだ、わたしがその義務を創ったのだ、と云いきりたい気がする、けれども、いま「わたしが」というとき、わたしは、たとえば肩に何か超絶的なものが軽く触れたような、ある種の戦慄を感じる……[31]。

ここではわざと、手記の書き手である「わたし」から分離した、小説の書き手としての「わたし」が顕在化されている。つまり「人間はどんなものか」、人間の堪えうる「極悪な体験」の限界はどこなのかを深く問いかけながら、ニヒリズムと希望の間を去来せずにいられなかったのは、陳英諦であると同時に堀田自身だったと理解すべきなのだ。だとすれば、ここでいう「何か超絶的なものが軽く触れたような」「戦慄」とは、形而上的な罪責をつぐなう主体を待ち受ける境地として、超越者を意識する境地、すなわちヤスパースのいう「神の御前」という場に立たされる瞬間にほかならない。それはヤスパースによれば、形而上的罪を自覚し、おのずからそれを贖った主体に開示される境地なのである。この境地は、作家自身の発言の中にも体感を伴って言及されている。「創作対談　日本・革命・人間」において堀田は次のように言う。「『時間』にあるような日本軍のやつた南京暴虐事件とか、そういうもののなかに投入してやつて行つてみるとね、最後の方になつて、――これははつきりしたことはなんにもいえないんだけど、信仰の問題というものが出てくる。」「信仰の問題というのは、尤も神とかなんとかいつて最も抽象的な問題のように見えるけれども、これは実に具象的な問題なんだね。」「そういうことは書いてみて分つた[32]」と。さらに同対談で、堀田が「エッセイや形而上学の言葉で小説を書くということ」を意識したと語っているのも見落すべきではない。

つまり堀田は、主人公が懸命に生き抜くことで受身的な状況に抗う「認識変革の劇」を造型しながら、彼自身が日本の知識人として責任主体を構築し、書くことに「能動的な生き方の新たな源泉」を見出しつつ、精神的な「生まれ変わり」を模索するプロセスを自ら示したのである。

南京大虐殺の歴史的事件としての真実性と、贖罪および自己変革に創作を通じて取り組んだ一作家の精神的記録としての真実性。「小説の語法で語ってはならぬ」「小説的になってはならぬ」と本作が「小説的」になることを作者が強く拒否するのも、この二重の真実性が小説という形式に本来備わっている虚構的な性格と齟齬があるからだろう。[33]陳童君が「堀田善衞『時間』と南京大虐殺事件」という論稿で紹介した未公開の「作者ノート」には、「題材を中国に、1937年の南京虐殺事件にとった。けれども作者としては、confession d'un artiste」という作者による記述があったという。[34]「confession d'un artiste」すなわち「一人の芸術家の告白」が『時間』という小説の中核をなしていたことが改めてこの資料によって確かめられる。

このように『時間』は、一九三七年一二月以後の〈南京〉の時間と、それに向き合う一人の日本人作家の精神の軌跡とを同時に記録したものである。戦争の加害と被害という問題に対して、時空を越え両方の側から深く問いかける作品になっている。それは意識と手法の両面において、同時代の日本文学の先駆けとなるものであり、まさに辺見庸の解説にある、「戦後文芸史上でもきわめて特異な位置にありつづけている[35]」という評価にふさわしい。

日本の戦後思想が、「アジア各地の人々に与えた苦痛と、そこに骨を埋めたはずの幾十百万の帰らざる霊への思い」とを「すっぽり欠落」させていることは、小熊英二が『〈民主〉と〈愛国〉』において検証した通りである。[36]この意味で、日本のアジアにおける戦争加害を代表する事件である南京大虐殺を、加害側の責任意識の自覚のもとに被害側の視点を借りて書き上げた『時間』は、対アジアの責任問題という戦後思想の欠落した問題系を真っ向から提示したテクストになりえている。しかし日本社会には、この作品を思想的な資源とし、そこに内蔵された衝撃力と可能性を掘り出すことで、南京大虐殺の事実を記憶に定着し、対アジアの戦争責任の問題を思想化しようとする動きは見られなかった。それは、戦後日本の戦争責任論の展開および対アジア問題の認識の深化にとっても、一つの損失だったと言わねばならない。

3 同時代文壇からの冷遇と不当な評価

『時間』に対しては、連載中または単行本刊行後にわずか数点の短い作品評があったが、作品が提起した戦争加害の責任という問題が引き出されることはなかった。中には、「中国という鏡に日本のすがたを映そうとするのが作者の関心事に相違ない[37]」、「日本人であるこの作者が中国人を媒介としてこの手記を書かなければならなかったという事情は、ひとり堀田のみならず現代日本の知識階級の一世代における民族意識の問題として考えなければならぬものである[38]」といった問題の端緒をつかんだ論点も出されたものの、まともな論評には発展せず、論議を呼び起こすこともなかった。

この作品をいち早く正当に評価したのは、文壇側ではなく中国文学研究者の竹内実だった。竹内実はまた、戦争責任という問題の枠組みから『時間』の価値を認めた唯一の批評者でもあった。「昭和文学における中国像[39]」において竹内実は、贖罪の意識が生み出した作品として『時間』を挙げ、「戦後の極東裁判ではじめて全貌を知らされた南京大虐殺の事件をテーマにした作品は、これがはじめて」であり、「はじめて日本語でこの事件を作品化したことは、高く評価しなければならない」と論じている。さらに日本人作家の中国関連の作品を軸に、日本人の民族意識と戦争責任の変容を考証した「使命感と屈辱感(40)」においても、竹内実は再び『時間』について「日本人として抜きさしならぬ問題と正面から取り組んだ」「戦争責任の問題に文学的にこたえている作品」とし、武田泰淳の「審判」とともに、「思想の営みとして」戦争への屈辱感を「文学の責任において正しく定着させようとする試み」だったと評価した。この竹内実の「使命感と屈辱感」が、竹内好の「戦争責任について」と同じく、『現代の発見』第三巻「戦争責任」に発表されたことは注目されてよい。逆に同時代の文壇側からは、こうした視点からの理解はほとんどなされなかった。他民族の戦争被害者から出された正義を求める声。そして日本人の戦争責任を問いかける声。作中に織り込まれたこれら切実な声は黙殺されたまま、ごくわずかに狭隘な小説論の範疇においてのみ論じられただけであった。

同時代の文学評論の中で『時間』がいかに正当に評価されなかったかを示す例として、まず新潮文庫版『時間』のために佐々木基一が書いた「解説」を取り上げたい。この解説は一九五〇年代後半に見られるほぼ唯一の『時間』についての作品論であり、文庫版とともに流通しただけに潜在的な影響力は大きかったはずである。しかし今日から見れば、その解説の仕方には実に多くの問題があったと言わざるをえない。佐々木は真っ先に『時間』を「小説らしくない小説」と断じた上で、「観念的」という言葉に作品を当てはめる。その場合の「観念的」という「日本の文壇用語」は、常に「文学的造型の欠如」、

「小説として頭でっかち」、「思想が現実とうまく嚙み合っていない」などの否定的な評価と結びつけられると説明しながらも、そういう「観念的」というレッテルに「そっくりそのままあてはまるような作品」だと結論を下したのである。

「堀田善衞がかくも大胆不敵な試みを行なったことに、わたしはむしろ感服する」と言う佐々木の言葉は、一見称えているように見えながら、それはあくまでも堀田が、いわゆる「観念的」作風を「一つの極限にまでおし進めた」ことへの感服であって、それは「わが国の文学常識を完全に無視し」ているとする。作品への具体的な解析になると、「『時間』という標題にもかかわらず、この小説の中には、現実の時間はほとんど流れていない」、あるいは「人間の姿はむしろ粘土細工のように柔らかであり、巌のようにたしかな実在感をもたない」などと否定的な見解のみが並べられている。しかも「そこにこの作品のおおいがたい欠陥の一つがあることも、また、万人の認めるところであろう」といったように、なんと解説者が不特定多数の読者に代わって作品を非難するのである。さらに、最後には「これほど徹底して、思弁にはじまり思弁におわる小説が書かれたことは一つの事件である。それは、良くも悪くも、戦後文学の底に流れる潮流のいかなるものであるかを象徴するに足る一事件である」とまでいう。

佐々木が挙げた「現実の時間」が「流れていない」、「人間の姿」が「実在感をもたない」などといった、もはや作品への根底からの否定につながりかねない論評がいかに不当かをここで論証する余裕はない。ただしはっきりと是正すべきは、佐々木が『時間』に与えた「観念的」というレッテルである。これこそが佐々木基一の解説中もっとも弊害が大きい皮相な浅見だったからである。[41] なぜなら、「観念的」

と決めつけることで、この作品に具現化された問題がすべて作家の主観的問題、あるいはその個人的な作風の問題に帰結してしまうからである。また「観念的」というのは、佐々木も説明するように、「思想が現実とうまく嚙み合っていない」ことであり、抽象的で現実に即していないという意味である。現実と結びつかず、現実とかけ離れているということである。このようにして『時間』を「観念的」と断定した途端、作中に書かれた現実に読者が近づくための通路は断たれてしまう。南京大虐殺の事実に基づいて書かれた『時間』は、いかなる意味においても「観念的」な作品ではない。それを「観念的」だと決めつけるのは、小説に表現された現実を無視することに等しく、読者に開かれた現実を直視し思索するための思考回路を閉ざしてしまう可能性が大いにある。「思弁にはじまり思弁におわる小説」という捉え方も、小説が依拠した現実を故意に見落とした点において、同様の弊害があると言わねばならない。

本多秋五が『物語　戦後文学史（下）』に書いた『時間』への酷評は、明らかに佐々木基一の解説の延長に展開されたものである。本多は佐々木のいった「実在感をもたない」という批判を極論にまで敷衍し、主人公を「理解しがたい人間」、「ますます不可解な、実在性の信じがたい人物」として、「この人物のなかに作者が「意思」を確立しえなかった」、「これはその世界へ読者がすらりと入って行きにくい小説である」[42]などといった非難ばかり並べる。本多秋五の論難については、新津淳の論考[43]において的確な批判がなされているのでそれに譲るが、興味深いのは、本多秋五が『時間』発表当時は、「まだしも手ごたえのある作品のように思った」のであり、「私の見聞した範囲では、そのように受け取った読者が多かった」と振り返っていることである。しかし「こんど読み直してみると、その印象は逆であった」、「発表された当時、『時間』はまだしもと受取ったのは、われわれが作品の「観念性」に対して色盲であり、それだけ特殊な戦後的空気のなかに暮らしていたということになるのだろうか」と反問した。『時間』の受け止め方をめぐるこうした奇妙な変化は、おそらく本多が「特殊な戦後的空気」から抜け出せたことにも原因があろうが、それと同時に彼が「観念的」という色眼鏡によって感受性を遮断されてしまい、なかば思考停止に陥ったからではなかろうか。そうした本多秋五の言葉が、戦後社会の変遷を図らずも語ったように見えてならない。本多はさらに書く。

私は、この小説が単行本になってから間もなく、堀田善衞を訪ねて、南京虐殺の記録写真を数十枚みせてもらったことがある。私はそれを見て、これは書けぬ！　とおじ気をふるった。まったく言語に絶するものであった。『時間』は、本来小説に書く術のないものを、無理矢理に書き切った小説である。(44)

このような理由で、本多秋五は『時間』を「作者が無理矢理に書いた無理作」（傍点原文）と片付けた。堀田が所蔵して執筆する際にも参照したと思われる「南京虐殺の記録写真」を目にして、「言語に絶するものであった」と感じたのは当然だとしても、本多自身が「これは書けぬ！」と見たような出来事を堀田が「無理矢理に書き切った」ならば、せめてその書き切った努力を認めてもよいはずだが、それどころか、「濫作とか駄作とかのほか」の「無理作」と断じるのは批評家としての無責任、作品に対する冒瀆としか言いようがない。「無理作」というのは、つまり『時間』は書かれなくてもよかった作品、有り得べからざる小説とでも言いたいのだろうか。

以上に見てきた佐々木基一と本多秋五が代表する論評とその姿勢には、この小説がその後も長らく文学界、評論界に黙殺されることを予感させるものがあった。現に、一九六一年二月、三月号の『近代文学』には、中村真一郎、白井浩司、鮎川信夫、本多秋五、山室静、埴谷雄高による「堀田善衛——その仕事と人間」の座談会が二回にわたって掲載されたが、堀田善衛の「仕事と人間」について語るその座談会では『時間』という作品に触れる出席者は誰ひとりいなかったのである。

4　東京裁判公判記録に基づいた創作

『時間』を書くにあたって、堀田善衛は一体どのような一次資料をどのように参照したのか。これは、作品の創作過程を解析するための、きわめて重要な課題である。作品創作の下地を支えた歴史的根拠とそれに対する作者の扱い方についての究明は、作品にまつわる「観念的」という誤った観点を退け、テクストと史実とのあいだに仕掛けられた連結の回路を示すためにも不可欠な作業と言える。

南京大虐殺の関係資料と照合して読み直せば、作品のリアリティはなお一層迫真的に実感されてくる。特に作品は、事件当時南京に残留した外国人、南京安全区委員会の主席ラーベをはじめ、ベーツ、ウィルソン、マギーなどといった、〈南京〉の歴史に残る実在の人名を織り込んでおり、これが小説に描写された出来事の真実性に歴史的な厚みを持たせている。笠原十九司が「『時間』に叙述されている陳英諦一家の被害体験のあり様は、南京事件の諸文献資料で見ることのできる事例であり、フィクション的なところはほとんど感じない」と評価し、堀田善衞が「東京裁判における証言記録などを調査し、それらの記録資料をもとに南京事件の史実を再現しようとしたことが分かる」[45]と見ている。また、川西政明も「堀田善衞は東京裁判での南京虐殺の記録を読んで、「時間」を構想したのであろう」[46]と推測したことがある。

東京裁判の公判記録を読んだとする堀田善衞本人の発言がある。例えば『上海にて』では、「このNanking Massacreについて知りたいと思われる人は、エドガー・スノウの諸書、極東戦犯裁判法廷の記録などを参照されるといい」[47]と書き、前述した創作対談でも、「題材的には『時間』は」、「写真が手に入つたこと」、「東京裁判の記録、それから中国人にいろいろ聞いたりしたこと」[48]をもとにしたと語っていた。

しかし、一九五〇年代において、東京裁判における南京大虐殺の証言資料はまだ歴史研究の対象になっておらず、法廷証言の全体も公開されてはいなかった。東京裁判の法廷記録が全面公開されるには一九六八年の『極東国際軍事裁判速記録』全十巻（雄松堂）の刊行、そして南京大虐殺関係の法廷記録の公刊は、一九七三年の『日中戦争史資料8　南京事件Ⅰ』[49]の出版まで待たねばならなかった。

『時間』執筆の際に参照された文字資料を突き止めるために筆者が調査を進めた結果、堀田善衞が確実に参照したと考えられるひとつの重要な資料の存在が判明した。それは、一九四九年一月に刊行された極東国際軍事裁判公判記録刊行会編の『極東国際軍事裁判公判記録　Ⅱ　検察側立証　満洲関係巻』（冨山房）であり、堀田善衛が精査した主要資料の一つだったとほぼ断定できる。(50)それは、この資料集が一九五〇年代時点の極東国際軍事裁判公判記録の原本を公刊した唯一の資料集だったからであり、こうした一次的資料をもとにしなければ、とうてい再現できないような細部の描写が『時間』には見られるからである。

『極東国際軍事裁判公判記録』は、「Ⅰ　検事側総合篇」と「Ⅱ　検察側立証　満洲関係巻」の二巻からなるもので、それぞれ東京裁判速記録第一号〜二十二号、第二十二号（続）〜四十一号を収録している。「Ⅱ　検察側立証　満洲関係巻」所収の速記録第三十四〜三十六号は、一九四六年七月二五、二六、二九日の南京虐殺事件をめぐる検察側立証の第一段階の裁判速記録であり、ロバート・O・ウィルソン（金陵大学附属病院医師）、許伝音（紅卍字会副会長）、尚徳義、伍長徳、陳福宝（虐殺を逃れた生存者）、マイナー・S・ベーツ（金陵大学歴史学教授）などの証人の証言、供述書、訊問などの記録が含まれている。ただし、『極東国際軍事裁判公判記録』は第Ⅱ巻までしか刊行されなかったため、南京大虐殺関係公判記録のすべてを収めたものではない。速記録第四十一号以後の、例えば同事件の検察側立証段階となる一九四六年八月一五日後半、一五日と同月二九日の公判を記録した第四十八、四十九、五十八号の速記録が含まれていないが、その中には、ジョン・G・マギー（アメリカ聖公会伝道団宣教師）の証言やジョージ・A・フィッチ（YMCA国際員会書記）、程瑞芳（金陵女子文理学院舎監）の供述書などがある。

「極東国際軍事裁判公判記録刊行会長」の笹森順造が書いた序文によれば、「連合国最高司令部当局」の許可を得て「極東国際軍事裁判公判記録全部を刊行」[51]することが企画されていたが、Ⅲ巻以後は未刊に終わり、その原因は不明である。

このように、『極東国際軍事裁判公判記録Ⅱ』は不完全なものではあったが、『時間』が書かれた当時、南京大虐殺をめぐる検察側立証第一段階の公判記録を収めた唯一の一次資料集だった。堀田善衞がこれを参照したことを示す確証となるのは、陳英諦の手記で「一二月一九日」の体験とされている西大門の集団殺戮から奇跡的に生還した場面の描写である。結論から言えば、この体験は東京裁判の速記録第三十五号のうち、「証拠書類二〇七号」として法廷に提出され朗読された伍長徳の供述書を原型としている。一九三七年当時警察官だった伍長徳は、司法院の難民収容所に連行され、外の二千人とともに西大門（漢中門）で銃殺されかける羽目となった。

まず、小説のこの場面を見てみよう。なお、文中の記号と傍線は伍長徳本人の供述と照合するために筆者が付けたものである。

(A)われわれは、百人ほどずつかためられて、薄暗い西大門をくぐらされた。（中略）門の外と上には、何台かの機関銃が据えつけてあって、上と横から、(B)門外に出た順に撃つ。(C)撃たれた屍は、門のすぐ前のクリークへごろごろと転がり落ちる。(イ)クリークに橋はかかっていたが、橋は少し左の方にかかっていて、日軍は軍夫を使ってここを刑場とするために、(ロ)門外の道路を半分ほどに削って急勾配にしてしまったのだ。死にきらなかったものは、クリークに落ちこもうとはせずに、土にしがみつく。すると、(D)兵が来て刺殺する。わたしはどうして生きていたのか、よくは知らぬ。恐らく、暗くなってからクリークから這い上り、と云うより、(E)屍のあいだから出て来て、一軒の空家に入ったとき、そこにうずくまっていた先客の云ったように、機関銃の発射される瞬前に死伏し、そのままクリークに転げ込んだのかもしれぬ。

その空家に、二人で(E')一〇日間かくれていた。(F)附近の人が毎日粥を届けてくれた。わたしは高熱にうかされていた。誰かに手当をうけた。肺炎だったのかもしれぬ。[52]

次には、東京裁判の「証拠書類二〇七号」となった証人伍長徳の供述書原文の一部を引用する。[53]

一九三七年（昭和一二年）一二月一五日、日本兵が司法院にやつて来て、其所に居たすべての人に彼等と同行するやうに命じました。国際委員会の委員二名が日本兵に我々が前軍人でないことを告げましたが、日本兵は此の二人に出て行くことを命じ、(A)我々を無理やりに市の西大門へ行進させました。

我々は其所へ着くと丁度門の内側に坐るやうに命ぜられました。数台の機関銃が日本兵に依つて門の丁度外側と、その両側にすゑつけられました。(ロ)此の門の外側に運河とその下流に至る急な坂とがありました。(イ)其の運河には橋が掛つてゐましたが、直接門の向ひ側ではありませんでした。百人以上の一団をなしていた此等の人々は銃剣を突きつけられて一時に門を通ることを強制されました。彼等は(B)外部へ出ると機関銃で射たれ、(C)その体は坂を転げて、運河の中へ落ちました。機関銃掃射で殺されなかつた者は(D)日本兵に銃剣で刺されました。各組百人以上の約十六組が門を通ることを強ひられ、此等の人々は殺されました。

(A)凡そ百人以上の私の組が門を通るやうに命ぜられた時、私は出来るだけ早く走り、機関銃が発射される寸前にうつ伏せになり、機関銃弾には撃たれませんでした。すると日本兵が来て私の脊を刺しましたが、私は恰も死んでいる様に動かず、倒れてゐました。日本兵は幾許の死体にガソリンをかけ、火をつけ、立去りました。其の時は暗くなり始めてゐました。死体は河岸に散乱してをり、ガソリンは私にはかゝつてゐませんでした。私は日本兵が立去るのを見て、(E)死体の間から這ひ上つて、一軒の空家に這入り、其処に一〇日間居りました。(F)其の附近の或る人が毎日、私に一碗の粥を届けてくれました。それから私は市内に這入り込み、大学病院へ行きました。ウィルソン医師が私の手当にあたつてくれました。私は五〇日以上入院し、退院して江蘇北部の私の郷里へ行きました。私が以上述べた事件の折に、約二千の前警官と一般人が殺害されました。

上記の小説の内容と伍長徳本人の供述書と照合すれば明らかなように、陳英諦が「一二月一九日」の出来事として語った殺戮現場からの生還体験は、伍長徳の「一二月一五日」の実体験のそのままのものである。百人ずつ一組に「西大門」に連れて行かれ（A）、門を出た順に機関銃で撃たれること（B）、次々に死骸がクリークに転がり落ちて（C）、日本兵が倒れた人を銃剣で刺したこと（D）、掃射される寸前に倒れたために銃弾から逃れ、死骸から這い上がって一軒の空家に入りそこで一〇日間かくれていたこと（E）など、両者の死を免れた一部始終がすべて一致する。こうした照合作業によって、陳英諦の体験は、東京裁判の証人伍長徳の実体験をもとに描かれたことが確定できる。特に注目したいのは、集団殺戮が行われた西大門の門外の様子である。小説での門外は、クリークへの「急高配」（ロ）となっており、「クリークに橋はかかっていたが、橋は少し左の方にかかってい」た（イ）とされる。供述書の方でも門外には「急な坂」があり（ロ）、「其の運河には橋が掛つてゐましたが、直接門の向ひ側ではありませんでした」（イ）という証言があり、小説の描写がそれに忠実に基づいていることが判かる。

伍長徳などが東京裁判の法廷で証言した翌日、一九四六年七月二七日付『読売新聞』朝刊では「東京裁判　虐殺の三生証人出廷」の記事で、尚徳義、陳福宝、伍長徳など「三証人が述べた戦慄の事実」として、三人の口供書を要約している。そのほかには、例えば朝日新聞法廷記者団著『東京裁判　第一輯　軍閥大陸へ侵攻す』（ニュース社、一九四六年一〇月）でも伍長徳の供述が紹介されている。しかし、それらの資料は供述書原文の全文掲載ではなく、要約だったため「西大門」の外側の空間状況についての叙述がいずれも省略されている。上に列挙した（イ）（ロ）の箇所における対応関係が見られるように、証言の細部までつまびらかに作品に生かされたことは、堀田善衞が東京裁判の公判記録の原文を参考していたと断定する決め手となる。

伍長徳の供述書の原文に照らして対応箇所を読み直すと、小説には見落とされがちな重要な記述があ

図１　証人台の伍長徳（『極東国際軍事裁判公判記録Ⅱ』、一八四頁の隣頁）

ることに気づく。それは陳英諦がなぜ殺戮現場から生還できたかを「よくは知らぬ」としながら、「一軒の空家に入ったとき、そこにうずくまっていた先客の云ったように、機関銃の発射される瞬前に死伏し、そのままクリークに転げ込んだのかもしれぬ」（傍点筆者）と述べている部分である。陳はそこにいた「先客」とともに「その空家に、二人で一〇日間かくれていた」（傍点筆者）という。この「先客」こそ実在する証人の伍長徳である、とは言えないだろうか。堀田善衛は伍長徳が「その空家」にいたという事実を、証言そのままの形で作品空間に反映させ、主人公の陳英諦が彼の隣に居合わせたように設定したのである。このようなきめ細かな処理には、歴史学者のように事実を最大限に尊重する意識が覗われる。

なお、『極東国際軍事裁判公判記録Ⅱ』所収の速記録第三十五号の部分には、関係する証人たちが証人台に立つ写真を掲載するページがあり、その中の一枚として伍長徳の写真も掲載されている（図1）。ちなみに、一九八三年に『朝日新聞』記者本多勝一が南京で伍長徳の聞き取り調査を行い、その実体験は『南京への道』で再び詳細に紹介されたのである。[54]

伍長徳のほか、同じく生存者である陳福宝の法廷証言も『時間』に採用されたと見られる。「証拠書類二〇八」の陳福宝の供述書にある「日本兵の命令で死骸を池に抛り込む手伝ひをした[55]」という実体験は、陳英諦が馬群小学校で日本兵に銃剣で駆り出され、クリークまで「積屍」を運んで、「水中に投げ入れる」という作中の場面に生かされている。

引用した供述書にある通り、銃剣で刺された伍長徳はのちに金陵大学病院でウィルソン医師の治療を受けた。南京落城後唯一の外科医師として金陵大学病院で治療活動に従事していたウィルソンは、東京裁判に南京事件の最初の証人として出廷した。その証言は速記録の第三十四、三十五にある。『時間』ではウィルソン医師が実名で登場し、陳英諦が妻の莫愁に金陵大学病院への入院を勧める段落で、「後日わかったことだが、病院の医師二〇名、看護婦五〇名は一二月一日に南京を去り、残ったのは、米人医師ウィルスンさんともう一人、看護婦がたった五人だったのだ」とあるが、この記述はウイルソンの法廷証言に依拠したものと見られる[56]。

小説では複数の登場人物がウィルソン医師にかかわるように設定されている。例えば、刃物屋の青年がかつて「金陵大学病院の医師ウィルスンさん宅のボーイをして学資を稼いでいた」ために多少の医学的知識を身に着けたという記述。また、陳英諦の従妹の楊嬢が日本兵に強姦されて梅毒にかかったという設定は、ウィルソンが法廷で証言した「ジョン・マギー牧師に依つて一五歳になる女の子が病院に連れて来られ」、二カ月後に「第二期黴毒の腫物の状況[57]」が出たという少女をモデルにしたと推測される。さらには、楊嬢が苦痛を除くためにヘロイン中毒になったことや、陳英諦の叔父が阿片、ヘロインの売買に手を出したなどの描写は、東京裁判でウィルソン、許伝音、ベーツなど多くの証人が陳述した、日本軍が占領地域で麻薬を大量に販売したという事実に基づいている。小説の結末部では、作者は楊嬢に「もし入院するとしたら、金陵大学の病院へ入りたい」とも言わせているが、ウィルソン医師がいる金陵大学病院は、受難者が治療を受ける空間として意味付けられている。

堀田善衞が参照したもう一つの重要な証言として、速記録第三十五号の許伝音の証言も挙げられる。イリノイ大学文学博士の学位を持つ許は、一九三七年当時紅卍字会副会長、南京安全地帯国際委員会委員を務めていた。法廷では検察官の「あなたの管轄下の収容所の数」、「安全地帯に居りました中国国民の数」に関する質問に答えて、「設営所を二十五箇所も設けた」こと、公式の数字ではないが、「安全区域に居りました人達は二〇万から略〻三〇万に及ぶ程[58]」と証言している。「金陵大学と司法部その他二十五個所に安全地帯が設けられ、二〇万か三〇万ほどにのぼる難民を収容していたのだ[59]」という作中の記述は、おそらくこの証言に依拠している。

陳英諦一家が馬群小学校での難民惨殺から逃れ、野原で一夜を明かして金陵大学の安全区まで行く途中の場面を思い出してみよう。

雪の夜があけて、朝が来たとき、わたしは道に一人の西洋人が一人の中国人を従えて歩いてゆくのを見た。わたしは、その西洋人に助けを求めた。マクギーとか、マギーとかという米人であった。(……)

このマクギーまたはマギーなる人は、通りにぽつんぽつんと建った家という家の扉を悉《ことごと》くひらいてみて、なかの写真をとる。どんな家にも泣いている女か、死んでいる女か、うつむいた男か、死んだ男かがいた。(60)

ここではアメリカ宣教師のジョン・G・マギーが登場している。前述したように、東京裁判でのマギー証人の証言（速記録第四十八、四十九）は『極東国際軍事裁判公判記録』には収録されていない。従って上の場面は、許伝音の証言に見られる「新開路」の「或る一家庭」の惨状に依拠して再現されたはずである。許伝音は「新開路第七番の或る一家庭にマギーさんと一緒に参り」、「其の家の中で我々は一一人の者が殺され、三人の者が強姦されて居ったのを発見し」たと陳述しており、その家で「マギーさんと私はこれ等の死骸の写真を撮りました(61)」と証言したのである。だとすれば、陳英諦が見かけたマギーと一緒に歩く「一人の中国人」のモデルは、許伝音だったと確定できよう。小説でマギーが登場するのは上の場面のみである。堀田はマギー本人の法廷証言を『極東国際軍事裁判公判記録』では直接読めなかったのだろうが、実際には、マギーも東京裁判の法廷においてこの新開路の住民一一人の惨殺事件を証言していた(62)。

許伝音の証言にあるマギーが撮った「写真」とは実はマギーが一六ミリフィルムのカメラで虐殺の現場を撮影した通称「マギーフィルム」のことであり、この貴重な記録映像は「南京大虐殺文書」として二〇一五年一〇月にユネスコ記憶遺産に登録された。そのフィルムには、新開路の住民一一人の死骸を撮ったシーンがある。新開路事件では家族七人を殺害された当時八歳の夏淑琴と四歳の妹との二人が生き残った。東中野修道が『「南京虐殺」の徹底検証』（展転社、一九九八年八月）の中で夏淑琴を「ニセ被害者」としたことに対し、夏淑琴が名誉毀損を訴えた裁判で、日本の最高裁判所は二〇〇九年二月五日に被告の上告を棄却し、夏の側が全面勝訴した。事件から七〇年後も歴史の真実を守るための戦いが続けられたのである。中国では二〇一四年一二月一三日、南京大虐殺遭難者を悼む初の国家追悼日に、南京大虐殺遭難同胞記念館で国家追悼式が執り行われた。八五歳の夏淑琴は、生存者代表として中国国家主席習近平とともに、追悼の鼎の除幕を行った。

5　歴史と対話する「鼎の語法」

中国初の国家追悼日に除幕された追悼の鼎は、両耳三足を器形とする高さ一六〇センチの金属器である。実は、『時間』においても、陥落後の南京はほかならぬ両耳三足の鼎によって象徴されている。こうした文学的表現は決して偶然の思い付きではなく、歴史に対する深い認識と洞察が結晶した核心的なメタファーなのである。主人公が死骸の横たわる瓦礫の上で、「一点の凝縮した黒い鼎」に眼を吸い寄せられると、「鼎の沸くが如く」に「かげろうのようなものが天に立ち昇っている」。

鼎は、古人が宇宙を模してつくったものという。この宇宙を熱するためには獣炭を用いたという。

三本の太い足の傍に、二つの屍がころがっている。

二つの屍を炭として宇宙が熱せられている。かげろうのように人の血と膏が湯気となって天に立ち昇ってゆく。あたかもこの瞬間の、世界に於ける南京を象徴するかの如くに。[63]

『時間』を書いたきっかけとも関連して、堀田善衞は一九四五年の晩春に武田泰淳と南京を旅したとき、城壁から眺めた夕日を浴びる紫金山に心打たれたことをくり返し語っている。[64] そうした紫金山の模様も小説に登場するが、ただしそれは「時間ははじめから凍結している」ような、「いささかも人間にわずらわされぬ」純粋な自然の象徴であり、その「史前であり史後である」絶対的な宇宙の時間に対峙するものとして、南京受難の時間を刻み付けた鼎が発見されるのである。鼎は「あくまで人工になるもの」（傍点原文）であるがゆえに、「それが創造されて以来、創造者自身の歓喜も遺恨も、悉くが鋳込まれ」、「時間を横にも縦にも腹中に収め」ている。人間世界の哀歓とともに歴史に刻まれた時間の重みをすべて納めたその包容力を持つものこそ、自然的存在の「紫金山と優に相対しうる」ものとして描かれたのである。「あの熊にも似た黒い鼎のように存在したい」と願う「わたし」にとって、それはひとえに精神的な支柱となっただけではない。手記を書くにあたって「戦争の語法、小説の語法で語ってはならぬ」と心掛けた彼は、「いまは鼎の語法で語れ」と自分に話しかける。それは、「巨大な鼎のように三本足で（二本足では足りないのだ）黒く重く構えているものをでもたてにとらないと、これから後のことは到底筆にも口にも出来ない[65]」からだとしている。

それでは、「鼎の語法」の意味をどう理解すればよいのだろうか。非情な自然を表象する紫金山に相対して、鼎は人間の時間をめぐる記憶を盛り込んだ容器である。ならば、「鼎の語法」というのは、「鼎」が顕在化させた歴史との人智による対話を意味しているのだろう。人智によって歴史と対話していくことへの強い意志が『時間』の全編を貫いている。

高橋哲哉は、戦後世代日本人の「戦後責任」を鮮やかに提示した『戦後責任論』の中で、「責任」に対応する responsibility という言葉が「応答可能性」という原義をもつもので、「戦後責任」を「応答可能性（レスポンシビリティ）としての責任」と定義し直し、それが日本の侵略を受けたアジアの無辜の死者たちの声に応答することを戦後世代の日本人に要請するのだと論じている。[66]『時間』ではまさに「いまこの南京という鼎」の意味に関連して、後世の人々にレスポンシビリティの自覚を促し、歴史を知るための応答と対話に参与するよう呼びかけている。

われわれは、歴史上のあらゆる事件がそうであるように、いまこの南京という鼎が立ち昇らせている湯気の意味を徹底的に知ることは出来ないであろう。しかし、われわれは意志すれば、その意味を知るための質問者として、対話者の一方であることは出来るのである。[67]

ここで「われわれ」という主語が使われたことに注意したい。読者に向けたこの発話は、自らの「意志」によって、「いまこの南京という鼎が立ち昇らせている湯気の意味」を「知るための質問者」と

「対話者の一方」になることを、「われわれ」に呼びかけている。それは「いまこの南京という鼎」とそれを凝視した主人公のまなざしに対して、「応答可能性としての責任」を正確に果たす方法にほかならない。この一節は当事者の語り手の声である以上に、作家の生の声であり、「われわれ」という複数代名詞で括られるのを拒まない限り、読者は「湯気の意味」を知るための応答責任の内側に否応なく置かれるのである。

前掲の「創作対談　日本・革命・人間」で、堀田は「書かれた事実」はともあれ、「その事実を通して訴えたい問題の深さ」を何よりも重んじ、「「そうですか」で済まないものとするためには、裏打ちになる人間的乃至思想的な深さ、そういうものが要る(68)」と強調した。その問題意識は、新潮社刊単行本『時間』の帯に印刷された作者の言葉、「今日に生きてゆくについて、我々を生かしてくれる、母なる思想――それを私は求めた」にも表れている。前述した『時間』の「作者ノート」には、「一度に読み切るのではなく、ぼつぼつ読んでほしいのが、作者の希望である(69)」とも書かれたように、読む側の深い思索と内省が期待されていた。

ところで、『時間』の単行本の表紙にはゴヤの銅版画が使われている（図2）。表紙一面を占めるゴジック体の表題からは、ゴヤの版画集『気まぐれ』シリー

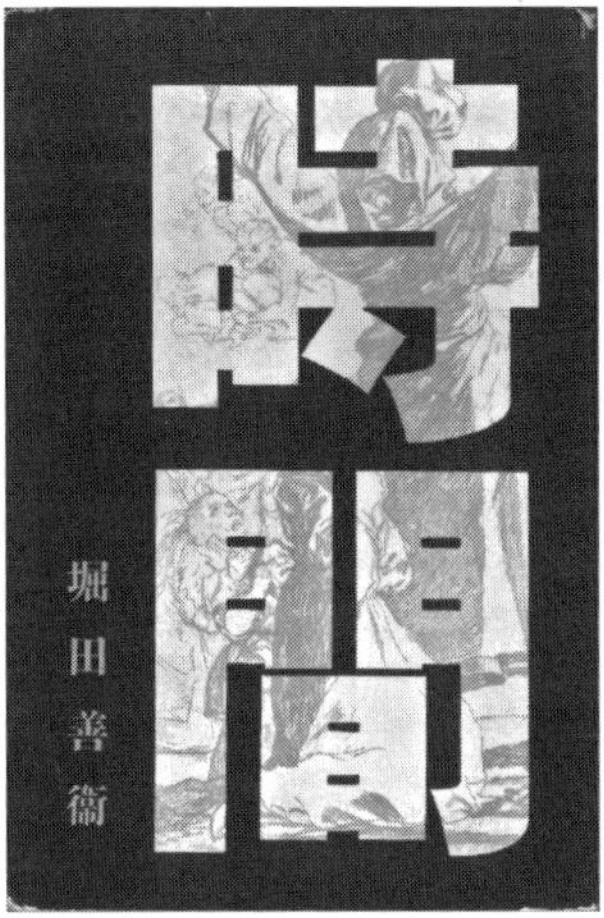

図２　新潮社刊『時間』表紙

ズの第五十二番「仕立て屋のなせる業」が透き通るように見える。その画面には、聖職者の服が掛かった枯れ木に跪いて祈りを捧げる人々が描かれている。恐怖心を煽って民衆の精神を支配しようとする政治と権力への強烈な諷刺であると同時に、空疎な権力にたやすく騙される人びとの無知への批判も込められた版画である。この画が表紙に使われたことから、戦争への動員と国民統制が強化される中で南京陥落を祝う旗行列や提灯行列が各地で行われた一九三七年の日本の政治体制と国民の精神構造、さらには、単行本が発行された一九五五年当時、再軍備が進み「逆コース」の風潮が高まる中でもそれがまったく変わらぬことへの二重の批判さえ読み取れる。

後に大作の『ゴヤ』四部作を数年かけて書き上げた堀田善衛がゴヤの文献を熱心に集めはじめ、スペイン語の独学をはじめたのは『時間』完成後の時期と重なる[70]。ゴヤとの出会いは、堀田が戦時中の学生時代にニューヨーク版の版画集『戦争の惨禍』を持っていたことに遡るが、本人が言うには、それはまさに「「南京虐殺事件」ということばが、密々に、どこからともなく耳に聞こえはじめていた頃のことであった[71]」。

堀田善衛はエッセイ「ゴヤと怪物」において、ゴヤの眼と魯迅の眼を重ねて語ったことがある。六九歳のゴヤの自画像と五〇歳の魯迅の写真について、魯迅の「限りもない怒りと憂いに、ついにうるんでしまった眼」とゴヤの「人間というものは何をするものであるか」を「ほとんど一切を見切ってしまった」一対の眼を「凝っと見比べて頂きたい[72]」と語りかけた。人間世界の実相を冷徹に見つめるゴヤの視線とは対照的に、魯迅の眼は堀田にとってはおのれの心をじっくり見つめる〈他者〉からのまなざしを意味したのだろう。そのまなざしからの観照は、堀田をして魯迅の希望と絶望をめぐる思想を汲み取るに至らせ、散文詩「野草」の中の魯迅の言葉「希望が虚妄である如く、絶望も亦虚妄である」が戦中戦後を通じて彼の支えとなったことも見逃してはならない。[73]『時間』の中で例えば次のようなモノローグからは、魯迅の哲学の影響が容易く読み取れる。「絶望的なこの状態を超えようとせず、身を委ねれば、そしてそこへ精神を閉じこめておけば、わたしは幸福にさえなれるだろう。奴隷の幸福。[74]」

　戦争の惨禍を冷徹に見きわめるゴヤの精神と、絶望をめぐる魯迅の思想を、『時間』の主人公は自発的な意識として併せ持っている。それはまた、堀田善衞が託した作家の自画像にほかならなかった。それを端的に示す一段落を引いてみよう。南京落城を眼にした主人公が「戦争という異常事」から無事に「日常事に戻る」（それはある意味では、堀田から見た戦後日本社会のありさまだったのだろう）という「在り方がある限り」、また「不可逆な歴史を通じて戦争というとりかえしのつかぬことが繰り返されている限り、心慰むべき理由が見つからぬ」と述懐し、そのことが自分を絶望の淵に引きずっていくのだと独白するのである。

　　このことはわたしを絶望的な宿命論、決定論へ導きそうになる。それはわたしを絶望の穴倉へ引きずり込むに足る力、エネルギーをもっている。穴倉へ引きずり込まれぬためには、わたしの精神が、いわゆる人間的なものの忘失を必要とする戦争の状態のまっ只中に立っていることを要求とする。宿命論の穴倉へ逃げ込むならば、周囲のどんなことでも、戦争でも、見ずに、すますことが出来る……。抵抗の最大な地点に、わたしがいささかも心慰まず、留まることが出来ないと感ずるその地点に留まることを、必要とする。そして何事も、敵に関しても味方に関しても、よし公平にではなくとも、少くとも正確に伝えて行かなければならぬ。伝え考えることは、それは生を深め、根を強くするのに役立つ筈だ。(75)(傍点原文)

戦争が起こるいま現在の地点に留まることで、正確に「伝え考える」こと。それは堀田善衞にとっては絶望を超克するための手段でもあった。(76)だからこそ、小説『時間』が「伝え考える」ことへの揺るぎない信念と強靭な意志によって作り出されたのである。

加藤周一は「尊厳」という言葉を英語の dignity と言い換えて、堀田善衞を「人間のディグニティーをすくい出すために、それを目がけて、複雑な世界の中にたじろがずに入っていった、実に稀有な作家で、稀有な思想家だ(77)」と評した。堀田善衞の生涯の文筆活動を振り返れば、『時間』は疑いようもなく、「人間のディグニティーをすくい出す」ための重要な作品であり、その生涯の創作活動を方向づける核心的な命題を文学化した作品だった。歴史と対話する「鼎の語法」で南京大虐殺を語り綴った行為は、あたかも、「皆殺し戦争の時代」となった現代史の「開始の端緒のところの現在に立って」「私がこれを見た」と「カンヴァスに描き、かつ銅板に刻んで行ってくれた(78)」ゴヤの版画に比類できるような、一つの歴史的原点を文学史に刻み付けた営為でもあったのである。

（1）『堀田善衛全集』第二巻、筑摩書房、一九九三年、四〇一頁。
（2）辺見庸『1☆9★3★7』金曜日、二〇一五。同書は後に『増補版　1☆9★3★7』（河出書房新社、二〇一六年）、『完全版　1☆9★3★7』上下（角川文庫、二〇一六年）となって再刊された。
（3）内田宜人「堀田善衛論―初期について」佐古純一郎・三好行雄ほか『戦後作家研究』誠信書房、一九五八年、二八三頁。この論文は『時間』を一九五〇年代においていち早く高く評価した論稿の一つである。
（4）菊池昌典「解説　歴史的現実とモノローグの世界」『堀田善衛全集』第三巻、筑摩書房、一九七四年、四一五頁。
（5）『堀田善衛全集』第一四巻（筑摩書房、一九九四年六月）、四四三頁。
（6）前掲『堀田善衛全集』第一四巻、四四三頁。
（7）『堀田善衛全集』第一巻、筑摩書房、一九九三年、三九一頁。小説「漢奸」は一九五一年九月号『文学界』に発表されたものである。
（8）武藤功「歴史の種子　初期短編と『上海にて』における堀田善衛」中野信子ほか『堀田善衛　その文学と思想』同時代社、二〇〇一年、八三頁。
（9）『武田泰淳全集』別巻一、筑摩書房、一九七九年、三一一八頁。
（10）『思想の科学』一九五九年一月号に発表。『鶴見俊輔集9　方法としてのアナキズム』（筑摩書房、一九九一年）に収録、一五九―一七二頁。
（11）『立命館法学』二七四号、二〇〇〇年、二六〇七―二六三三頁。
（12）大沼保昭『東京裁判から戦後責任の思想へ』第四版、東信堂、一九九七年、一六九頁。
（13）前掲『東京裁判から戦後責任の思想へ』、一一七頁。
（14）『知性』一九四九年五月号（国土社刊）に発表。「中国人のレジスタンス―中国人の抗戦意識と日本人の道徳意識」に改題して『内なる中国』（筑摩書房、一九八七年）に収録。『竹内好全集』第四巻、筑摩書房、一九八〇年、一六―四二頁。

(15) 現代の発見編集委員会編『現代の発見』第三巻「戦争責任」春秋社、一九六〇年。『竹内好評論集』第三巻「日本とアジア」(筑摩書房、一九六六年)に収録。『竹内好全集』第八巻、筑摩書房、一九八〇年、二一〇―二一八頁。
(16) 前掲『東京裁判から戦後責任の思想へ』、一一七―一一八頁。
(17) 堀田善衞の第一回アジア作家会議への参加、およびアジア・アフリカ作家会議とのかかわりを考察した論稿に、水溜真由美「堀田善衞とアジア・アフリカ作家会議(1)―第三世界との出会い」(『北海道大学文学研究科紀要』一四四号、二〇一四年一一月)がある。
(18) 「アジアの中の日本―アジア作家会議に出席して」前掲『堀田善衞全集』第一四巻、六〇二頁。
(19) 「胎動するアジア―第一回アジア作家会議に出席して」前掲『堀田善衞全集』第一四巻、六一六頁。
(20) 同前。前掲「アジアの中の日本」において、堀田の謝罪発言が終わった後、「拍手の音と、各国代表の異様な注目とその眼の輝きを私は忘れることが出来ない」と記している。
(21) 『現代思想』第一一巻(岩波書店、一九五七年一〇月)に掲載。前掲『堀田善衞全集』第一四巻。
(22) 『中央公論』一九五六年一月号に発表。『鶴見俊輔集9　方法としてのアナキズム』に収録。一二三―一三四頁。
(23) 前掲『堀田善衞全集』第二巻、三四七頁。
(24) 笠原十九司『南京事件論争史―日本人は史実をどう認識してきたか』平凡社、二〇〇七年、九六―九九頁。
(25) 『堀田善衞全集』第一三巻、筑摩書房、一九九四年、一三八―一三九頁。
(26) 堀田善衞・佐々木基一「創作対談　日本・革命・人間」、『新日本文学』、一九五五年六月号。この対談では、堀田がこのように語った。「「時間」の創作事情といえば、これは楽屋話にすぎないけれど、この日付はぼくが実際に書いていた日付なんだ。だからこれは僕という作家にとつては一種の私小説でもあるわけだよ。その日付は実際に書いていた日付なんだ。」九五頁。
(27) カール・ヤスパース著、橋本文夫訳『戦争の責罪』桜井書店、一九五〇年。同訳『戦争の罪』、創元文庫、一九五二年。

(28) カール・ヤスパース著、橋本文夫訳『戦争の罪を問う』平凡社、一九九八年、五五頁。

(29) 前掲『堀田善衞全集』第二巻、三三七頁。

(30) 前掲『堀田善衞全集』第二巻、三四一頁。

(31) 前掲『堀田善衞全集』第二巻、三七二―三七三頁。

(32) 前掲「創作対談　日本・革命・人間」、九七―九八頁。

(33) 前掲「創作対談　日本・革命・人間」においても、堀田善衞が「『時間』のなかで、小説というものは人をあざむきやしないか、ということも逆方向でもつて考えてるところがある」とも語っている。九三頁。

(34) 陳童君「堀田善衞『時間』と南京大虐殺事件」『日本近代文学』第九六集、二〇一七年、一二〇―一二一頁。

(35) 辺見庸「解説」堀田善衞『時間』岩波現代文庫、二〇一五年、二六九頁。

(36) 小熊英二『〈民主〉と〈愛国〉戦後日本のナショナリズムと公共性』新曜社、二〇〇二年、八〇一頁。

(37) 臼井吉見「文芸時評　安易な作風の変化　堀田善衞の「山川艸木」」『朝日新聞』一九五四年七月一日朝刊、五頁。

(38) 十返肇「戦場南京を描破　堀田善衞『時間』」『毎日新聞』一九五五年五月一六日朝刊。

(39) 『資料月報』（中国研究所、一九五七年一月）に発表。一部加筆した後に竹内実『日本人にとっての中国像』（岩波書店、一九九二年）に収録。一二九―一八五頁。

(40) 前掲『現代の発見』第三巻「戦争責任」。一部加筆した後に竹内実『日本人にとっての中国像』（岩波書店、一九九二年八月）に収録。一八六―二三二頁。

(41) 『朝日新聞』一九五五年五月三〇日付朝刊掲載の匿名の書評「日記体の戦争小説　堀田善衞『夜の森』『時間』」には、『時間』について「一つの時間のなかに、異質の時間の突入してくるというあたり、観念的だといってけぎらいする向きもいるが、それは感受性の狭さを語る」としている。それによれば、「観念的」という言葉が、発表直後の『時間』に対して抵抗を感じた一部の文壇人の口実にもなったようだ。
(42)『物語　戦後文学史(下)』(岩波現代文庫、二〇〇五年)、「堀田善衛のその後の仕事」の「日本に還る〝とび石〟」という節、一六三―一七〇頁。「あとがき」によれば、この部分は一九六三年頃に執筆されたと推測される。
(43)新津淳「堀田善衛『時間』を読む」『山梨民主文学』一一号、二〇〇二年三月、一二八―一六三頁。
(44)前掲『物語　戦後文学史(下)』、一六七頁。
(45)笠原十九司「日本の文学作品に見る南京虐殺の記憶」都留文科大学比較文化学科編『記憶の比較文化論　戦争・紛争と国民・ジェンダー・エスニシティ』柏書房、二〇〇三年、一〇三頁。
(46)川西政明『わが幻の国』講談社、一九九六年、二六〇頁。
(47)『堀田善衛全集』第九巻、筑摩書房、一九九四年、一三八頁。
(48)前掲「創作対談　日本・革命・人間」、九五頁。
(49)日中戦争史資料編集委員会編『日中戦争史資料8　南京事件I』、河出書房新社、一九七三年。のちに洞富雄編『日中戦争　南京大残虐事件資料集　第1巻　極東国際軍事裁判関係資料編』(青木書店、一九八五年)として再刊された。
(50)一九五六年一二月に堀田善衛が第一回アジア作家会議に参加した際に、自宅の火災で蔵書がすべて焼失した。そのために、参照資料についての確証を取るのが難しい。『堀田善衛全集』第一五巻(筑摩書房、一九九四年七月)所収「本を焼く」などを参照。三四八―三四九頁。
(51)『極東国際軍事裁判公判記録　I　検事側総合篇』冨山房、一九四八年、二頁。
(52)前掲『堀田善衛全集』第二巻、三三七頁。
(53)前掲『極東国際軍事裁判公判記録　II　検察側立証　満洲関係巻』、一八五頁。
(54)本多勝一『南京への道』朝日新聞社、一九八七年、一九九―二〇五頁。
(55)前掲『極東国際軍事裁判公判記録　II　検察側立証　満洲関係巻』、一八六頁。

(56) 前掲『極東国際軍事裁判公判記録　Ⅱ　検察側立証　満洲関係巻』、一六八頁。ウィルソンの証言では、「そして私と、トレマーさんと看護婦五名、それから雑用の召使が数名残ることに相成りました。」「彼等は南京を一二月一日の一日に立ちました。合計致しまして、中華民国の医者が二〇名、並に看護婦、看護婦見習を含めて四五名乃至五〇名でありました」という。
(57) 前掲『極東国際軍事裁判公判記録　Ⅱ　検察側立証　満洲関係巻』、一六九頁。
(58) 前掲『極東国際軍事裁判公判記録　Ⅱ　検察側立証　満洲関係巻』、一七四頁。
(59) 前掲『堀田善衛全集』第二巻、三〇四頁。
(60) 前掲『堀田善衛全集』第二巻、三三五頁。
(61) 前掲『極東国際軍事裁判公判記録　Ⅱ　検察側立証　満洲関係巻』、一七七頁。
(62) 洞富雄編『日中戦争　南京大残虐事件資料集　第1巻　極東国際軍事裁判関係資料編』、青木書店、一九八五年一〇月。九五頁。マギーは法廷において「私ハ新開路ノ六番地ノ家へ連レテ行カレテ見セラレタ」こととして、「其ノ家ニ一三人ノ人ガ住ンデ居ツタノデアリマスガ、唯二人ノ子供ダケガ逃ゲタノデアリマス」、「写真ヲ撮ツテ参リマシタ」と証言した。
(63) 前掲『堀田善衛全集』第二巻、三〇五―三〇六頁。
(64) 前掲『堀田善衛全集』第一五巻、一五三―一五四頁。
(65) 前掲『堀田善衛全集』第二巻、三〇七頁。
(66) 高橋哲哉『戦後責任論』講談社、一九九九年、一八―五四頁。
(67) 前掲『堀田善衛全集』第二巻、三〇六頁。
(68) 前掲「創作対談　日本・革命・人間」、一〇〇頁
(69) 前掲「堀田善衛『時間』と南京大虐殺事件」、一二〇頁。
(70) 「政治の季節に生きる―ゴヤとフォイヒトヴァンガー」、前掲『堀田善衛全集』第一五巻、六五―六六頁。
(71) 「「戦争の惨禍」について―乾いた眼の告発―」『堀田善衛全集』第一六巻、筑摩書房、一九九四年、三

〇四頁。
(72)「ゴヤと怪物」 前掲『堀田善衞全集』第一六巻、二九五―二九六頁。
(73)「魯迅の墓その他」(『文学』一九五六年一〇月号)において、魯迅の墓の写真について、「そこで僕はぎょっとさせられた。魯迅の眼が、あの眼が、あの眼だけが、矢張り心の底にまで沁み入るような、あの視線でもって僕の心の底を見ていた」として、「何か物凄いことを語りかけていた」。「その顔と、もうひとつ。「絶望の虚妄なることは、まさに希望と相同じい」ということばであった。これは、散文詩「希望」のなかにあることばである。これが、爾後の戦争中、僕を支えた。」前掲『堀田善衞全集』第一四巻。四五六―四五八頁。前掲「反省と希望」においても、「当時の私にとつては「希望が虚妄である如く、絶望も亦虚妄である」といふ魯迅の言葉は一つの力であつた」と書かれた。
(74) 前掲『堀田善衞全集』第二巻、三〇九頁。(傍点原文)
(75) 前掲『堀田善衞全集』第二巻、二九三頁。
(76)『ゴヤⅢ 巨人の影に』(新潮社、一九七六年)には、このように書かれている。「歴史のかかる光景に接していると、私もがゴヤとともに人間に絶望をしなければならなくなる。/この絶望を越えて、なおも生きて行くことが出来るためには、人間がかかるものであることを身に徹して認識し、表現してかからねばならぬ。/それでもなお絶望は克服されつくしはしないであろう。人間はこのあとあとも戦争の惨禍をくりかえし、南京大虐殺からアウシュヴィッツ、原子爆弾までも投げつけるのである。」『堀田善衞全集』第一二巻・筑摩書房、一九九四年、九四―九五頁。
(77) 加藤周一「複雑な世界の中にたじろがずに入っていった、実に稀有な作家で、稀有な思想家だ」『熱風』二〇〇八年九月号、九頁。
(78)「著書あとがき「私がこれを見た。」」 前掲『堀田善衞全集』第一二巻、五六七頁。

第3章　「日中友好」の時代と戦争記憶
――鄧友梅『さよなら瀬戸内海』と森村誠一「七三一部隊」シリーズ

尹　芷　汐

元関東軍第七三一部隊ボイラー室跡
「侵華日軍第七三一部隊罪証陳列館」ホームページ
（http://www.731museum.org.cn/yzjs/yztk/）

1　戦場の裏をめぐる記憶の困難

現在日中間の戦争認識をめぐる議論において、最も問題となっているのはおそらく国家間の戦闘ではなく、南京大虐殺、慰安婦の強制連行、七三一部隊の生体実験など、いわゆる戦場の裏側で、軍隊（あるいは軍事力を後ろ盾とした組織）が民間人に与えた暴力行為である。出来事の真偽をめぐって、肯定論と否定論という大きな二派があり、「否定論」の中でもまた暴力の対象や程度などについて、複数の異なる主張がなされている。例えば南京大虐殺否定論においては、虐殺などは事実としてまったく存在しないとする意見と、殺害されたのは民間人を装った軍人なので戦闘は正当な行為だったとする意見があり、慰安婦問題に関しては「強制」だったのかどうかが争点になっている。(1) 七三一部隊の場合、すべてが虚構の出来事だという主張や、死亡した状態の人体にしか実験していないという主張など(2)と、様々な立場にわかれている。

こうした歴史的事件をめぐる肯定論／否定論が幅広い大衆的関心を引き寄せたのは、おそらく一九七二年にジャーナリストの本多勝一が中国取材を終えて、連載作『中国の旅』を公開してからである。その後も、家永教科書裁判、森村誠一『悪魔の飽食』の写真誤用問題などの出来事により、日本の論壇で「侵略史」をめぐる激しい論争が行われるようになっただけではなく、中国政府もメディアを通して態度を表明した。以来、多くの論壇人と大衆読者は、証拠と事実の確かめ合いというより、事実の可否に対する各自の揺るがない信念をもとに、感情的なぶつかりあいを繰り広げてきた。二〇〇五年に小泉純一郎元首相の靖国神社参拝によって、中国で戦後最も広範な反日イベント（デモ、不買運動が主な活動）が爆発的に展開した。それ以来、日本への留学や観光などをきっかけに、親日・知日派の中国人は増えてきているが、メディアの世論操作や抗日ドラマの氾濫などによって、大衆的な反日感情も増殖している。日本においても、尖閣問題や、中国軍事勢力の南シナ海への進出、中国人観光客のマナーなどが保守系メディアによって過剰に取り上げられてきた。煽られる嫌中感情は、やがて歴史修正主義へと結束する状況となっている。

一方、戦争認識をめぐる論争が起きはじめたのは、「日中友好」が唱えられ、政治的にも経済的にも、また文化的にも日中間の交渉が急激に増えた時期でもある。『中国の旅』が書かれた一九七二年に、田中角栄が訪中し、周恩来と「日中共同声明」を発表した。教科書問題と『悪魔の飽食』問題が起きる一九八二年前後は、上野動物園のパンダの迎え入れ、中国で日本映画と高倉健が爆発的な人気を集め[3]、日本ではテレビ・ドキュメンタリー「シルクロード」[4]が話題を呼び、日中友好都市が次々と結成され、「日中友好」がまさにブームになっていたのとは裏腹に、戦争を記録し、記録することの難しさが顕わになった。

では、なぜ戦争記憶の問題がむしろ「日中友好」の時代に顕わになったのか。

まず、中国政府も「日中友好」を強く望む時期だからこそ、戦争の跡を辿る日本人ジャーナリスト／作家の取材旅、相互訪問が可能になったことが考えられる。その結果として、戦争認識を作り上げるメディア報道や文学作品、つまり論争の材料が初めて提示されたのである。また、中国では一九四五年以降もなお国内戦争、社会主義国家の模索と失敗、反右派運動、文化大革命など、長い間混乱が続き、戦争資料の保存はきちんと行われてこなかった。そのため、民衆が戦争から受けた迫害は、基本的に一九七〇年代以降に経験者の口述で作られた資料によって訴えられることとなっている。証言には果たしてどれだけの信憑性があるものか、というのは否定論者が必ず用いる論法である。そして、「侵華日軍七三一部隊罪証陳列館」や「侵華日軍南京大屠殺遇難同胞記念館」などの被害者を記念するミュージアムは、もちろん暴力を記憶するために必要不可欠な施設であるが、写真や記念物、モニュメントなどを用いて暴力を可視化する装置であるため、視覚や聴覚などの直感的体験によって、参観者の感情的反応を起こしやすい。さらに、一九七二年に田中角栄と周恩来がそれぞれ日中政府を代表して、戦争への公式的見解を「日中共同声明」に記載したが、そこに使われた言葉は、日本側が戦争責任を「痛感し、深く反省する」ことや、「中華人民共和国政府」（「国民」ではなく）が、「日本国に対する戦争賠償の請求を放棄する」ことなど、きわめて曖昧なものであり、メディアと個人によってはいかなる方向にでも解釈できるものだったことも、こうした傾向の原因としてあげられよう。

では、終戦より三〇年ほど経った「日中友好」の時代には、戦時中の「個人への暴力」はいかに想起(5)され、描かれていたのか。「肯定論」と「否定論」の対立以外に、テクストはいかなる可能性と限界を内包しているのか。

本稿では、「日中友好」の文脈に深く関わった二人の作家の文学作品を取り上げて、この問題を考えたい。一つは、一九八〇年に中国作家代表の一員として日本を訪問した鄧友梅が、戦前日本で経験した強制労働を回想し、それをもとに創作した小説『さよなら瀬戸内海』である。もう一つは日本人作家森村誠一の「七三一部隊」シリーズ、つまり、旧関東軍七三一部隊が中国人、朝鮮人、ロシア人を対象に行った生体実験を記録したノンフィクション『悪魔の飽食』三部作、そして同じ題材をもとに書かれた推理小説『新・人間の証明』である。

もちろん「強制労働」と「生体実験」（虐殺）とは性質も程度も異なる出来事だが、いずれも民間人を「強制収容」した上で、身体的及び精神的に耐えがたい苦痛を与える行為であり、総力戦体制が生み出した暴力といえる。つまり、戦後三〇年あまりの沈黙を経て、一九八〇年前後の日中交流をきっかけに、はじめてこうした暴力を語ったテクストとして、両作家の作品は共通しているのである。

その中で、森村誠一の『悪魔の飽食』三部作が掲載当時から広く話題を呼んだのに対して、並行して書かれた『新・人間の証明』はほとんど注目されてこなかったが、戦争暴力を想起する時にフィクションが持つ役割を明らかにする手がかりとして、本論はあえてこの無名ともいうべき推理小説を取り上げてみたい。

2　対米イデオロギーに立つ戦後の「日中友好」活動

まずは、戦後日中の文学がどのような状況に置かれていたか、簡単に整理しておきたい。

第二次世界大戦終戦後、日本がGHQの占領下で民主改革に進んだのに対して、中国では四年間の国共内戦が続いた。その結果、一九四九年一〇月、共産党政権により中華人民共和国の成立が北京で宣告される一方、国民党政権の中華民国は台湾に移転した。一九五二年八月に「日華平和条約」が発効し、日本は中華民国（以降は「台湾」と表記）の政権と正式な外交関係を結び、中華人民共和国（以降「中国」と表記）の政権を公式的に認めず、外交を行わないこととした。そのため、一九七二年に田中角栄の訪中と日中国交正常化が実現されるまで、日本と中国の往来は限られた民間団体の交流活動、いわゆる「民間外交」に留まっていた。そうした民間活動が一九七二年日中国交正常化の基礎を作ったというのは、戦後日中関係史の研究において共有された見方である。[6][7]

もちろん、これらの民間団体は日本でも社会党、共産党と深い関係を持っており、中国側との交流も国務院外事弁公室を通して周恩来などの態度をうかがいながら行わねばならなかったため、実質民間活動ではなく政府間の間接的交渉になっていることも少なくない。そのため、民間交流において提示された戦争責任や日中関係の構想は、中国共産党政権の見解を間接的に示すものと見なして差し支えないはずだ。

その構想は、具体的にいえば、日中戦争をめぐる「区別論」と、対米イデオロギーという二つとして挙げられる。「区別論」とは、つまり侵略戦争を発動した日本の軍国主義者と、日本人民（利用された一般の兵士も含めて）とをきちんと区別して考えるという論調である。馬場公彦の考察によると、毛沢東が一九三八年五月に書いた「論持久戦」を原点とし、現在までも続く中国共産党の公式的日本観であり、周恩来がそれを受け継ぎ、対日正常化のための活動においても常に呼びかけていたという(8)。

対米イデオロギーは、中共のメディアが日米安保体制と「アメリカ帝国主義」に対抗する「日中人民の連帯」を主張し宣伝することに現れている。例えば一九五〇年代から一九六〇年代までの『人民日報』をみていくと、「松川事件」や「三鷹事件」など、日本で起きた怪奇事件は既に「アメリカ帝国主義の陰謀」として報道され、松川裁判が始まってから、被告者支援のキャンペーンが展開されていた。とりわけ一九五七年以降に中国全土で広がった「反右派運動」、一九六六年以降の「文化大革命」において、資本主義的要素を中国社会の隅々から掻き出し、排除していく運動（多くの場合、武闘と名乗る暴力になっている）が社会生活の中心となり、自然に「アメリカ帝国主義」に対抗する意識がよりいっそう高まり、日本の「軍国主義者」よりも、自国の政権の親米的姿勢に批判の矢が向けるようになった。

そうした対米イデオロギーは一九七二年ニクソン大統領の訪中後にかなり収まったものの、アメリカを対立面に置いた「日中人民」の「連帯」という考え方は、日中国交正常化後の日中文化人交流活動や文学創作においてまだ慣習として残っている。その例として、まず鄧友梅の小説『さよなら瀬戸内海』を取りあげたい。

3　『さよなら瀬戸内海』と「強制労働」の記憶

鄧友梅と強制労働

一九三一年に中国天津で生まれた鄧友梅は、少年時代（一九四二年）に抗日八路軍に参加し、翌年退役し天津にもどり、一九四四年三月に「華北軽金属株式会社」の人集めに誘われ、「養成工」という名目で山口県の徳山ソーダ株式会社に送られた。日本に渡ってから、彼を待ち受けていたのは想像をはるかに超えた過酷な強制労働だった。[9]

鄧友梅は、徳山ソーダで一年の労働生活を送り、一九四五年七月中国に送還されるが、その後共産党の新四軍（国民党と共産党の合作が成立してから、八路軍から改組された部隊）に入隊し通信員を務めた。国共内戦中の経歴は不詳だが、新中国の「反右派運動」と「文化大革命」が起きる際に、日本滞在の経験があったために、「走資派」（修正主義になる傾向のある人）とみなされ迫害を受けたという。そのため、中国各地の建築現場、農村、工場で再び「労働改造」[10]という名の強制労働を強いられた。一九七〇年代に執筆活動をはじめ、一九八〇年に中国作家代表団の一員として日本へ招かれ、徳山ソーダを再訪することとなる。[11]中篇小説『さよなら瀬戸内海』は、当時の様子を元にして書かれたものである。

この小説は、中国語「別了、瀬戸内海！」（「さよなら、瀬戸内海！」）と題して、雑誌『収穫』[12]の一九八一年一一月号に最初に掲載された。『収穫』は、中国を代表する純文学雑誌だったため、「別了、瀬戸内海！」を読んだ読者も相当の数にのぼったと考えられる。[13] それまでにも、二〇世紀初頭アメリカへ渡った「華工」のことは知られていたが、[14] 日本の「華工」のことが知られるようになったのは、おそらくこの作品が発表されてからである。ただ、日本語版『さよなら瀬戸内海』は一九八八年一一月にやっと刊行され、初版しか発行されなかったことからみると、日本ではそれほど話題にならなかったようである。

劇化した強制労働の経験

物語は、鄧友梅をモデルとした主人公・陸虎士の回想として述べられていく。作家の虎士は、一九八〇年に日本へ招かれ、山口県徳山市を訪問する。虎士は、華工として徳山ソーダで働く時に出会った様々な人物を思い出す。元教師だった宋玉珂は、徳山に連行され華工になる前に、「反戦同盟」の日本人・伊藤賢二と肩を並べて抗日作戦をしていた。商人出身の華工韓有福はいつも仲間たちの食糧をだまし取ろうとする。華工寮の寮長・山崎は「軍曹上がり」で「教養らしきもののかけらもなく、軍国主義をただ信奉するだけの男」である。華工を殴るのは日常茶飯事で、寮の近くに住む「朝鮮人女」を愛人として囲っている。

強制労働の過酷さは、「毎食、すり切りの一膳飯、具が一かけらも入っていない塩汁」[15] だけの食事、硝酸カリの結晶現場で「両足はぶよぶよにふやけて、皮が剥げ、やがてむくんでくる」、炭酸マグネシウム現場で「灼熱の炉壁にじりじりと炙られ、焦げつくような熱風をもろに吹きつけられて、皮膚はかさかさに乾ききって縮んでいく[16]」といった様子を通して描かれている。しかし、こういう身体描写の場面はいくつかの箇所しかなく、それよりも華工たちが日本人の管理者たちに向かって、あえて図々しく振る舞い、管理者たちの焦った様子を内心で笑うシーンに文字を費やしている。例えば、華工を監視する巡査が虎士と韓有福を呼び止めて尋問する場面があるが、その会話は次の通りである。


「お前は蒋介石が好きか、汪精衛が好きかな。それとも共産党かな?」

「興亜寮にはそんな人いないけど、それ、日本人? おら、知らねえなあ」

「違う、共産党は人の名前とは違う」

「先生、そんな難しい日本語、おら、とてもわからねえ[17]」


「最近の戦況はどうも思わしくない。」巡査官はため息をついてみせた。「サイパン島は玉砕するし、東京も空襲されて、アメリカの飛行機がしょっちゅう飛んでくるようになった」

「先生、一億一心、聖戦必勝ですよ!」

韓有福はそういいながら、内心、別なことを考えていた。お前さんが頭を痛めていることは、こちとら先刻承知だい……[18]

こうした明るい口調のふざけた会話は、本来過酷だったはずの華工寮で、果たして可能だったのか。

短気で乱暴な日本人と、言葉の駆け引きでささやかな抵抗をする華工との対立関係が明快である。それによって、経験の「再現」よりも「劇化」の効果がもたらされた。

おそらく、鄧友梅が作家代表として日本の歓迎活動に招待され、「日中友好」を呼びかける役目を持っていたため、険しい雰囲気を避けるように心がけていただろう。それ以外、鄧友梅が紀行文「徳山再帰の記」で記した以下の言葉もヒントになる。

この体験は数十年前にたった一度、入党する時に経歴として述べただけで、母親や妻といえども、細かいいきさつは話していない。「女帝」江青が迫害をほしいままにした時代、私は千人大会の槍玉にあがり、「十三歳からの売国奴」とか「血塗られた両手」などときめつけられたとき、私はひるむことなく、縷々釈明し、反論しようとしたが、しかし、やめた。私を殴った中国人は乗馬ズボンと乗馬靴こそはいていなかったが、その凶暴な顔つきは、あの日本人と変わるところがなく、私はついに一言も発しなかった。[19]

「この体験」はつまり強制労働の経験である。鄧友梅は戦後四五年ほどの間、それをほとんど語らないようにしたのは、文化大革命の「迫害者」の暴力に応答しないつもりだったと理解できよう。言い換えれば、新中国の長い政治運動の中で、戦前の経験を証言するための受け皿がなかった、とほのめかしているようにも読める。

それに、断定はできないが、「母親や妻といえども、細かいいきさつは話していない」ということには、不名誉の過去をできるだけ記憶から消し去ろうとする、人間無意識の行動パターンが内在しているのではないだろうか。こういう、トラウマに向かい合うことの困難さも、結果として小説『さよなら瀬戸内海』が強制労働をユーモラスに語り直すことができた原因の一つとして考えられる。

「広島原爆」への想像

小説のヒロインとして登場したのは、少年虎士と一緒に華工寮の炊事場で働く日本人少女・渡辺千代子である。千代子は、「反戦同盟」に参加した兄を持ち、彼女自身もいつも虎士をやさしく扱った。やがて二人は恋仲になるが、工場と華工寮はアメリカの空襲を受けて廃墟となり、千代子も広島の伯父の家に行くこととなる。涙を流しながら、千代子は虎士に別れを告げた。一九八〇年に虎士は日本を再訪した時、なんとしても千代子を見つけようと、元反戦同盟メンバーの伊藤賢二に依頼したものの、千代子が広島で被爆し死亡したことを知る。

千代子のモデルは、実際に当時華工寮で鄧友梅に食糧を与えるなど、親切に扱った田中百合子という名前の日本人女性だった[20]。田中百合子自身は原爆から生き延び、一九八〇年に鄧友梅と電話で会話もしたが、その家族は全員被爆し死亡したという。では、小説で千代子本人が被爆する設定になっているのにはどういう意味があるのか。これはおそらく「当事者性」を考えさせる設定になっていると考えられよう。小説は虎士が広島原爆資料館を思い出す場面で閉じることになるが、そこで虎士の心情は次のように描かれている。

心が痛み、目をそむけたくなるような展示物が数多くあったが、それよりも、今も生々しく、繰り返し脳裏に浮かび上がってくるのは、あの保険会社の一部だったという大理石の石段である。灰色をした巨大な大理石は、原爆が発した熱と光で、色が抜け、白っぽくなってしまい、その一部は、高熱で溶けていた。しかし、たった一カ所、石段の端近く、大理石の濃い色合いを鮮やかに残している部分があって、それは人の形の輪郭をくっきりと浮き立たせているのだった。解説によれば、当時、ちょうどそこに人が腰かけて、一休みしていたところだということだった。

誰だったのだろう。どこから来たのだろう。どこへ行くつもりだったのだろう。当然、家があり、肉親がいて、来し方・行く末を夢見、喜びと悲しみの物語を生きてきた生身の体――もしかして、あくせく働きづめの一生だったのかもしれない。たった一人、街をさまよい、疲れた足を休めているところだったのかもしれない。いや、もしかしたら、いたいけな少女だったのかもしれない。疎開の前に、最後の逢瀬を求めてやってくる恋人をここで待っていたのかもしれない。もうすぐ、戦争は終わりになるというのに――その人影は、すべての人の生き方を秘めてそこにある。最早、誰もそれを知る者はなく、ただ石の沈黙となって、多くのことを見る者の心の中に語りかけてくるのだ。

この人影は、もしかして、千代子だったのではないか？ そうではないと、誰がいえるのだろう。(21)

原爆資料館に残された「大理石の石段」は、広島原爆を語るもっとも生々しい資料の一つとして広く知られている。肉体の形がまったく残らないその影は、むしろ原爆による瞬間的な壊滅をリアルに伝える重要な証拠となっている。一方、肉体が残っていないため、誰かのものではなく、抽象的な「戦争被害者」として語られやすいものでもある。

作者はその影を傍観するのではなく、様々な被害者像を想像した上で、「千代子のものではないか」という発想を辿る。この結末は、原爆を「日本人」の悲劇として考えるのではなく、読者に個々の被害者像を思い出させ、そして自らが関わる問題として引き受ける意志を読み取らせる箇所だといえよう。

これは、前に言及した「区別論」に一致しているように見える。しかし、こうしたポリティカル・コレクトネスに規定されることは、強制労働の記憶を綴ることの実践に対して、いい影響を与えるとは限らない。『さよなら瀬戸内海』は、強制労働の暴力性をあいまいにし、虎士と千代子の関係によって象徴された「人民の連帯」に重心を置くことによって、「日中友好」の素晴らしい実例を提示し、平和主義を訴えた。だが、労働現場の描写と事実性の提示が欠如しており、強制労働という歴史的出来事の重さを十分に伝えているとはいえない。そして、千代子を原爆の被害者として描くことによって、戦争の加害者をアメリカにすり替えていく。それは中国にまだ強く残っていた「反米国帝国主義」の思考様式とも、被害者意識に焦点を当てた戦後日本の平和主義とも調和した書き方なのである。

こうした『さよなら瀬戸内海』と対照的な作品として、次に森村誠一の「七三一部隊」シリーズをとりあげたい。

4　森村誠一と「七三一部隊」

『悪魔の飽食』三部作

一九八一年七月一九日に、新聞『赤旗』の紙上で『悪魔の飽食』と題したノン・フィクションの連載が始まった。作者は、すでに社会派推理小説、及び映画化作品で人気を博していた森村誠一である。旧満州ハルビン市付近に駐屯していた関東軍防疫給水部本部満州第七三一部隊の細菌実験、とりわけ「マルタ」と呼ばれた中国人・ソ連人に施した生体実験を、元隊員の証言によって解明しようとしたこの作品は、日本中に衝撃を与えた[22]。

『悪魔の飽食』の連載が続いている中、作者のもとにまた次から次へと、元隊員と名乗る人物が証言と史料を寄せたため、「続・悪魔の飽食」、「悪魔の飽食　第三部」の執筆も続いた[23]。しかし、第二作目つまり「続・悪魔の飽食」の掲載後、元七三一隊員が提供した細菌部隊の写真二六枚の中、二〇枚がまったく関係ない満州写真だったことが判明し、森村誠一と秘書の下里正樹（『赤旗』記者、『悪魔の飽食』の取材に携わった）は窮地に立たされた。すぐに、『諸君！』『文藝春秋』を拠点として、保守派論客の杉山隆男、渡辺昇一は、生体実験否定論を繰り広げていった。彼らは元隊員を訪ね、『悪魔の飽食』を覆す新たな証言を手に入れ、森村誠一は共産党に利用され、七三一部隊の生体実験をでっち上げたと主張する。否定論をさらに否定するために、森村誠一はまた元隊員から証言を求めにいく、という堂々巡りの中で、結局七三一部隊の真相について、未だに争点が多く存在しているのが現状である。一方、秦郁彦、常石敬一、森正孝、青木冨美子、山本武利など、七三一部隊をめぐる実証研究は、その後も続いてきた。だが、山本武利が指摘したように、「とかくこれまでの731研究には感情的な糾弾が多かった。ソ連のハバロフスク裁判や中国での被害をまとめたとする書籍が大量に出回っているが、その当事者の実証能力には疑問を挟まざるを得ないのが大半である。関係者とくに被告・抑留者の「証言」から引用が多く、反証はまず出ない。客観的、実証的、冷徹な研究姿勢の欠如したものが目立つ。GHQの石井らの戦犯免責と、実験結果の米国機関への「拉致」と隠匿も、追求を阻んだ[24]。」

こうした局面は、ナチス・ドイツによるユダヤ人虐殺の問題を連想させる。同じく強制収容と虐殺の歴史として、「ホロコースト」への認識と反省はドイツ社会に深く根付いている。収容所で戦後まで生き延びたユダヤ人も多く、物としての資料とりわけ写真が残されており、証言も加えられながら、文芸作品、記念活動、建築とモニュメントなどの空間的装置の集合によって、「ホロコースト」は文化的記憶としてドイツ社会の隅々に刻まれたわけである[25]。

それに対して、七三一部隊は引き揚げる前にすべての実験対象を毒ガスで殺害・焼却し、松花江に投げ込んだ、と森村誠一は『悪魔の飽食』に書いている。それはおそらく検証不可能だろう。否定論者の大きな論拠の一つとしても、遺体の痕跡がまったく発見されていないことが度々指摘された。確かに、被害者に関する「物証」の不足が生体実験の証明に困難をもたらしたが、それでも七三一部隊をめぐる研究は新たな成果を見せ続けている。二〇一七年に刊行された加藤哲郎『「飽食した悪魔」の戦後

731部隊と二木秀雄『政界ジープ』[26]は、GHQによる七三一部隊の免責や、冷戦を背景とした医師の復帰など、戦後における七三一部隊の行方を精緻化している。その後、NHKで放送されたドキュメンタリー「731部隊の真実~エリート医学者と人体実験~」[27]、「731部隊 人体実験はこうして拡大した／隊員たちの素顔」[28]もハバロフスク裁判の未公開部分の証言をはじめて放送した。こうした学術及びメディアの成果は、七三一部隊関連の証拠を補完すると同時に、新たな関心を呼び起こすだろう。

とはいえ、以上の研究よりもさらに有力な資料を発掘するということが本論の目標であるわけではない。すべての関心が事実の可否だけに集まるのは危険である。成田龍一の言葉を借りれば、「いかなる歴史像を、誰にむかってどのように描くのか」つまり「歴史の語り」を考える必要があるのだ[29]。語り手と聞き手、アイデンティティ、位相、文体など、様々な角度から、歴史がどのような物語として形作られたかが重要な問題なのである。森村誠一の作品についても、単に事実を裏付ける資料として価値を判断するのではなく、「物語」としての意味を考察したい。それは直接的に、作者がノン・フィクション『悪魔の飽食』と並行して、小説『新・人間の証明』を書き上げたことともつながる。

『悪魔の飽食』――「反核」と「歴史修正主義」の時代

一九七九年、アメリカでスリーマイル島原子力発電所事故が起きてから、日本で大規模な反原発運動が展開していった。原発のための核技術は同時に核兵器の脅威をもたらし、人々に広島と長崎の原爆を再び想起させた。

一方、一九八二年六月に第一次教科書問題[30]が起きたのをきっかけに、中国に対する日本の「侵略史」をどう教育していくかをめぐって、左派と右派の分裂が顕わになった。教科書問題にすぐ反応した中国では、学術界とメディアがそれまであまり重視していなかった「南京大虐殺」の歴史を語り直すキャンペーンを展開した。[31]一九八五年八月に「南京大屠殺遇難同胞記念館」が開館したことと、一九九一年に雑誌『抗日戦争研究』が創刊されたことなども、そうした中から生まれたものである。

ハルビン市平房区に位置する「侵華日軍第七三一部隊罪証陳列館」もまた、中国国務院文化部の指示にしたがい、一九八三年八月二日に設立されたものである。『悪魔の飽食』が日本で話題となったのとは、明らかに時期が重なっているため、この作品に触発されて企画されたものだとも考えられよう。[31]

これらの記念館はいずれも「愛国主義教育基地」として設立されており、「抗日戦争」に勝利したことで政権の正当化を示唆する新中国のナショナリズムに加担している。その意味では、現在中国社会に蔓延している反日感情は、一九八〇年代以降に、「抗日戦争記念」の様々な装置によって新たに形成された部分が大きい。

もちろん、一九八〇年代の「日中友好」ブームもあり、中国側の知識人、文化人はあくまで「区別論」を貫き、日本の反核・反戦知識人を「歴史修正主義」に反対する仲間と見なした。一九八二年一二月、野間宏、井上光晴、小田実、眞継信彦、篠田浩一郎の五人が中国作家協会に招かれ、二週間の中国訪問を行った後、北京で行われた「中日作家座談会」に日本作家代表団として参加した。[32]中国側の参加者は、厳文井、朱子奇、鄧友梅、李芒、劉錫誠の五人である。日本側のメンバーは、当時反核・反戦のテーマを扱う雑誌『使者』の同人であったため、座談会の内容も彼らの社会活動をめぐって話題を広げた。井上光晴は、小説「明日」で長崎原爆の被爆者が受けた差別を書いていることや、少年時代に炭坑で中国人、朝鮮人労働者と助け合ったことを話し、小田実と眞継信彦も広島原爆の被害を受けた朝鮮人、中国人へのシンパシーを表した。それに対して朱子奇は、

私は森村誠一さんに非常に敬服したものです。敢えて当時の日本軍国主義者の中国人民虐殺の罪行を暴き出し、元関東軍731部隊の内幕を公に明らかにしたのですから。（……）先生がたにはお分かりのように、日本軍国主義が日本人民および中国人民にもたらした危害はいずれも極めて深刻なものでした。われわれは再び戦争が起こることを望みません。平和と友情を求め、侵略には反対します。正義感をもつ作家、良心的な作家はみな国際的責任感をもたねばなりません。[33]

関係のない作家たちに向けてあえて森村誠一のことを言及したことから、当時中国における『悪魔の飽食』の反響の大きさを瞥見することができる。

座談会の内容をみると、双方の文学者が原爆と日中戦争の被害者像をそれぞれ語ることを通して、安易な反戦の共同体意識を持とうとしたことも見て取れる。

日本の軍国主義が戦争の加害者であると同時に、被爆した日本の人民は被害者である、「日本人民」および「中国人民」が反戦においては同じ目標を有するという思考回路は、正論でありながらも左派知

識人と文化人の閉じたコミュニティーにおいてのみ共有され、侵略史の語りを覆そうとする保守派に響くことではない。そして、既に中国が原爆と水爆実験を成功させ、核兵器を所有している当時の状況は話題にされず、広島と長崎の原爆がいかにも過去の悲劇として語られたことも、この座談会が批評性を欠いている証左となろう。

こうした「反戦」の語り方と一線距離をおいたのが、森村誠一の作品、『悪魔の飽食』といえよう。『悪魔の飽食』は、複数の証言者が語る記憶をできるだけ語った順番で陳列し、作者の再創作をできるだけ排除したテクストである。それぞれの語り手が持っている視点の狭さ（証言したのは細かな作業をする下級隊員だったため）、記憶の断片性によって、生体実験のなまなましさと、拉致された被害者たちを収容する「マルタ小屋」の息苦しさがかえってリアルに滲み出てくる。保守派論客とメディアが過激に反応し批判をしたのも、生体実験の記憶の凄まじさに圧倒された結果だっただろう。

『新・人間の証明』

一九八一年同年八月より月刊誌『野性時代』にて連載された『新・人間の証明』は、『悪魔の飽食』をもとに創作された推理小説である[34]。

小説は、一九八〇年の東京で、六〇歳の中国人女性・楊君里がタクシー内で突然青酸カリ中毒で死亡した場面から始まる。彼女の持ちものは、一つのレモンと、中国語版『日本当代短篇小説選』という一冊の本である。そしてホテルで「七三一号室」に入ることを拒否したという。警視庁の棟居は、小説から「生体を　裂きしメスにて　檸檬割る」という俳句を見つけ、その作者である波肇を訪ねた結果、高村光太郎の『智恵子抄』にヒントがあると知る。やがて楝居は、智恵子の幼なじみである元七三一部隊隊員、奥山にたどりついたが、楝居が到着する前に奥山は既に殺害されていた。

一方、楝居は元「七三一部隊」メンバーたちの定期大会に潜入し、徐々に「七三一部隊」の恐るべき人体実験を知った。そして、生存者がいないとされた「マルタ」には、実は女児を出産した女性がいたこと、その赤ちゃんは当時の技師・井崎に助けられ、日本へ渡ったことも明らかになってきた。楝居は、おそらく楊君里が、焼け跡からの唯一の生存者であり、「日中友好」訪問を機に娘を探しに来たものだと推測する。

しかし、真相は徐々により複雑化していく。井崎は、すでに戦後「七三一部隊」の研究成果を米軍に渡すと同時に、細菌研究の専門家としてアメリカに移住した。彼が養女とした楊君里の娘は、政治家千坂義典の紹介で、元七三一幹部の息子と結婚している。そして千坂こそ、戦争の罪を問われないことと引き換えに、生体実験の研究成果をアメリカに渡した仲介人であることも判明する。楊君里は、おそらくそうした状況をみて絶望し、自殺したのだろうと、楝居は判断する。

この小説は、登場人物の記憶の媒体として、「レモン」を度々登場させている。

楊君里にとってレモンは、七三一部隊が人体実験を行ったあと、解熱薬として渡されたもの、いわば恐怖の記憶であると同時に、娘を思い出すための道具でもある。奥山にとって、それが智恵子の美しい死を象徴するものである。波肇の場合、レモンの詩に託した隠喩的な告白は、罪を償う手段となっている。
しかし、高村光太郎の亡き妻への「レモン哀歌」をパロディー化するような、七三一部隊の様子を描くレモンの詩は、どのような意味を持っているのか。高村光太郎の詩は、次のようなものである。

そんなにもあなたはレモンを待つてゐた
かなしく白くあかるい死の床で
わたしの手からとつた一つのレモンを
あなたのきれいな歯ががりりと噛んだ
トパアズいろの香気が立つ
その数滴の天のものなるレモンの汁は
あなたの青く澄んだ眼がかすかに笑ふ
わたしの手を握るあなたの力の健康さよ
あなたの咽喉に嵐はあるが
かういふ命の瀬戸ぎはに
智恵子はもとの智恵子となり
生涯の愛を一瞬にかたむけに
それからひと時

昔山巓でしたやうな深呼吸を一つして
あなたの機関はそれなり止まつた
写真の前に挿した桜の花かげに
すずしく光るレモンを今日も置かう[35]

それに対して、奥山が七三一部隊の様子を描いたのは次の詩だが、のちに波輦が「血で凍り」を「檸檬割る」という言葉に書きかえる設定になっている。なお、『悪魔の飽食』によると、これは実際七三一部隊の元隊員が引き揚げる時に書いたものをもとに、創作を加えたものだという[36]。

凍傷試　描く画家の手　おののける
少年の　手と足のみが　残り凍て
生体の　肉裂きしメス　血で凍り
炎天下　引きずる鎖音　ビルが哭く
反帝を　壁に血で染め　マルタ灼け
油照り　荼毘のマルタの　肉つかむ
十字架に　感染の蚤　襲いせむ
我を捨て　腐りし鳥の　行方かな

「レモン哀歌」は、智恵子がレモンを一口噛み、意識を取り戻してから光太郎と最後の時間を分かち合い、やがて最後の一息を美しく引き取るような過程を描いている。レモンの鮮やかな黄色、「白くて明るい」死の床、「青く澄んだ眼」、「桜の花かげ」といった色彩と、「トパーズ」のような「香気」がいかにもさわやかで明るい空間を飾り、「かすかに笑ふ」智恵子の眼やレモンを噛む「きれいな歯」、力強く光太郎の手を握る動作など、死ぬ間際という状況とは対極的に健康な表象がなされている。智恵子はむしろ肉体を超越し永遠に美しく生きる存在として描き出された。もちろん、これは病死した際の智恵子の本当の姿というよりは、彼女を偲ぶ高村光太郎のはかない思いだったのだろう。亡くなった彼女の「写真」の前に、光太郎が毎日飾るレモンはそうした永遠の「生」を象徴的に表していると読み取れる。

奥山の詩に、まず一行、二行目に凍傷実験で凍り付く少年の手足と、それを速記するために紙上で走り書きする画家の手との対照が打ち出される。三行目は生体解剖、つまり生きている人間を解剖する場面。四行目は、「マルタ」が次々と移送されてきた場面。五行目、六行目は、終戦の八月、引き揚げる前の隊員が「マルタ」を全員毒ガスで殺して焼却する場面。そこで隊員たちは小屋の壁に、「反対日本帝国主義」と「中国共産党万歳」の文字が血で書かれているのをみる。七行目に描かれているのは十字架に「マルタ」を縛り付けて行われる蚤の感染実験である。

『悪魔の飽食』に記載された元隊員の原詩は、最後の三行が「汗に背を並べて釜山の夜を語り　祖国みゆ仙崎指呼に青葉沁む　多磨墓地の無印寒ざむ五輪の塔」というように、引き揚げの様子と、元七三一部隊の使者を偲ぶために立てた五輪の塔を詠ったものになっている。そのため、小説にある最後の二行、「我を捨て　腐りし鳥の　行方かな／青春の　グロキシニアを　見届けむ」は森村誠一の創作によるものだと思われる。

作品の中では、棟居の視点から、「鳥」も「グロキシニア」も智恵子を象徴しており、それを見届けずにはいられないという奥山の潜在願望が暗示されているというように解釈されている。棟居は、数々の悪魔の所業を目撃し、引き揚げてからも地に潜るように暮らした奥山にとって、智恵子との思い出だけが人間らしい幸福の光彩に満ちた時期だったのではないかと、推論する。小説の流れとしては、この詩をヒントに棟居はやっと智恵子の旧地にたどりつき、そこで晩年の時間を暮らしている智恵子を「見届ける」奥山を見つける。

つまり「レモン」は「死」の場面を呼び起こす記号でもあり、奥山や波肇などの元隊員に「告白」させる手段でもあるのだ。そして、この小説は単純に「告白」を七三一部隊の「贖罪」手段として示すのではなく、隠喩的表現でしか実現できない「告白」の難しさをもほのめかしているといえよう。いわば、加害責任の反省を前提とした「反戦」運動が看過したものを浮かび上がらせたテクストとして見受けられる。

『新・人間の証明』は、世代間の戦争記憶の継承についても示唆的な場面を書いている。「マルタ」の母から生まれ、日本人技師によって助け出された赤ん坊は、智恵子と名付けられ、中国人の母のことも、七三一部隊という存在も永遠に知ることなく、エリート技術者の娘として育ち、元七三一部隊幹部だった政治家の家系に嫁ぎ幸せな生活を送っている。戦後に生まれて、高度経済成長期の豊かさの中で青春時代を送り、戦争を無関係の過去としか捉えられない一九八〇年代の若者を象徴的に表している人物かもしれない。森村誠一が感じた救いのなさは、この結末の設定によってかえって補強されたことになる。その点においても、小説『新・人間の証明』は、「日中友好」を陽気に唱えた同時代の空気と同調するものではないといえよう。

こうした結末の設定は、近年テッサ・モーリス゠スズキが歴史修正主義に対抗するために提起した「連累」の概念を想起させる。

「連累」ということばでわたしは、わたしたちの過去との関係は、ふつう「歴史責任」ということばで表わされるものとは多少違うのではないか、もっと幅広い関係ではないか、といっているつもりである。(……)あとから来た世代は、歴史上の暴力や弾圧の行為をひきおこした責任こそ免れるかもしれないが、多くの場合はそうした行為の結果としての恩恵を受けている。[38]

「連累」というキーワードで考えれば、森村誠一の作品は、七三一部隊が施した暴力を歴史的事実として提示するだけではなく、まさに「あとから来た世代」が「恩恵」を受けていることに無自覚であることへの批判として読み取れるのである。

5 「人民」と「人間」

鄧友梅『さよなら瀬戸内海』と森村誠一『新・人間の証明』は、ともに「日中友好」の時代において書かれ、戦争のトラウマつまり「強制労働」と「虐殺」の記憶を喚起するテクストである。また、鄧友梅は戦前自ら経験した強制労働の悲惨さを過剰に訴えず、むしろ原爆の悲劇に見舞われた日本人少女の物語を創作するのに対して、森村誠一は「七三一細菌部隊」の戦争責任を容赦なく追及し、中国人「マルタ」が受けた肉体的傷害を生々しい表現で書き上げようとした。両者とも「他者」を戦争被害者として、その悲劇を引き受けようとする姿勢において共通している。

しかし、もっと本質的な部分を見ると、両作家の作品はまったく異なる二つのパースペクティブ、つまり「人民」と「人間」を軸とする時に見えてくる戦争イメージを提示しているといえよう。中国作家代表として日本を訪問し、友好団体から熱烈に迎え入れられた鄧友梅は、至る所に「誠心誠意、中国人民との友好を願っている」人たちと出会い、「侵略戦争の責めを負うべきものはすでに歴史が清算している。ここであえてあげつらう必要があるだろうか」と思い至ることとなり、そこで彼は「日中友好」を担う「人民」としての自覚したのだろう。この訪問に触発され書かれた『さよなら瀬戸内海』は、同時に本論の冒頭であげた『日中共同声明』の二カ所、つまり「平和友好関係」のために、「日本側」が戦争責任を「痛感」し「反省」する点と、「中国政府」が「戦争賠償の請求を放棄する」点を物語として具現化させたテクストだったのである。したがって、個人の体験として書かれているものの、最終的には当時の日中政府の公式的見解を代弁する立場になった。

それに対して、森村誠一の作品とりわけ『新・人間の証明』は、予定調和の「日中友好」物語の外部にいるもの、いわば鄧友梅の「友好訪問」ルートからでは見えなかったものを描出している。推理小説としては、本来は被害者の死因を判定し、加害者を裁いていくというのが通常のパターンだが、この物語は、「楊君里の死は、自殺と判明したものの」、「そうさせたものは、三十六年前の戦争の後遺症であった」という曖昧な判断が下され、「731の遺産を食って肥った悪の根幹をつかまえることはできなかった」というように、旧七三一部隊の存在が世に知られないまま、後味の悪い結末で閉じられている。物語の最後に棟居が「どだい、日本人の債務を返そうなどと志すことが大それた望みであった」とつぶやいた言葉は、「日本人」という概念を用いて戦争を語ることの荒誕さを含意しているようにも読める。

一方、タイトルの示す通り、この小説はまず楊君里という虚構の人物を通じて、「マルタ」と呼ばれ、「人間」の資格を奪われた被害者に対して、その生きた痕跡を記録し、「人間」として「証明」することを意図するものである。そして、ほとんど第三人称で資料を列挙する『悪魔の飽食』とは対照的に、『新・人間の証明』は元関係者の会話を通して直接「証言」させる場面が多く、それによって他者とは交換不可能な記憶の断片が想起され、きわめて個人的な感情が噴出する。彼らの語りは、かつて暴力の「機械」として駆使されていた自身の存在を、「人間」として証明し直す行為として捉えられる。

以上、鄧友梅と森村誠一の作品を事例に、一九八〇年前後の文学が描いた「戦場の裏」の「暴力」を考察したが、その中で気づかされたのは、既定の論理、つまり無自覚に同調してしまうイデオロギーや、「事実」の肯定と否定のみ争う実証主義などにそのままはまってしまうことの危うさである。その意味では、森村誠一『新・人間の証明』は文学の可能性を示してくれる作品だといえよう。

ともかく、こうした戦争の「暴力」を語る文学テクストはさらに拾い上げられる必要があるのだ。文学はどのように様々な形で「暴力」を可視化しているか、そこで何が見せられ、何が隠されたのかを見極めることで、ようやく歴史修正主義と対抗することができるのではないか。

（1）渡部昇一、鈴木明、阿羅健一「まぼろし派・中間派・大虐殺派　三派合同大アンケート」『諸君』二〇〇一年二月。
（2）杉山隆男「森村反論―虚構の証明」『諸君』一九八三年三月。
（3）劉文兵『中国10億人の日本映画熱愛史―高倉健、山口百恵からキムタク、アニメまで』（集英社新書、二〇〇六年）に、一九七八年以降中国で起きた日本映画ブーム、とりわけ高倉健の人気ぶりを紹介している。
（4）NHKと中国中央テレビ局の共同撮影により、一九八〇年以降日中両方で放送されたドキュメンタリーである。一九八〇年代前半の場合、主に『シルクロード―絲綢之路』（一九八〇年四月七日―一九八一年三月三日）、『シルクロード第二部―ローマへの道』（一九八三年四月四日―一九八四年九月三日）の二部がある。
（5）記憶はモニュメント、イベントなどを媒体とした文化的装置の形として存在し、人々はそれによって想起するというアライダ・アスマンの理論を参考している。（『想起の空間―文化的記憶の形態と変遷』安川晴基

訳、水声社、二〇〇七年）

（6）例えば一九五〇年一〇月に設立された日中友好協会（成立当初は郭沫若が名誉会長、廖承志が会長）、一九六三年三月に成立した日中文化交流協会（中島健蔵、井上靖、千田是也、團伊玖磨が初期メンバー）など。

（7）井上正也『日中国交正常化の政治史』（名古屋大学出版会、二〇一〇年）や馬場公彦『戦後日本人の中国像―日本敗戦から文化大革命・日中復交まで』（新曜社、二〇一〇年）なども民間外交史の意義を前提として、戦後日中関係を研究している。ただ、井上正也は、民間外交に絡み合いながら、政権間も交渉が行われていると主張している。

（8）馬場公彦『戦後日本の中国像―日本敗戦から文化大改革・日中復交まで』新曜社、二〇一〇年、三二六頁。

（9）鄧友梅『さよなら瀬戸内海』の作家略歴を参考。「華工」、中国では「苦力」（クーリー）と呼ばれていたが、戦前中国からアメリカ、ヨーロッパ、日本へ輸出した労働力のことを指す。日本の場合、一九四二年一一月、東條内閣が内地の労働者不足を補うために「華人労働者内地移入ニ関スル件」を決定し、その後、鉱業や造船業、化学工業の企業と工場が厚生省、在中日本大使館、南京国民政府と連携しながら、中国各地から「華工」を集めた。これについて、「強制連行」だったという元華人労働者側の主張と、正統な勧誘をした上で合理的待遇を与えたという企業側の主張がわかれた事例もあり、賠償をめぐる裁判を経て、二〇〇〇年代以降にはじめて和解ができた。具体的な経緯は、中国人強制労働事件・福岡訴訟原告弁護団編『過ちを認め、償い、共に歩むアジアの歴史を―中国人強制労働事件の真実』（リーガルブックス、二〇〇一年・二〇〇四年）の二冊から確認できる。

（10）労働改造は、資本主義思想の持ち主や反革命者に対して、労働をさせることを通して社会主義思想を受け入れるように改造していくという新中国の刑罰だった。二〇一三年一一月に廃止された。

（11）鄧友梅「徳山再帰の記」『さよなら瀬戸内海』図書出版、一九八八年。

（12）『収穫』は、一九五七年に巴金が上海で創刊した、新中国はじめての純文学雑誌である。文学雑誌社より、隔週刊行されている。一九六〇～一九七八年は政治闘争や経済的困難などの理由で休刊していたが、一九七九年に復刊し、現在に至る。
(13) なお、この小説は一九八二年一〇月に『早逝的愛』(「早逝の愛」)と題して、中国青年出版社の「『収穫』叢書」第四巻として刊行され、一九八五年八月に鄧友梅作品集『煙壺』(上海文芸出版社)にも、原題「別了、瀬戸内海!」に戻されて収録されている。
(14) 朱士嘉の『美国迫害華工史料』(「米国の華工迫害史料」中華書局、一九五八年九月)や、阿英の『反美華工禁約文学集』(中華書局、一九六〇年二月)などが知名度を上げていた。
(15) 鄧友梅『さよなら瀬戸内海』、図書出版、一九八八年、二二一頁。
(16) 前掲『さよなら瀬戸内海』七一頁。
(17) 前掲『さよなら瀬戸内海』八三頁。『収穫』版の中国語原文は以下の通りである。「你说蒋介石好，汪精卫好，还是共产党好?」「兴亚寮没有叫这名字的人呀? 是日本人吗? 我不认识。」「不，共产党不是一个人……」「先生，我听不懂这么复杂的日语。」
(18) 前掲『さよなら瀬戸内海』八五頁。『収穫』版の中国語原文は以下の通りである。「最近战局不太好啊!」巡查叹了口气说，「塞班岛玉碎了，东京轰炸了，美国飞机常常来。」「先生，一亿一心，圣战必胜!」韩有福一边说一边心里想，你小子也有害怕的事呀，咱们心里有数吧!。
(19) 鄧友梅「徳山再帰の記」『さよなら瀬戸内海』二一九～二三〇頁。
(20) 前掲「徳山再帰の記」、二三三頁。
(21) 前掲『さよなら瀬戸内海』二二一～二二二頁。
(22) 一九八〇年六月以降、森村誠一は『赤旗』で小説『死の器』を連載していた。七三一部隊のことがわずかながら言及され、すぐに元隊員と名乗る者から連絡と内容の誤りについての指摘があり、その元隊員との接触が『悪魔の飽食』を執筆するきっかけとなったという。森村誠一、下里正樹対談「『悪魔の飽食』から『新・人間の証明』へ」『文化評論』一九八二年一月、一九二頁。
(23) 『悪魔の飽食』シリーズの書誌情報は以下の通りである。連載『悪魔の飽食』『赤旗』一九八一年七月一九日より、七四回。単行本『悪魔の飽食』光文社（カッパ・ノベルズ）、一九八一年一一月。文庫本は一九八三年六月角川文庫より。連載「続・悪魔の飽食」『赤旗』一九八二年一月二四日より、二五回。単行本『悪魔の飽食　ノート』晩聲社、一九八二年五月。単行本『続・悪魔の飽食』光文社（カッパ・ノベルズ）、一九八二年七月。文庫本は一九八三年八月、角川文庫より。単行本『悪魔の飽食　第三部』角川ノベルズ、一九八三年八月。単行本『悪魔の飽食　ノーモア』晩聲社、一九八四年一月。

(24) 山本武利『日本のインテリジェンス工作―陸軍中野学校・731部隊・小野寺信』新曜社、二〇一六年、二三四頁。

(25) 安川晴基「ホロコーストの想起と空間実践―再統一後のベルリンにみる「中心」と「周辺」の試み」（『思想』二〇一五年八月）には、ホロコーストに関するモニュメント、建築などがいかにベルリンという都市に配置され、どのような記憶を想起させているかを分析している。

(26) 花伝社、二〇一七年。

(27) NHKスペシャル、二〇一七年八月一三日（日）午後九時放送。

(28) BS1スペシャル、二〇一八年一月二一日（日）午後一〇時放送。

(29) 成田龍一『〈歴史〉はいかに語られるか―1930年代「国民の物語」批判』、筑摩書房、二〇一〇年、一一頁。

(30) 一九八二年六月二六日に、各新聞社は文部省が高等学校の歴史教科書にある「侵略」を「進出」へ変えさせたことを報じた。しかし、のちにそれが誤報であると判明したが、このことをきっかけに、歴史教科書における「自虐史観」を修正しようとする動きが顕在化した。

(31) それまでに南京大虐殺を記述したのは、『侵華日軍南京大屠殺暴行照片集』（『侵華日軍南京大虐殺写真集』中国第二歴史檔案館、南京市檔案館、南京大屠殺史料編輯委員会、一九五八年）、『文史史料』第一二巻、（内部発行、中国人民政治協商会議全国委員会、文史資料研究委員会。一九六二年二月「油印版」初版（一〇五〇一冊）、一九八一年三月第二版「内部発行」（六〇二〇〇冊））など、ごくすくない書物だけである。

（31）『悪魔の飽食』の中国語訳は、以下の通りである。食人魔窟（第一部）祖秉和、唐亜明訳、群衆出版社、一九八二年一一月、十万冊。食人魔窟（第二部）唐亜明、李丹訳、群衆出版社、一九八三年一二月、十万冊。食人魔窟（第三部）祖秉和、李丹訳、群衆出版社、一九八五年五月、十一万一千冊。文化部が陳列館を起案したのは最初の中国語版より数ヶ月早かったし、陳列館ができるまでの詳細な経緯はまだ確認できていないので、『悪魔の飽食』がきっかけになっていることは断定できない。しかし、記念館の陳列と解説と対比しながら分析すると、その影響関係を読み取れることは不可能ではない。

（32）野間宏「中国文学者との座談会」『中国研究月報』一九八三年一〇月、二九頁。

（33）「中日作家座談」、『中国研究月報』一九八三年一〇月、二三頁。

（34）この作品も、一九八五年二月解放軍文芸出版社出版の『人性的新編』（朱継征、楊衛紅訳）と、一九八五年四月に群衆出版社（徐憲成訳）出版の『新人性的証明』という二つの中国語版に訳された。

（35）高村光太郎「レモン哀歌」、『智恵子抄』新潮社、一九五六年、八〇～八一頁。

（36）森村誠一『悪魔の飽食』角川文庫、一九八三年、九二頁。

（37）森村誠一『新・人間の証明』上巻・ハルキ文庫、一九九八年、一一六～一一七頁。

（38）テッサ・モーリス-スズキ『過去は死なない―メディア・記憶・歴史』岩波書店、二〇一四年、三四頁。

第4章　在日朝鮮人から見た「転向」の言説空間
――金達寿文学における〈親日〉表象を通じて

廣瀬陽一

金達寿　一九四五年初夏、横須賀の自宅にて、二五歳。

はじめに

第二次世界大戦の敗戦後、最初の首相となった東久邇宮成彦は、今次の戦争の責任は日本国民全体が負うべきものという趣旨の、「一億総懺悔」発言を行った。しかし戦前戦中に弾圧を受け、様々な形で戦争に動員された多くの左翼的な日本人知識人にとって、戦争の最高指導者も一兵卒も責任の重さは平等という論理は、とうてい許容できるものではなかった。またGHQも進駐当初、徳田球一・志賀義雄・宮本顕治など獄中の非転向共産党幹部など政治犯を釈放するとともに、幅広い分野にわたって大規模な戦争協力者の公職追放を実施するなど、戦争責任の所在を明確化させる様々な方策を実施した。

このような中、東京裁判の開廷が迫ってくると、元共産党員や党の周辺で活動していた知識人の中から、戦争に協力した責任を序列化して追及する声があがった。その先駆けとなったのが、新日本文学会と「近代文学」グループである。

「帝国主義戦争に協力せずこれに抵抗した文学者」の資格者が発起人となって一九四五年一二月に設立された新日本文学会は、四六年三月二九日に開かれた東京支部創立大会で、「文学における戦争責任の追求〔ママ〕」をめぐって討議を行い、決議の要旨を『新日本文学』四六年六月に発表した。同会は、「文学における戦争責任とは、他の何かであるよりも先づ吾々自身の問題だ。吾々自身の自己批判といふことからこの問題は始まる。自由の世界でごまかしは利かぬ。吾々は戦争中の吾々がどうであつたかをみづから追求《ママ》し検討し批判する。そのことによつて、この十年間の日本文学のおそるべき堕落・頽廃に対しての吾々自身の責任を明かにして行きたい[1]」という立場から、「特に文学及び文学者の反動的組織化に直接の責任を有する者、また組織上さうでなくとも従来のその人物の文壇的な地位の重さの故にその人物が侵略讃美のメガフオンと化して恥じなかつたことが広汎な文学者及び人民に深刻にして強力な影響を及ぼした者[2]」として、二五名の文学者を列挙した。また「近代文学」グループは、戦前戦中のプロレタリア運動が内部から崩壊せざるを得なかった要因を自己批判することから議論を出発させるべきだと主張し、革命という目的のために個々の人間を手段にして顧みない、非人間的な組織の体質と訣別する必要性を訴えた。このような議論の中で焦点化された問題の一つが「転向」である。

転向は一般に、共産党員やその同調者が、党から離れたり共産主義思想を放棄して、天皇制に追従するようになる現象を指す用語として流通している。転向がこのような意味で用いられるようになったのは、一九三三年夏、当時の共産党指導者だった佐野学と鍋山貞親が獄中から連名で、「共同被告同志に告ぐる書」を発表して以降である。彼らは、天皇制をロシアのツァーリズムと同一視し、ロシア革命の経験をそのまま天皇制打倒の闘争に適用するよう命じたコミンテルンの方針に日本共産党が従ったのは「根本的な誤謬であつたことを認める。それは君主を防身の楯とするブルジョア及び地主を喜ばせた代りに、大衆をどしどし党から引離した」と自己批判し、「日本の皇室の連綿たる歴史的存続は、日本民族の過去における独立不羈の順当的発展――世界に類例少きそれを事物的に表現するものであつて、皇室を民族的統一の中心と感ずる社会的感情が勤労者大衆の胸底にある。我々はこの事実を有りの儘に把握する必要がある」[3]と訴えた。これを契機に、党幹部から末端の党員やその同調者にいたるまで、雪崩を打って彼らに続いた。そしてその後、彼らは戦争の激化に伴い、積極的にであれ消極的にであれ、様々な形で戦争に協力・加担していった。したがって敗戦後に、新日本文学会や「近代文学」グループが戦争責任を議論する中で、転向が問題として浮上したのは、ごく当然のことだった。しかし、獄中で非転向を貫いた共産党指導者が存在するという現実を前に、議論を深めることは極めて困難だった。彼らの存在は、非転向＝善、転向＝悪という道徳的な図式に、絶対的な正当性を与えるものだったからである。

この図式を超えて転向が問われるようになったのは、スターリンや、日本共産党の〈小スターリン〉的・〈小天皇〉的存在だった徳田が死去し、フルシチョフのスターリン批判を契機に、ソ連中心の国際的な共産主義体制が急速に崩壊しはじめた五〇年代中盤頃からである。その代表的な成果として、本多秋五「転向文学論」（一九五四年）・丸山真男「戦争責任論の盲点」（一九五六年）・吉本隆明「転向論」（一九五八年）・思想の科学研究会編『共同研究転向』（一九五九―六二年、全三巻）が挙げられる。現在ではこのうち、『共同研究転向』で鶴見俊輔が提示した、「権力によって強制されたためにおこる思想の変化」[4]という転向の定義が、多くの批判を受けながらも、様々な分野で標準的な枠組みとして参照されている。だが、鶴見がのちに、「「転向」という言葉が、一九三〇年代、一九五〇年代にくらべて、はやらなくなったという事実の中に、日本を見る大切な見方がある。転向という事実は、煮詰まっている。それをとらえるのに、別の枠組みが用意される必要がある」[5]と、自らの研究の限界を認める発言を行ったにもかかわらず、その彼自身を含め、転向概念を根本的に問い直そうという動きは皆無である。転向者に対する個別の研究は行われているが、転向概念自体はもはや、議論の余地がないほど確立しているように見える。

しかし私が『金達寿とその時代』で指摘した[6]ように、鶴見たちの研究に代表される、転向をめぐる従来の理論体系は、多種多様な「転向者」の存在を軽視ないし無視して、「良心的」な「日本人」の「男性」という、全体から見れば極めて少数の転向者の態度変更を規範にして創出された、自己完結的な言説空間に過ぎない。その中でも致命的なのは、朝鮮人をはじめとする植民地の人々という「転向者」に対する視座の欠落である。

在日朝鮮人[7]社会や韓国では、一九九〇年前後から日本の転向研究、特に『共同研究転向』の枠組みを批判的に参照しつつ、〈親日〉問題を扱った学術論文や単行本が出てきた。例えば在日朝鮮人文学者の金《キム》石範《ソクポム》は、「「親日」について」で次のように記している。

> 鶴見の研究対象には、日本と深くかかわってそれ故に日本とは異なる転向の形をもたらした、そして悲惨残酷な結果をもたらした朝鮮人の場合は含まれていないが、私は鶴見の考えに同意しながら、「親日」問題のいささか事情の異なるところを強調したい。私は日帝時代もさることながら、解放後の親日派の思想、行動が、彼ら自身のなかに〝実りあるもの〟を探しがたい絶望的な状況を作ってしまったのを見る。解放後の彼らの民族と歴史に対する態度が、「観過知仁」の根拠を自ら

道徳的に葬ったということだろう。

「親日」の場合はまず、先に触れたようにその置かれている歴史性からして、日本帝国主義支配下での民族独立、民族解放が絶対的な価値基準として最初から前提になっている。従って転向としての「親日」は、その度合いや過程によってその過ちをも考えねばならぬにしても、そのことによって〝絶対的価値基準〟の前提は揺るがせにできない。これは教条ではない。別の表現をすれば、人間の存在の原理をなすものだ(8)。

また、一九三〇年代を中心に、植民地朝鮮における朝鮮人転向者の実態や彼らの転向の論理を明らかにした韓国人研究者の洪宗郁《ホンジョンウル》も、『戦時期朝鮮の転向者たち』で、やはり鶴見らの研究を参照しつつ、彼らの研究は「対象を「日本」に制限すること、すなわち日本固有・日本特殊の強調と表裏一体の関係にあった(9)」と批判して、次のように述べた。

ところが、植民地朝鮮の「転向」と日本本国の「転向」とのあいだにはズレがある。植民地では社会主義思想を放棄しても、民族主義というもう一つの思想あるいは思想以前の問題が問われざるをえなかった。そのため朝鮮の「転向」は、いきおい「親日」の姿勢を強いられ、とくに日中戦争以降の戦時期には「内鮮一体」の問題と結合しつつ、積極的な戦争協力にまで展開した。一方、日本本国の場合、伝統あるいは大衆への〝帰依〟は知識人の体制内化を意味したのに対して、植民地朝鮮の知識人にとって朝鮮の伝統や朝鮮の大衆に対する関心は、植民地の主体性の発見すなわち抵抗の契機として作用した。それゆえ朝鮮の「転向」については、共同体への回帰などといった自然さの回復として説明される日本思想史の転向解釈をそのまま通用することは困難である。抵抗と協力が複雑に絡まりあっていた朝鮮の状況は、いわゆる「転向」ではない他の何かというよりは、日本の思想史研究が見逃してきた「転向」の他の側面である。植民地の「転向」だけでなく、植民地帝国の次元における「転向」総体に対する再検討が要求される所以もここにある(10)。

金石範や洪宗郁の指摘に込められた、〈親日〉と転向とを関連づける視座は、多くの日本人の目には奇異なものと映るかもしれない。しかし在日朝鮮人社会や韓国では、〈親日〉と転向との思想的・制度的関連性は、証明するまでもない自明の前提である。そのことは前記の大量転向現象の中で、官憲に提出されたり書籍として刊行された転向上申書や転向手記集に、朝鮮人をはじめ植民地の人々のものが少なからず含まれていることや、植民地朝鮮で全面的に転向制度が導入・実施されたという歴史的経緯があったことを考えれば、容易に理解できる。日本人の眼にそう映らない要因を作ったのは、〈親日〉をめぐる議論を通じた在日朝鮮人や韓国人からの異議申し立てを無視し、マジョリティーとしての日本人の間でだけ合意しうる、自己完結的な理論体系を構築した日本の転向研究の側である。

こうして植民地の人々という「転向者」は、転向を個人の内面性や自己認識の問題に還元することを許さない、外部性を有する存在であり続ける。彼らの存在によって、日本人が転向をどのように解釈しようと、その中に回収できない問題系が残ることが明らかになる。この理論的死角を、「朴達の裁判」[11]（『新日本文学』一九五八年一一月）という小説の形式でいち早く指摘していたのが、文学者でのち古代史研究家として活躍した在日朝鮮人知識人の金達寿《キムダルス》（一九二〇―九七年）である。これについては次節で簡単に触れるが、ここで問題にしたいのは、日本の転向研究の言説空間を外側から眺める彼の視座が、いったいどこから来たのかということである。本論ではこの点を、金達寿が一九四二年から四五年にかけて新聞記者として働いたという自らの〈親日〉体験を、〈解放〉後に文学活動を通じて対象化していく過程に焦点をあてて考察する。それにより、転向を〈親日〉から眺めることで見えてくる、戦後日本の言説空間の一側面を明るみに出したい。

1　改稿と告白――〈解放〉直後の金達寿の文学的営為

金達寿は、「在日朝鮮人文学」というジャンルを定着させたり、「帰化人」の呼称を「渡来人」に変更させるのに大きな役割を果たすなど、日本社会と在日朝鮮人社会の両方で活躍し、学問領域を超えて名を知られた在日朝鮮人知識人だったが、現在、忘れられつつある存在であり、彼の人生や知的活動の足跡を辿ることは容易ではない。そこでまず、「朴達の裁判」発表までの彼の歩みを概観しておこう。[12]

金達寿は、植民地下の朝鮮南部に生まれ、一〇歳の時に〈内地〉に渡ってきた在日朝鮮人一世である。貧困のため、公的・私的な教育をほとんど受けられなかったが、屑屋など様々な仕事をしながら独学で文学を勉強して、一九四一年一二月に日本大学専門部芸術科を卒業した。翌四二年一月に神奈川日日新聞社の記者となり（ただし同社は翌月に神奈川新聞社に統合された）、四三年四月頃まで同社に務めた。その後、四三年五月から京城日報社で校閲係や記者として働いたが、日本人の同僚から京城日報社が朝鮮総督府の御用新聞社であることを知らされて衝撃を受けた。これと前後して、校閲部の元上司から学徒兵への「志願」を勧められた。彼は身の危険を感じて四四年二月に〈内地〉に戻り、同年春頃に神奈川新聞社に復社した。そして四五年五月末の横浜大空襲で同社の本社社屋が崩壊して失職するまで、引き続き記者を務めた。彼は、記事の材料を集めるため、京城日報社時代はもちろん神奈川新聞社時代も、有力者や警察・特高などと、否応なしに妥協的・迎合的な関係を築かざるを得なかった。このため彼は〈解放〉直後から激しい自責の念に襲われ、自分が犯した〈親日〉的言動を自己批判することから知的活動を始めた。

彼は在日本朝鮮人連盟（朝連）の神奈川県本部や横須賀支部で常任委員などとして熱心に活動する一方、中野重治と小田切秀雄の推薦を受けて、四六年一〇月頃に新日本文学会に入会し、まもなく常任委員に選ばれた。彼は民族意識の覚醒という主題を前面に押し出した小説を日本語で書き、在日朝鮮人主体の雑誌と日本人主体の雑誌の両方に発表するとともに、〈解放〉後も在日朝鮮人が日本語で創作活動を行うことの意義を主張した。その後、四九年五〜六月頃に日本共産党に入党したが、「日本共産党の五〇年問題」と呼ばれる党内の激烈な権力闘争に巻きこまれ、朝鮮戦争勃発後まもなく分派として除名された。しかし彼は新日本文学会で常任委員を務めていたため、除名後も様々な形で党内闘争の影響を受けた。この党内闘争は五五年に党が自己批判する形で終息したが、この間に彼は、自他ともに朝鮮人の友と認められている進歩的な日本人知識人が、帝国主義者と何ら変わらない蔑視に満ちた言動を見せる場面に出会い、彼らは帝国主義者というより「植民地的人間」というべき存在ではないかと考えるようになった。それと同時に、自分を含む在日朝鮮人の多くも、未だ「植民地的人間」の状態を克服できていないことにも気づいた。そこで彼は、数年にわたって自分の内なる〈帝国主義〉と、「文字ノイローゼ」になるほど激しい文学的闘争を展開し、「朴達の裁判」を発表するにいたった。

「朴達の裁判」は、朴達という朝鮮人青年が、「南部朝鮮K」という架空の町を舞台に独りで展開する奇妙な政治運動を通して、帝国主義支配に対する抵抗の在り方を寓意的に描いた小説である。朴達はビラや演説など様々な手段で在韓米軍や韓国政権を批判し、逮捕されるとすぐに転向を表明する。しかし釈放されると直ちに活動を再開し、捕まるとまた転向する。こういうことを際限なく繰り返す。この、一見すると無節操な態度変更を通じて、彼は次第に町の人々の間で一種の英雄的存在となっていき、警察の中にさえ、彼に好意的な者が出てくる。逆に、自身の出世のために暴力で朴達を屈服させようとする治安検事・金南徹は、朴達に振りまわされて精神的に疲弊し、次第に孤立していく。

金達寿によればこの小説は、同時代の転向をめぐる議論からヒントを得て書かれた。また彼は、この小説を収録した単行本を鶴見俊輔に送り、「あなたに読んでもらわないと困るんですよ」と語ったという。

私は拙著で、彼のこの「困る」という発言に注目し、この小説を、鶴見個人のみならず、日本の転向研究の言説空間の総体に対して根本的な異議を申し立てた文学テクストとして読解した[13]。しかし金達寿は、鶴見たち日本の転向研究者を見下して「困る」と言ったわけではない。この発言の裏側には、金達寿自身が負った深い〝傷〟が隠されている。それこそ〈解放〉前の様々な〈親日〉的言動に他ならない。この〝傷〟に言及した先行研究は日本でも韓国でも無数にあり、特に韓国で発表された金達寿論については、まったく言及していないものを探す方が難しいほどである。しかしそれを、金達寿文学に即して系統的に辿ったものは一つもない。だが、彼の新聞記者としての〈親日〉体験が、〈解放〉後の彼の文学作品の中でどのように消化され、表象されたのかを考察することなしに、この〝傷〟が意味するものを理解することはできない。

　金達寿の小説家としての活動は、日大芸術科在籍時の一九四〇年八月、同科の文芸誌『芸術科』に短編「位置」を発表したことに始まる。以後、彼は四二年七月までに計五本の短編を、学内誌や『文芸首都』に発表した。その後、いったん創作活動は途切れたが、神奈川新聞社に復社した時期に、張斗《チャンドゥ》植《シク》・李殷直《イウンジク》・金聖珉《キムソンミン》と、『鶏林』という原稿用紙を綴じただけの回覧誌を作り、そこに小説を書いた。〈解放〉後の彼の文学活動は、これらのうち、朝鮮人が登場する小説のいくつかを改稿し、朝連神奈川県本部を母体に発刊され、彼が編集長を務めた日本語総合雑誌『民主朝鮮』に発表することから始まった。彼は民族意識への覚醒という主題を前面に押し出すように改稿作業を行ったが、これにより登場人物、特に主人公の設定が大きく変えられた。

　例えば「族譜」（『新芸術』一九四一年一一月。筆名「大澤達雄」）は、改稿後、同じ題名で『民主朝鮮』一九四八年一月から四九年七月まで断続的に連載された小説である。これは金達寿が四〇年夏に、母・孫《ソン》福南《ボクナム》と兄・金声寿《キムソンス》とともに、一〇年ぶりに故郷を訪問した際の体験を素材にして書かれたものだが、この改稿の中で注目すべき一つは、郷里で創氏改名を推進している朝鮮人青年(『新芸術』版では李甲得、『民主朝鮮』版では李在守)と、金達寿自身をモデルにした敬泰との関係の変化である。『新芸術』版では敬泰は李甲得の立場を気にする風もなく親しげに会話をし、また李甲得に促されたのを契機に、敬泰は「金光」という日本名を考えて、翌日、面事務所に届けに行く。これに対して『民主朝鮮』版では、創氏改名をためらう村人を、「このオンドル(温突)製の封建性を捨ててしまわなくてはわれわれは少しもよくならないよ」と、怒鳴るように叫ぶ李在守に、敬泰が「それは封建というものじゃない、封建性というものは、いや、仮りにそれが封建的であるといっても、僕たちはいま封建的であることだけが、……」と反論するなど、『新芸術』版に見られた親しげな関係はなくなる。また「雑草」(『新芸術』一九四二年七月。筆名「大澤達雄」)が「雑草の如く」(『民主朝鮮』一九四七年六月)と改稿された際には、やはり金達寿をモデルにした敬泰の、朝鮮語での意思疎通が極めて不充分な朝鮮人青年という設定が削除されている。[14]

しかし〈親日〉表象に焦点をあてた時に重要なのは、「塵(ごみ)」(『文芸首都』一九四二年三月。筆名「金光淳」)である。これは〈解放〉後に改稿され、「塵(ごみ)」「塵芥船後記」(『民主朝鮮』一九四七年二、四月)として発表されたあと、最終的に「塵芥(ごみ)」という題名にまとめられた。この小説は、朝鮮で小作人をしていたが〈内地〉に渡り、屑拾いで生計を立てている玄八吉という朝鮮人をめぐる小説である。

彼は屑拾いをするうち、D町の東端にあるD工場から出てくる塵芥船に目をつけ、塵芥船の処理権を、その権利を持っている野崎という人物から借り受けることに成功した。しかし徐民喜という人物がその権利を譲ってほしいと頼みにくる。彼は保険外交員で、D町のある屑物問屋を訪れた際にそれを依頼されたのである。徐民喜がD町で協和会という在日朝鮮人統制組織の幹部を務めていることを耳にしていた玄八吉は恐怖に怯え、知り合いの敬泰に相談に行く。徐民喜は、この件に敬泰が関わっていることを知り、塵芥船の権利を諦める。以上は『文芸首都』版の粗筋であるが、『民主朝鮮』版も、物語内容はおおよそ同じである。

『文芸首都』版「塵（ごみ）」で注目すべきは、敬泰の社会的地位である。そこに登場する敬泰は、「族譜」や「雑草」の敬泰と違い、金達寿を連想させる設定は何も記されておらず、どのような社会的地位にある人物なのかは一切わからない。確実なのは彼が警察の信用もある町の協和会の幹部を退けたという事実である。これは敬泰が協和会と同等の権力機構の中にいる町の有力者や警察署長などに顔が利く人物でなければ、絶対に不可能な事柄である。この点で「塵（ごみ）」は、玄八吉と塵芥船をめぐる物語であると同時に、塵芥船の利権をめぐる徐民喜と敬泰との対立の物語とも読める。そして彼らの対立は、日本帝国主義の権力機構に対する二人の距離の近さによって決着を付けられる。この意味で「塵（ごみ）」の敬泰は、〈解放〉前に書かれた金達寿の小説の中で、最も〈親日〉的な主人公的存在と言える。金達寿は改稿に際し、敬泰にY市の地方新聞社に勤める記者で、警察に莫大な信用のある顔利きという設定を付加する一方、徐民喜から協和会の幹部であるという設定を削除した。また玄八吉が塵芥を集める様子やD町の塵芥場をめぐる屑拾いや漁師たちの動きに関する記述を大幅に増やすことで、朝鮮人が置かれている生活の状況を、玄八吉という人物を通じて描いた小説として構成しなおした。このため『民主朝鮮』版は『文芸首都』版よりも、敬泰と徐民喜との対立が目立たないものとなっている。だが『文芸首都』版で描かれた日本帝国主義の権力機構と敬泰の関係の近さが、玄八吉を助けたというモティーフは変わっていない。むしろ徐民喜が協和会の幹部でなくなったことにより、敬泰の〈親日〉的立場がさらに際立つ結果をもたらしていると思われるほどだ。

金達寿の小説の中で、協和会の会員が登場するのは、『文芸首都』版「塵（ごみ）」だけである。しかし実際にはもう一つ、存在する可能性がある。それは「李川氏についての二章」という小説である。これは語り手である「私」が住んでいる家の隣に、新築の家を建てた、「成功した側の人として数へてよい」[15] 土木請負師の李川萬相という人物をめぐる短編で、題名には「二章」とあるが、実際には前半に当たる部分しか書かれなかった。小説の粗筋は以下の通りである――李川は貧しかったが懸命に働いて金を貯め、家を建てることになった。しかし文字が書けないため「私」に必要な書類の代筆を頼みに来る。その際、彼が「私」に手渡した名刺の表には、「土木建築請負／海岸施設部出入許可人／協和会――支部幹事」と記されていた。「私」は書類の必要事項を埋めてやり、彼を激励する。その後、多少のトラブルもあったが無事に家は建てられた。「私」は兄と友人の三人で李川氏の新築を訪れ、幸福のただ中にいる彼を祝福した。

「李川氏についての二章」の作者は「孫仁章」で、『民主朝鮮』一九四六年七月に発表されたが、小説の末尾には「一九四四・一一」と記されている。「孫仁章」は金達寿の筆名の一つで、この筆名で発表されたものに、短編「祖母の思ひ出」(『民主朝鮮』一九四六年四月)やエッセイ「三・一運動と朝鮮文学」(『民主朝鮮』一九四七年四月)などがある。このことを考慮すると、この小説は、金達寿が『鶏林』に書いたものである可能性が高い[16]。

仮に「李川氏についての二章」の作者が金達寿でなかったとしても、彼が『民主朝鮮』編集長として、李川萬相という「協和会——支部幹事」を「成功した側の人」として描いたこの小説を同誌に掲載したことは、動かせない事実である。このことは金達寿が自伝に記しているように、〈解放〉直後の彼が「共産主義者どころ」か「長編『太白山脈』に描かれた金相寧のような、あるいは同じ長編『故国の人』に描かれた李印鐘」など、「朝鮮におけるそのような民族主義的右翼青年を、ある程度の共感をもって描くこともできた」「民族主義的青年といってよかった」という発言[17]を裏付けるものである。彼は〈解放〉前の自分の言動の何がどのように〈親日〉的だったのかを、〈解放〉後にようやく見つめ直せるようになったが、そこから進んで自身の〈親日〉行為を相対化して眺める視点を獲得するまでには、さらに長い時間を要した。「李川氏についての二章」を『民主朝鮮』に掲載したのは、当時の金達寿がその過渡期にいたことを示している。

金達寿が新聞記者時代の〈親日〉体験に言及した最初の小説は、「八・一五以後」(『新日本文学』一九四七年一〇月)である。これは〈解放〉直後の在日朝鮮人社会の、混乱と活気が交錯する状況を背景に、李英用という朝鮮人青年が、在日朝鮮人組織「C・R」の親しい同志である宋庸得と一緒に、〈解放〉後まもなく朝鮮半島に帰ったが、戻ってくる途中で密航者として捕まり、佐世保の収容所にいる英用の母親を引き取りに行く様子を描いた短編である。英用は〈解放〉後の八月一七日、朝鮮人青年の集まりを探しにいき、山に掘られた防空壕の中に集まっている四〜五人の青年と出会う。関東大震災時の朝鮮人虐殺の再来に対する不安を皆が口にする中、英用は自分でも驚くほど雄弁に団結の力を説くとともに、自己批判の言葉を並べる。

「われわれはいくら耳をおさえられ、眼を蔽われていたからといつて白頭山中に木の根を噛みながらわれわれの敵と戦つた金日成のあつたことは知つていたし、それからまた中国の各地にはわれわれ同胞の義勇軍があつたこともうすうすではあるが聞いている。にも拘らずわれわれは同じ青春を持ちながら今日まで何をして来たか。何事もしてはいない！　いや何事もして来ることが出来なかつたばかりか、これらのわれわれの英雄、志士たちに対してわれわれは逆にその首をしめる行為をして来たのではなかつたか。工場へいつたものは弾丸をつくることを手伝つたであろうし、僕のように新聞社にいたことのあるものは敵であつた彼らの戦意を煽り立てたのだ」こういつたとき、英用は突然、両手で眼を蔽つて突立つたまま黙つた。激しい後悔であつた。取り返しのつくことのない負い目であつた。[18]

英用は不意にふらふらと防空壕の外に出て、青年たちに向かって次のように叫ぶ。

「みんなは僕を許してくれるのですか、許してくれるのですか。僕は『米英撃滅』とか『一億奮起しなければならぬ』とか、われわれを解放してくれた軍隊を罵り、荒唐無稽な言葉をもつて実は敵の軍隊を称讃して敵の戦争を煽つた敵の新聞記者だつたのです。その僕を、高射砲の破片から避けさせて、僕をみんなは一時的でも許してくれるというのですか[19]」

英用はここで、自分の〈親日〉体験が、あたかも未来永劫、絶対に許されることのない民族的裏切り行為であるかのように思い詰めている。そこから導き出されるのは、転向者が非転向者に対するのと同様の、「民族」というものに対する絶対的な服従と無限の自己奉仕である。実際、英用はC・Rが結成されると、結婚したばかりの妻の出産にも立ち会わず、妻が病死したときさえ彼女の枕頭にいられなかったほど組織の活動に没頭し、「ただ自分に求められる犠牲において、不覚にも（何という文字通りの不覚であつたことか!）犯した自分の負い目がわずかでも軽減されることに無限の喜びを感じるのだつた[20]」。ここに見られるのは、かつて林房雄が『転向に就いて』（一九四一年三月）に記した、「転向は単なる方向転換ではない。人間の更正である。素つ裸になることだけでは足りない。冷水で皮膚を洗ふことだけでは足りない。骨の中身まで洗つて出なほすことだ。外形ではない。内心の問題だ[21]」という一節にあらわされた、過去の自分に対する徹底的な否定である。もちろん林と英用とでは、置かれた立場も発言の文脈もまったく異なっており、比較すること自体が不適切かもしれない。しかし発言の形式だけを見れば、〈解放〉直後の英用の状態は、この境地に極めて近いところにあったと言わざるを得ない。

実際、英用の言動として描かれた自己批判と贖罪は、作者である金達寿の、極めてセンチメンタルな感情の発露である。それは、〈解放〉後の混乱の中で生きていくために、誰もがなりふり構っていられない状況だったにもかかわらず、金達寿は、「これからは独立する朝鮮人であるのだから、そのような密造酒つくりなどのヤミ行為をしてはいけない、そんなことをして朝鮮人としての体面を汚してはならない[22]」と考え、朝連の執行委員会で強く主張し、自ら率先して在日朝鮮人のヤミ行為を取り締まったという、生真面目さや潔癖さに通じるものである。彼はのちにそれを、現実を知らない「自分のロマンティシズムから出た一つの「敗北[23]」」だったと回顧しているが、その「敗北」への自覚は、「自分のロマンティシズムから出た」行為を、第三者の視点から眺められる場所に移動することで、初めて生じる。ところが「八・一五以後」を発表した時期の金達寿には、その距離感が欠けていた。金達寿がこの小説を単行本『叛乱軍』（一九五〇年五月）に収録した際、先に引用した英用の告白の場面全体を削除したことが、それを如実に示している。

とはいえ、金達寿が「八・一五以後」でこの場面を描いたことは、決して無駄ではなかった。これによって、新聞記者としての彼の〈親日〉体験が、少しずつ距離を置いて対象化されるようになったからである。この観点から浮上してくる小説が、「濁酒の乾杯」（『思潮』一九四八年九月）と「副隊長と法務中尉」（『近代文学』一九五三年一―二月）である。そこで次にこの二作品に焦点をあてて、考察を進めていきたい。

2 〈親日〉体験の対象化への試み
――「濁酒の乾杯」と「副隊長と法務中尉」

「濁酒の乾杯」と「副隊長と法務中尉」はともに、金達寿が神奈川新聞社に復社した時期に、彼が暮らしていた朝鮮人集落に朝鮮人補助憲兵があらわれたという、実際の出来事が素材となっており、物語世界や主要な登場人物が共通している。しかし『金達寿小説全集』には両方が収録されているため、金達寿は「副隊長と法務中尉」を「濁酒の乾杯」の改稿作とは考えず、あくまで別々の作品と見なしていたと推定される。

さて、「濁酒の乾杯」は、黄山運岐という日本名の朝鮮人憲兵を中心に、物語が展開される。彼は何の前触れもなくY市内の海岸にある朝鮮人集落（作中では「部落」と表記）にやってきた。集落の人々は当初、彼が朝鮮人だとは思わず、朝鮮語で、「これはゲエノム（犬奴）じゃないかな[24]」などと話す。そして密造酒を飲んでいる人たちに、早く片付けるよう知らせに行こうと、一人の「アジモニイ（お内儀さん）」が洗濯を中断して、何気ない風を装ってその場を離れた。すると彼は彼女の後に続いていき、驚き震える彼女に向かって、「「さあ、アジモニイ、早く歩きましょう。」と彼はアジモニイという朝鮮語をはっきりと、しかも京城標準語で発音していった[25]」。この一言で、彼が朝鮮人であることを確信した集落の人々はたちまち大混乱に陥り、彼の存在はまたたくまにY市の他の朝鮮人集落の人々にも知れ渡った。Y市の地方新聞社で新聞記者として働く安東淳は、どうにかして黄山を自分たちの陣営に引きこもうと画策し、新聞社にいた彼を訪問しにきた黄山を、その場で食事に誘い、海岸の集落に連れていって濁酒を飲ませることに成功する。

ここで重要なのは安東淳と黄山との関係である。これは「塵（ごみ）」の敬泰と徐民喜との関係とは似て非なるものである。敬泰と徐民喜は玄八吉が借り受けた塵芥船の利権をめぐって対立したが、この対立の範囲はあくまでも塵芥船の利権にとどまっており、それを除けば敬泰と徐民喜が対立する理由はない。これに対して安東淳は、朝鮮人集落の人々を守るのみならず、自分の身を守るためにも黄山を自陣に引き入れなければならない。その背景には次のような事情があった。

戦争の進行に伴い、安東淳の学校で知り合った友人や兄などが、一方的に何らかの理由を付けられて次々に検挙されていった。その中に、「この市の山奥で豚を飼つていた金鎮周」もいた。彼は検挙されて二年目に仮保釈されたものの、ちょっとどこかに行くにしても官憲の許可を得ねばならない状態にあった。このような状況の中で安東淳は、金鎮周に、「自分の新聞社の社員の身分証明書を、つくつてやり駅長に「顔」で玄海灘を渡る切符を手に入れて」脱出させた[26]。彼は新聞記者を務める中で、いつのまにか自覚的に、このような役割を行うようになっていた。

彼はなるべく警察ダネにはその警部補や刑事の名前を出すことをおぼえた。特高はもちろんのこと、経済保安係の刑事はまた一般の同胞たちのために必要であつた。署長はむろん、区裁判所の検事や、判事も必要だつた。そして勤労動員署もまた同胞が徴用されたときに備えて是非必要だつた。新任の肥つた特高主任が弁当を持つてこないのを二食主義だとうそぶくと、これを写真入りで書いた。むろんそれはでたらめな嘘で、昼時間になると彼は署長と一緒に毎日近所の禁制料理屋で自家の弁当以上のものを食べていた。（……）安東淳はときどきそんな記事をつくつていて衝動的に鉛筆を投げ出したい、油を飲んだような自己嫌悪に駆られることがあつたが、ときには彼は「創作」をしてもそんな記事をつくつた。（……）そして彼はまた進んで彼等に近ず〔ママ〕くようにし、彼等の社会に特有な猥雑な語らいにも加わり、身のどこかが冷えているような心持を蔵しながらも、彼等と一緒になつてげらげら笑つてみせることも忘れなかつた。[27]

だが黄山はまさに、その金鎮周の行方を追っていた。もちろん安東淳はそのことを、最初から知っていたわけではない。それがわかるのは、黄山が濁酒を飲んだあとで、「これで金鎮周も行方不明となったわけですな[28]」と言ったときである。しかし先の引用から窺えるように、安東淳が検挙される理由はいくらでも見つけられた。したがって、「「ちよつと隊まで一緒にいつてもらいたいのですが。――」こうとでも彼（黄山――廣瀬注）がいゝ出したら、それでもうおしまいである。金鎮周の脱出、その他理由はいくらでもあるだろう。その理由をつくり、つけるのは彼等の方なのだ、彼等の勝手次第なのだ[29]」。だからこそ安東淳は、一刻も早くその「理由」を無くすために、初対面の黄山を集落に誘い入れて濁酒を飲ませたのである。

現実的に、同胞を守るために日本の権力機構の手先になったり、職権を利用して間接的に抵抗しようとした朝鮮人が、〈内地〉に一人もいなかったとは考えにくい。例えば〈解放〉後、在日朝鮮居留民団（のちの民団）の創設委員の一人となった金鐘在《キムジョンジェ》は、一九四一年に、協和会の補導員になることを承諾したという朝鮮人五〜六名から、「この組織を利用して何とか朝鮮人労務者の面倒を見ようじゃないか。すべての民族運動がつぶされてしまった今となっては、民族をまもるために、こういう方法しかないじゃないか」と熱心に説かれ、協和会の補導員になるのを承諾したという。(30) 実際に金鐘在が補導員として何をしたかは別として、「濁酒の乾杯」で安東淳が新聞記者という職権を利用して行っていたことも、こうした一種の体制内抵抗の実践と読みとることは可能である。少なくとも黄山を自陣に引き入れた行為は、確実に体制内抵抗と言える。この意味で「濁酒の乾杯」に描かれた、新聞記者としての〈親日〉体験は、「八・一五以後」とは明らかに異なり、言動のすべてを頭から否定して終わるのではなく、金達寿なりに自己分析を経て言語化されている。

とはいえ、そのことによって、彼の〈親日〉体験は多少なりとも解決されたわけではない。植民地支配の下では、〈親日〉と抵抗とが解きほぐし得ないほど複雑にからみあっていたという、当然の状況が浮かび上がっただけである。しかもすべての登場人物の関係性や内面の動きなどは、ただ安東淳の視点からのみ描き出されており、その彼を眺める別の視点がない。このため先に引用した文章の中で、彼が同胞を守るために権力機構の人々と顔見知りになり、創作してでも提灯記事を書いたという一節は、受け取りかたによって、〈親日〉とも抵抗とも解釈できる、非常に恣意性に満ちたものとならざるを得ない。作中の一節をもじって言えば、作者である金達寿がどう考えようと、「その理由をつくり、つけるのは読者の方なのだ、読者の勝手次第なのだ」。

金達寿はある時期から、創作方法上のこの問題を自覚するようになった。この限界を克服するために彼が試みたのは、視点を増やすことだった。例えば「玄海灘」（『新日本文学』一九五二年一月―五三年一一月）では、金達寿は、西敬泰と白省五という二人の朝鮮人青年を主人公とし、二人の視点を交互に積み重ねていく手法を通して、「日本の植民地下にあった朝鮮民族の生活と抵抗とを、全面的にとらえよう」とした。[31] あるいは、のち『故国の人』（一九五六年九月）としてまとめられる連作や、「日本の冬」（『アカハタ』一九五六年八月―一二月）などでは、権力に抵抗する者と権力機構の中で働く者を対置させ、二人の対立関係を通して〈親日〉と抵抗のありようを立体的に描き出そうとした。「副隊長と法務中尉」も、そのような試みの一つと位置づけられる。

先述のように、「副隊長と法務中尉」の物語世界は「濁酒の乾杯」と共通しており、金鎮周と黄雲基（黄山運岐と同一人物）の対立関係の間に安東淳が立っているという構図は変わらない。ただし「濁酒の乾杯」が、黄山がY市内の朝鮮人集落にあらわれた時期の一場面を切り取って描き出した小説であるのに対し、「副隊長と法務中尉」では、〈解放〉後に金鎮周と黄雲基がどのような道を辿っていったかというところまで描かれている。それによると、安東淳の手助けで朝鮮半島に帰った金鎮周は、「「――永登浦の工場で」「軍隊」によつて検束されて、「京城の西大門刑務所」に収監され[32]」た。しかし一九四五年八月一七日に出獄すると、すぐに民族運動に身を投じ、その後は南朝鮮人民遊撃隊江原同地区副隊長として革命闘争を行っていた。他方の黄運基は、戦争末期、「空襲が激化してこのYも爆撃されるようなことがあれば、そのときは必ず混乱がおきてあの部落にたいしてどんなことがおこるか知れない。そのときわたしは、制服をつけて部落の前をいつたり、きたりしているつもりだ[33]」と安東淳に語ったり、憲兵の職権を利用して彼にラジオの真空管を調達してやる[34]など、体制内抵抗と取れる態度を見せた。しかし〈解放〉後、朝鮮半島に戻った彼は、「南鮮《ママ》大韓民国の、悪名高い軍法会議を司る法務中尉」の地位に就き、依然として金鎮周を追っていた[35]。安東淳の立っていた場所は、対照的な生き方を歩んだこの二人に挟まれたところにあった。

金鎮周はすぐれた先輩として、心から東淳を信じ愛していたようであつた。彼は東淳にはかくすべきことをかくしもしないで、何でも打ち明けてはなした。兄の安得淳や、韓元道、李小寧にはなさないことも、東淳にはいつた。そして前をかきわけて、いつしよに協力してすすんでゆこうとした。

しかし小心で慎重（それは慎重に敵を恐れることでもあった）屋であつた東淳は、ついに金鎮周についてゆかないでしまつたのである。

ついてゆかなかつたばかりか、却つてそれとはまつたく逆に、太平洋戦争がおわつてみると、その戦争中の新聞記者であつたことで、そして主観的にはどうであれ、何よりもその戦争に協力する記事を自らいくらもかいたということで、東淳はしかもそういう朝鮮人でありながら、客観的には戦争協力者であつたという自分の正体がそこにうかびあがつてきたのに慄然とした。かきなぐつていた記事というのは、それはいずれもばかばかしいものではあつた。「大東亜戦下、……」どうとか、「皇国の母」がどうしたとか、――「勝つまでは欲しがりません」というようなおよそ荒唐無稽な標語とか、それは毒にも薬にもならぬ嘘つぱちの文句で、そんなことは内心誰も信じていやしない、また信じようと信じまいとそんなことはおれに関係したことかと、一面ではそういう荒唐無稽なみえすいた嘘つぱちですましていることに、軽蔑も感じおもしろさも感じて、それとはまた却つて逆な効果をもみていなかつたわけではなかつたが、しかしそれが何の弁解になるであろう！何よりも彼は、金鎮周についてゆかなかつたし、行動をともにしなかつたし、それとはまつたく逆の対立のところにいたのだから。――[36]

彼はせめて、朝鮮人が徴用されるのを救うため、勤労動員署に通い、事務員がチェックしている名簿に目をやり、創氏改名した朝鮮人の名前を見つめると、彼／彼女をリストから外してもらうように頼んだ。あるいは徴用令状が朝鮮人集落に発送されてくると、それを持って署長に頼みに行くということもした[37]。そのために提灯記事を書き、権力機構の中にいる人々と懇意にした。「すべてが偽瞞《ママ》のうえにあつて、腐敗していた」が、彼等と付き合う安東淳も、「この彼らと同じ程度に腐敗していた。おなじばかりか、彼はこの彼らを恐れていたことで、もつと腐敗していたろう[38]」。

こうして安東淳は自分を、金鎮周とはまったく逆の場所にいる、「腐敗」した朝鮮人と認識したが、しかしこのような体制内抵抗を行う彼は、黄運基の目には、金鎮周の側にいる反体制的な朝鮮人と映った。

「だいたい、――このＹには半島人はどのくらい住んでいるのですか。」

黄運基は、立ちどまつて急にこういつた。

（……）

「さあ、それは。――金鎮周がこの市からいなくなつて、（寄宿舎にいる徴用工が――廣瀬注）一人減つていることはたしかですが、正確な数字はわたし（黄運基――廣瀬注）にはわからないし、わかつていてもわたしには答えられないでしよう。」

東淳は、はつとして思わず顔をあげた。

黄運基はゆつくりとそういいながら、むこうの窓の方へ歩いていつた。

「それで、ですね。」

と黄運基はいつた。彼はどちらかというと、日本語はあまりうまい方ではなかつた。

「わたしにはどうも不思議なのは、ここには七、八千人も（朝鮮人が――廣瀬注）いながら、なぜこの人たちのあいだからは、少しも徴用にでるものがないかということです。たまに検査場へくるものがあつても、それは必ず不合格になる。」

（……）

〈今日は、いよいよ検束するつもりだな！〉

東淳は、横目で黄運基をにらむようにしていて、はっきりとそう思った[39]。

しかし、濁酒を一緒に飲む仲になっていたことが幸いしたのか、安東淳は検挙されなかった。その後、黄運基は話題を変えて安東淳を飲みに誘い、その夜は二人で、「浜にならんでいる淫売屋へころがり込んで泊った[40]」。

現実に、金鎮周と黄運基のモデルになった人物が、〈解放〉後にどのような道のりを歩んだのかは不明である。しかし「副隊長と法務中尉」において、金鎮周と黄運基が革命家と〈親日派〉という対極的な存在として描かれることで、朝鮮半島の南北分断状況と、それを反映した在日朝鮮人社会の分裂が、二人の対立関係の中に、強く凝縮されることになった。この点で、物語の重心は、「濁酒の乾杯」から大きく移動している。

ところが安東淳の新聞記者としての体験をめぐっては、「濁酒の乾杯」から少しも進展がない。提灯記事を書く安東淳と、職権を利用して同胞を助けようとする安東淳は、像が分裂したままで、どのようにも位置づけられる存在にとどまっている。だがこの小説を最後に、金達寿が新聞記者としての〈親日〉体験を、小説に書くことはなかった。

〈解放〉直後から始められた、新聞記者としての〈親日〉体験を対象化しようとする金達寿の文学的営為は、それ自体としては中途で終わった。しかし彼はそのことで、この問題について考えることを止めたわけではない。むしろ彼は自分の〈親日〉体験を、日本人にも通じる問題として、新たに追究し始めたのである。その契機となったのが、第1節の冒頭で触れた、日本共産党の五〇年問題に巻きこまれた体験であり、多くの「植民地的人間」との出会いである。彼はその過程で、日本人が朝鮮人など植民地の人々に対して加害者だったという事実が、議論の余地のない当然の事柄であることを前提にした上で、ある次元では、日本人も朝鮮人もともに、未だ「植民地的人間」の状態にとどまっている点では同じだと認識するようになった。そのことを彼はのちに、『日本の冬』の中で、次のように表現している。

まず、朝鮮人についてみれば、三植自身をも含めて、彼らはきのうまで抑圧されていた植民地人であった。その多くは、まだ奴隷根性から抜けきっていない。抜けきっていないということを意識することからは、なおさらのことである。

日本人はどちらかというとそれを抑圧した側に立っていたが、しかし彼らの多くも、朝鮮人にたいするおなじその抑圧者から、抑圧されていたのであった。しかも彼らは、きのうまでは共産主義などとはまったく反対のもの、軍国主義・ファシズムを謳歌していたのである。

奴隷根性とファシズムの謳歌、それはおなじ根からのものだ。それによるゆがみを、否定することはできない(41)。

「朴達の裁判」にいたる、以後の金達寿の政治的・文学的闘争については、拙著で詳しく論じたので、ここでは触れない。ただ、この過程を、〈親日〉体験の対象化という観点から見れば、彼はその体験およびそれがもたらした罪責感を、〈親日〉か民族的抵抗かという、（在日）朝鮮人社会の中でのみ通じる二項対立によってではなく、マジョリティーとしての日本人まで包括する、日本の帝国主義的植民地支配の所産と捉える場所に移動したと言うことができる。これにより彼は、共産党から離れたり共産主義思想を放棄するといった、一般的な意味での転向体験を持たなかったにもかかわらず、転向の問題を、日本人の研究者とは異なる、独自の場所から眺める視座を得たのである。この点で彼は、日本の転向研究の言説空間が確立されたまさにその時期に、〈親日〉を「日本の思想史研究が見逃してきた「転向」の他の側面」と捉え、文学作品を通じて日本人に提示した、唯一の、植民地の人々という「転向者」という場所に立っていた在日朝鮮人だった。

私は金達寿の、新聞記者としての〈親日〉体験のすべてを正当化するつもりはない。批判されてしかるべき点も少なくないだろう。しかしこの体験から負った〝傷〟と向きあい、繰りかえし小説に描いた金達寿の知的営為は、日本人に、〈親日〉が（在日）朝鮮人社会の内部だけの問題ではなく、日本が帝国主義化していく過程で生みだし、在日朝鮮人社会や韓国・北朝鮮に置き去りにした転向の問題であることを教えてくれる。そしてそれは、金石範や洪宗郁などによる異議申し立てから窺えるように、現在もなお未解決のまま残されている、極めてアクチュアルな課題である。「良心的」な「日本人」の「男性」を規範にして創出された転向概念の再検討は、この異議申し立てを受けとめるところから始まる。「朴達の裁判」にいたるまでの、金達寿文学に描かれた〈親日〉表象の変容は、この課題を考察していくための、貴重な導きの糸である。

(1) 小田切秀雄「文学における戦争責任の追求」『新日本文学』一九四六年六月。ただし引用は、臼井吉見監修『戦後文学論争　上』番町書房、一九七二年、一一五頁。
(2) 同前、一一六頁。
(3) 佐野学・鍋山貞親「共同被告同志に告ぐる書」『改造』一九三三年七月、一九五―一九六頁。
(4) 鶴見俊輔「序言　転向の共同研究について」思想の科学研究会編『共同研究転向　上』平凡社、一九五九年、五頁。
(5) 鶴見俊輔「国民というかたまりに埋めこまれて」鶴見俊輔ほか『転向再論』平凡社、二〇〇一年、二二頁。
(6) 以下の記述については、廣瀬陽一『金達寿とその時代―文学・古代史・国家』(クレイン、二〇一六年) 第二章第三節を参照。
(7) 「在日朝鮮人」という呼称は歴史的に形成されたものだが、本論では便宜上、この呼称が存在しなかった〈解放〉前も含め、〈内地〉―日本国内に暮らしている朝鮮人を一括して、「在日朝鮮人」と表記する。またコリアンの民族言語についても、日本社会や在日朝鮮人社会で長らく「朝鮮語」の方が多用されてきたことを考慮し、「朝鮮語」と表記する。

(8) 金石範「「親日」について」金石範『転向と親日派』岩波書店、一九九三年、二九―三〇頁。

(9) 洪宗郁『戦時期朝鮮の転向者たち―帝国/植民地の統合と亀裂』有志舎、二〇一一年、四頁。

(10) 同前、四―五頁。

(11) 同じ登場人物でも小説によって名前のルビ表記が異なったり、最初からルビ表記のない人物がいるため、本論では作中人物にはルビを振らない。

(12) 拙著の記述と重複するため、以下の四段落については、引用の典拠は省略する。

(13) 前掲『金達寿とその時代』、第二章第三節を参照。

(14) 金達寿「族譜」『民主朝鮮』民主朝鮮社、一九四八年五月、五七頁。

(15) 孫仁章「李川氏についての二章」『民主朝鮮』民主朝鮮社、一九四六年七月、七九頁。

(16) 「李川氏についての二章」は、『金達寿小説全集』を始め、単行本や小説集に収録されたことは一度もない。また管見のかぎり、金達寿がこの小説に言及したことはなく、生原稿も残っていない。しかし神奈川近代文学館「金達寿文庫」に、この小説の切り抜きが保管されており、李川萬相の名刺の「協和会」の三文字が塗りつぶされているほか、計四ヶ所に修正の跡が見られる。

これだけで直ちにこの小説の作者を金達寿と結論づけるのは早計であり、さらに調査を進める必要があるのはもちろんである。だがこの小説の作者の「孫仁章」が金達寿でないとすれば、真の作者は誰なのか、なぜ彼はこの小説の作者にだけ自分の筆名を使うことを認めたのか、修正された他人の小説の切り抜きを手元に置いていた理由は何なのか、彼は様々な筆名で小説やエッセイを書いており、特に解放後の数年間に発表されたものの中に多く見られるが、それらの中にも名義貸しのものがあるのかなど、非常に多くの問題が生じることになる。この点については、金達寿研究に残された課題の一つとして、ここに記しておく。

(17) 金達寿『わが文学と生活』青丘文化社、一九九八年、一三四—一三五頁。
(18) 金達寿「八・一五以後」『新日本文学』一九四七年一〇月、四〇頁。
(19) 同前、四一頁。
(20) 同前、四一頁。
(21) 林房雄『転向に就いて』湘風会、一九四一年、一三—一四頁。
(22) 前掲、『わが文学と生活』一四七頁。
(23) 同前、一四六—一四七頁。
(24) 金達寿「濁酒の乾杯」(『思潮』昭森社、一九四八年九月)三七頁。「犬奴(ゲエノム)」は、ここでは官憲の手先の意。
(25) 同前、三八頁。
(26) 同前、四〇頁。
(27) 同前、四一頁。
(28) 同前、四七頁。
(29) 同前、四三頁。
(30) 金鐘在述(玉城素編)『渡日韓国人一代』図書出版社、一九七八年、一〇三頁。
(31) 金達寿「視点について—どうかくかの問題・ノオト」『リアリズム』一九五八年一〇月、二一頁。
(32) 金達寿「副隊長と法務中尉」『近代文学』一九五三年二月、三六頁。
(33) 同前、三九頁。
(34) 同前、四〇頁。
(35) 同前、四〇頁。
(36) 金達寿「副隊長と法務中尉」『近代文学』一九五三年、一一五—一一六頁。
(37) 同前、一一六—一一七頁。

(38) 同前、一一八頁。
(39)「副隊長と法務中尉」五三年二月、前掲、三三―三四頁。
(40) 同前、三五頁。
(41) 金達寿『日本の冬』筑摩書房、一九五七年、二一九～二二〇頁。

第5章　聞こえてきた解放
――一九四五年前後の朝鮮人作家の小説に描かれた帰郷・移住と異族の葛藤

申　知　瑛

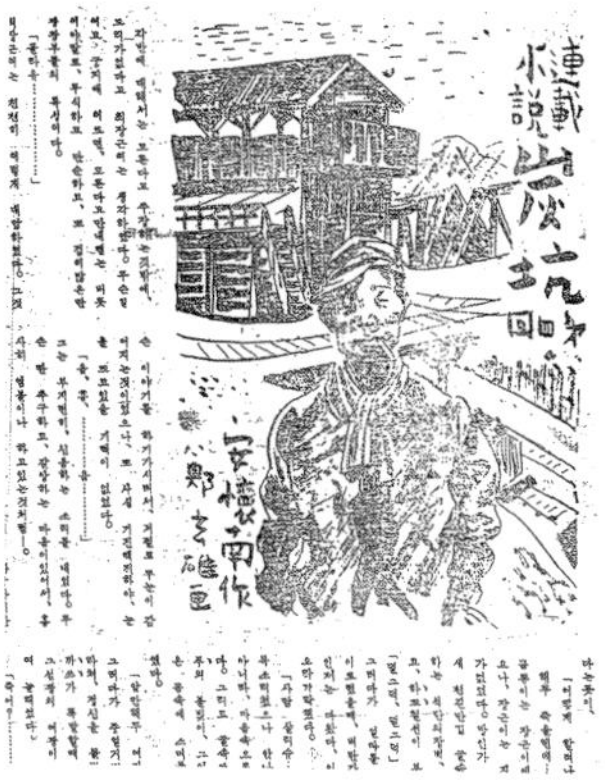
連載小說 炭坑
安懷南作 鄭玄雄畫

安懐南著、鄭玄雄画「炭坑」（四回）『民声』第二巻第四号、一九四六年三月一日、一一頁。

1　この時期を何と呼べるのか

はたして、一九四五年前後を何と呼ぶことができるだろうか。この時期を指す言葉は国家や地域、集団や個人によっても様々である。それぞれの命名には、一九四五年前後の「変化」を「起源」として規定・所有しようとする欲望があらわれている。しかし、その命名の複数性は、その「変化」を一つの声で記録・記憶できないことを感じさせ、命名者が拠りどころとする基盤を露わにする。そのため、目取真俊が「「戦後」ゼロ年」としたように[1]、既存の命名への問題提起は与えられた権力の「声＝命令」を翻訳・変形させ、不可視化された声を露わにする転覆的な行為となるだろう。

日本では一九四五年八月一五日以降を「戦後」と呼ぶ。しかし、韓国における八月一五日は「戦後」の始まりではなく、「植民地から解放され独立した日」である。だが、「解放」と「独立」という命名は[2]、より複雑な緊張を孕むものだった。朝鮮の「解放・独立」の瞬間には、継続する植民地主義と、迫り来る「熱い冷戦」（以下「熱戦」とする）があったからだ。

日本が降伏を決定したのは八月一四日だが、日本の植民地だった朝鮮でも八月一五日に「玉音放送」があったため、韓国では日本と同じように八月一五日を記念日としている[3]。このように、朝鮮人は「解放・独立」を「植民者・天皇の声（命令）＝玉音放送」によって伝えられたのである。さらに、朝鮮では「解放」直後に熱戦による信託統治と、朝鮮戦争（国際戦であり内戦）が始まった。

つまり、朝鮮は「解放」されたが、「独立」は成し遂げることができなかった。したがって、当時「解放」と「独立」という言葉の間には緊張感があったと考えられる。その緊張感とは、具体的にどのようなものだったのだろうか。

八月一五日、玉音放送が終わると、京城放送局のアナウンサーは「私たちは解放されました[4]」と叫んだという。また八月一五日に朝鮮の街で響いた言葉も「大韓独立万歳」や「独立万歳」だったようだが[5]、当時の雑誌や新聞には「独立」よりも「解放」が多く見られ、徐々に「解放」という言葉へと収斂していった[6]。例えば「解放・独立」を実質的に知らせた、八月一六日の「徽文中学校」での呂運亨の演説も「朝鮮民族解放の日は来た」と始まっており[7]、また同日に京城放送局で行われた安在鴻の演説も「解放されたわれわれ同胞に第一声を送った[8]」と伝えられている。同年一二月に開かれた朝鮮知識人による座談会「朝鮮文学の指向」と「文学者の自己批判[9]」においても、「独立」という言葉は二回しか使われず、主に「解放」という言葉が用いられている。今日においても、一九四五年から南北の単独政府の樹立に至るまでの三年間は「解放空間」と呼ばれている。

「独立」ではなく「解放」という言葉に収斂されていった背景には、朝鮮には「(〜からの)解放」はもたらされたが「(〜への)独立」は遥か遠いという状況があった。植民地期にかけて続けられてきた独立運動の意味は強調すべきだが、公式的な国際関係に基づいて言えば、朝鮮の「解放」は、民衆の独立運動によって自ら成就「したもの」ではなく、第二次世界大戦の結果として「与えられ」たものであった。さらに、朝鮮はアメリカとソ連によって信託統治「され」、冷戦構造に巻き込まれた結果、朝鮮の

「独立」は熱戦（内戦）に取って代わられた。だからこそ、金達寿は『民主朝鮮』の創刊号（一九四六年四月）で「今や独立宣言は書かれつゝある」と述べたのである。[10] また、当時日本で活動していた朝鮮人作家の李殷直は「大部分の日本に来ている我々というものは自分でぢか《ママ》に闘争していないんだ。血を流していないんだ」と自己批判をした。[11] 李は朝鮮にいた朝鮮人と自分たち（日本にいた朝鮮人）を比べながら自己批判をしているが、朝鮮にいた朝鮮知識人も同じように自己批判をしていた。林和は「われわれの血が混ざっていない解放といって、芸術にも血を混ぜませんでした」[12] と金達寿や李殷直と同様に自己批判をしている。つまり林和は、朝鮮の「解放・独立」が自主的に勝ち取ったものではなかったがゆえに、芸術の面でもその問題を掘り下げることを避けてしまう朝鮮人作家の無意識を批判しているのである。

　他方で、植民地からの「解放」が「独立」へとつながらなかったがゆえに、「独立とは何か」という問いが常に問われ続けた状況とは、受動的かつ否定的な意味に留まるわけではない。朝鮮人は植民者の声を通じて与えられた「解放・独立」を、朝鮮の状況に応じて翻訳・変形させてきた。その翻訳・変形の原動力は、植民地期から続けられてきた独立運動にあるはずである。特に植民地からの解放が独立ではなく、独裁や内戦になっていったのは、旧植民地（台湾、インドネシア、ベトナム等）にも共通する。この点を踏まえると、朝鮮における「解放・独立」をめぐる揺れは、継続する植民地主義を省察しながらアジアの民衆との関係を模索することができる条件でもあった。つまり、植民者から「与えられた命令」であった「解放・独立」を自らの言語と経験によって翻訳・変形させていくことは、抵抗的かつ

（自己）批判的な専有過程と繋がる潜在性を持っていたともいえるのである。[13]

この潜在性を模索するために、本稿では朝鮮において「解放・独立」が、どこからか聞こえてきて、誰ともなく伝えていくような、まるで噂と見知らぬ声の形をとっていたことに注目し、「解放・独立」の意味が当時の感情的・状況的真実を含んで翻訳・変形されていたことについて考察する。まず、玉音放送が朝鮮語に翻訳され、複数の口を通じて「聞こえてきて、伝えていく」という翻訳・変形行為を、証言や新聞記事を通じて分析する。次に、北九州の炭坑からの移住・帰郷[14]の経験を扱った安懐南（アン・フェナム）の自伝的小説に「解放・独立」をめぐる噂と声が書き込まれていることに注目する。この翻訳・変形行為と噂や見知らぬ声は、「解放・独立」を一つの声や起源に固着させることを拒み、当時の感情的・状況的真実と異族[15]の間の関係の再編をあらわしていたと考えられる。朝鮮において玉音放送が翻訳・変形されていく過程と、安懐南の自伝的小説における噂を読み取ることで、本稿では「解放・独立」が国家主義に回収されることについては批判しながらも、「解放・独立」に刻みこまれていたマイノリティ集団の抵抗と夢を浮き彫りにし、他者へ開かれた問いとして「解放・独立」を捉え直したい。

2　聞こえてきた「解放・独立」と噂

「起源」になれない八月一五日と、翻訳・変形の行為

朝鮮では、植民地からの解放が信託統治・分断・内戦へと続いていったため、後世において国民国家の「起源」を求めようとする欲望が生じながらも、その「起源」を確定できないという感覚が常にあった。

他方で、丸山眞男は八月一五日を日本の戦後民主主義の始まりとして位置づける。特に彼が日米安全保障条約の強行採決に言及しながら八月一五日を想起しているのは、興味深い(16)。丸山は「初めにかえる」ことは「五月二十日を忘れるなということで」あり、「八月十五日にさかのぼれということ」だとし、八月一五日を戦後民主主義の起源として位置づける(17)。丸山の言葉からは、八月一五日という日付への執着と、戦後民主主義の起源を決めようとする欲望を読み取ることができる。しかし、玉音放送があった八月一五日に戦後民主主義の起点を置くことは、八月一四日に日本が降伏を決定したことや、憲法制定に関わったGHQの存在、植民地責任の忘却を意味することであるといえる。

さらに、丸山の「八・一五と五・一九」(『中央公論』一九六〇年八月)からは、民衆のざわめきを恐れ、一つの声や秩序を求めようとする丸山の欲望も垣間見ることができる。この文章は、一九六〇年六月一九日一二時に新安保条約案が「自然承認」された瞬間をめぐる丸山の回想から始まる。その日、「国会

の南門から首相官邸寄り」の場所にいた丸山は、「首相官邸の方向が突然あかあかと照し出されて煙が見え」ると、「焼き打ち云々というような物騒な噂がとんでいた」ため、緊迫した学生たちから「何だ何だという声が起きた」と回想する。さらに丸山は、その騒ぎの中で車の上のスピーカーから「今先方に見える明りと煙りは、社会党議員が、官邸前にならんで新安保不承認の宣言をしているので、報道関係のカメラが一斉にフラッシュをたいたためです」という放送が繰り返されたことを「そういう際の間髪を容れない指揮班の処置のしかたに感心しました」と述べている[18]。

丸山は、六月一九日に国会前に集まった人びとの様子から大衆の自然発生的なエネルギーを敏感に感じ取っていたが、「騒然とした空気のなかに終始見えない形でただよっていた秩序意識と連帯感」に重点を置き、それを「歴史的時間」と規定する[19]。大衆の無定形のエネルギーを一つの秩序や声でとらえようとする丸山の欲望は、権赫泰が「丸山は、朝鮮＝植民地問題をその思想体系の中から「さっぱりと」捨象することによりファシズム論理を完成させ、国民主義的ナショナリズムの原理を立ち上げた[20]」とするように、八月一五日をめぐる異族の翻訳・変形を消し去り、その日を日本の戦後民主主義の起源として規定しようとする思考と繋がるのではないかと考えられる。

反面、朝鮮での八月一五日の玉音放送は、植民地と断絶したものでもなければ、一つの起源にもなることができない声だった。植民者・天皇の声だった玉音放送は、朝鮮語に翻訳されなければならず、またその意味が説明される必要があった。京城放送局の記者だった文済安（ムン・ジェアン）の証言によると、朝鮮には三つの玉音放送があったというが、そこからは、朝鮮において植民地主義が継続していることが見て取れる。

京城放送局に八月一四日に降伏原稿が伝えられると朝鮮人記者たちはそれを訳しはじめた。原稿を半分程訳した頃、憲兵隊から突然電話が入り、「今まで入ってきたものをすべて燃やせ」と命令され、その後すぐに「背中に日本刀を担いだ憲兵がサイドカーでうなりを上げてやってきて、すごい剣幕で」睨みながら乗り込んできたという。[21]翌一五日の午前に正式な降伏の内容が伝えられ、一二時から玉音放送があった。しかし「電波の状態がよくないためにろくに聞こえなかった」ため、「日本語原稿を福田という第一報道課係長が日本語で放送し、朝鮮語に翻訳したものはイ・ドックン（이덕근）アナウンサーが放送」した。[22]こうして、ポツダム宣言の解説を加えた朝鮮語版の玉音放送は、八月一六日に全国に向けて何回も放送された。[23]このように、朝鮮での玉音放送は、天皇の聞き取りにくい日本語と福田の綺麗な日本語、そしてイの朝鮮語という三つの声で放送されたのである。[24]

日本でもそうだったように、朝鮮でも玉音放送は聞き取りにくいものとしてとらえられたが、[25]文がそれを朝鮮までの電波距離のためだとした点と、福田係長がきれいな日本語で放送しなおしたのは興味深い。日本では国民の混乱を鎮めるための儀礼として玉音放送が存在したが、[26]植民地では儀礼的な効果は作動しなかった。福田の玉音放送は、宗主国の命令が植民地の植民者によって、より強い命令になっていく過程として解釈することも可能である。しかし、三つの声になった玉音放送は、天皇の肉声が持つ唯一の権威を拒むものでもあった。

さらに、玉音放送は朝鮮人の間で噂のような無数の声として翻訳・変形されもした。以下に引用するのは、玉音放送があった当時のことについて尋ねたアンケートである。[27]

——詩人、金岸曙：ラジオをつけて聞いたら（……）自分の耳を疑ったりもしました。

——朝鮮語学会、李克魯：監房生活だったので放送は聞けませんでした。看守から降伏したという話を聞いて、予想は外れていなかったと感じました。

——京畿高等学校長、高凰京：二日後に鉄原《チョルウォン》に出てやっとわかりましたが、初めて聞いたときには、夢かうつつか判断できなくて、まるで気を失った人のように呆然としていました

——梁槿煥：坡州《パジュ》の汝山《ヨサン》で農作業をしていたので（……）村の青年から聞いて後で知りました。—

中略—

——小説家、安懐南：北九州の立川炭鉱[28]にいました（……）労務課員の日本人がやって来てうろたえながら話すのを聞いて、私は奴らの前で声を出さずに狂喜しました（……）便所に行くふりをしてそっと抜け出し、坑夫たちの部屋を訪ね回ってこの出来事を伝え、説明をしてやりました。皆が抱き合っているのを見て、涙がじんとにじみました。[29]

アンケートにもあらわれているように、「解放・独立」を知った時間と空間が様々であったことは、これまでも多く指摘されてきた。他にも、短波放送を通じて日本の敗北を予測していた人々もおり、一九四四年春以降は朝鮮総督府などが朝鮮の「非協力指導層」を懐柔するために接触を図っていたといわ

れている[30]。辛珠柏によると、中国・西安にいた光復軍はアメリカ人の訓練教官から"Japan surrendered unconditionally"(日本は無条件降伏だ)という話を聞いており[31]、朝鮮半島の北部では八月九日にソ連軍が入ることによって早くに解放を迎えたといえる。また朝鮮人政治犯の釈放時期にもばらつきがあり、朝鮮では西大門刑務所から八月一六日に釈放されたという証言があるが[32]、日本の刑務所にいた朝鮮人政治犯は、一〇月一〇日に釈放された[33]。

ところで、アンケートや証言を見ると、「解放・独立」が複数のものとしてとらえられたことだけではなく、「聞く・聞かせる行為」が印象深く書き込まれている。道で聞いた放送、監房での看守からの伝達、田舎での地域住民間の伝聞、アメリカ人訓練教官からの情報など、「誰から聞いたのか」によって、その意味も民族の独立、監房からの釈放、炭鉱から故郷への帰還、武装独立運動の帰結などへと複数化する。

また、これらの伝達行為が、近くの人の口から口へと聞き慣れた言語で伝達されることによって、あるいは集会や最初の五日市などで[34]多くの人と出会う中で情報に触れることによって実感されたものであったことも特記しておきたい。例えば、イ・ギヒョンは呂運亨の講演について「運動場に人がぎっしり満ちていました。誰かが来いと言ったのでもなく、ただ口から口へと伝わったものでしたが、雲のように人々が詰めかけていました[35]」と回想している。イ・ギヒョンは朝鮮の「解放・独立」を「夢か現実か」と疑わしく思っていたが、ソウルの街中が感激に包まれる中で、解放が「夢ではない現実なのだ」と感激し、「目頭が熱くなり涙」することになる[36]。ここでイ・ギヒョンが「解放・独立」を実感できたのは、朝鮮語で行われた集団的翻訳・変形行為を通じてであった。

しかし、「解放・独立」の翻訳・変形の過程には、ただ感激と喜びだけがあったのではない。玉音放送で天皇は「爾臣民」に向けて話しているが、その「爾臣民」の中で台湾人と朝鮮人についてはどれだけ認識されていたのだろうか。一九一〇年の「日韓（強制）併合」によって朝鮮人に国籍が与えられるとされたが、国籍法の実施はついぞ明記されなかった。[37] また、朝鮮籍と日本籍を併用することで、朝鮮人と日本人の事実上の差異は厳然と残っていた。[38]

このような矛盾は、以下の日本語新聞と朝鮮語新聞での降伏をめぐる報道の差異からも見て取れる。八月一六日付の『毎日新報』と一五日付の『京城日報』には、共に天皇の「降伏詔書」と朝鮮総督・阿部信行の「諭告」と内閣総理大臣男爵・鈴木貫太郎の「内閣告諭」が掲載された。『毎日新報』は朝鮮語新聞で、『京城日報』は日本語新聞だが、『毎日新報』に掲載された「諭告」と「内閣告諭」の朝鮮語訳は、『京城日報』に掲載された原文の内容とほとんど一致する。しかし、「諭告」の見出しには違いが見られた。『京城日報』では「意味ある所必ず道あり」となっているの対し、『毎日新報』では「軽挙を厳戒し、冷静沈着であれ」となっている。これは、小林聡明が指摘するように、日本語読者を対象にした『京城日報』では朝鮮総督の「諭告」が「さまざまな困難を克服するための激励」などの慰めのニュアンスによって伝えられたのに対して、朝鮮語読者を対象にした『毎日新報』では「諭告」を通じて「治安維持が呼びかけられていた」のである。[39]

また、「降伏詔書」は両新聞に全文日本語で掲載されたが、見出しに差異が見られた。『京城日報』の見出しは日本語で「畏し停戦の大詔渙発あらせらる」と書かれているが、『毎日新報』には朝鮮語の見出しで「平和再建に大詔渙発」と書かれている。日本語読者を対象にした『京城日報』の見出しでは降伏をめぐる悔しさや悲しさが強調され、朝鮮語読者を対象にする『毎日新報』の見出しでは降伏が「平和」のための決断だったかのように書かれている。日本語を読めない朝鮮人にとっては、『毎日新報』の見出しが目に入ってきただろう。ここには、帝国主義の戦争を「平和」の文脈によって語り、戦争責任の所在を曖昧にさせる言説戦略が見られる。

さらに、呂運亨は遠藤柳作との会談で「誤解をして血を流したり不祥事が起きないように民衆をよく指導してくれ」という要請を受けたと語っている(40)。また安在鴻は京城放送局の講演で「朝日の両民族が自主・互譲の態度を堅持し、少しでも摩擦がないように」と強調している(41)。

このように、「爾臣民」には位階がはっきりと存在し、また植民者側はそこに敵対感情がくすぶっていることを認識していたのである。この場面には、植民地期に形成された暴力的な位階関係が、一九四五年八月一五日頃の時間を経て徐々に民族間の敵対関係へと深化されていく過程が暗示されており、また、その深化の過程には民族間の葛藤だけではなく、階級・性・地域などをめぐる複雑な位階関係が絡み合っていたといえる。これこそが「解放・独立」を翻訳・変形させた複数の声に耳を傾け、その中にあらわれた異族間の関係を問わなければならない理由である。

「移住・帰郷」を扱った自伝的小説と噂

「解放・独立」がどのような意味で翻訳・変形されたのかを、異族間の関係から分析できるテクストとして、一九四五年直後に書かれた異なる場所を描いた三つの自伝的小説が挙げられる。ソウルを舞台にした金南天（キム・ナムチョン）の「一九四五年八・一五」（『自由新聞』一九四五年一〇月一五日〜一九四六年六月二八日、全一六五回）、満洲から朝鮮の北を経て南まで至る移住・帰郷を扱った廉想渉（ヨム・サンソプ）の自伝的小説、北九州から朝鮮南部への移住・帰郷を扱った安懐南の自伝的小説がそれである。[42]これらの小説はフィクションではあるが、そこには作者の経験、当時の新聞記事や街でのビラとチラシ、また噂と見知らぬ声が含まれている。特に、「移住・帰郷」を扱った作品は、その傾向がより顕著である。これらの小説に注目する理由は次の通りである。

第一に、自伝的小説での噂・見知らぬ声は、当時の状況的・感情的真実をあらわすルポルタージュ的性格を備えている。噂と小説の親縁性はしばしば論じられるが、[43]自伝的小説における噂は、フィクションと事実の境界を問うものではない。既存のメディアが機能不全に陥り、未来への予測もつかない一九四五年前後の状況では、事実と噂の区分は困難であり、むしろ噂や風聞流言などが情報伝達の役割を果たしていたためである。

例えば、「ルポルタージュあるいは記録文学[44]」といわれる金南天の「一九四五年八・一五」は、主人公が政治犯釈放の話をどこかで耳にしたことについての記述から始まる。彼女は、依然としている日本兵を見て、釈放の真偽を疑うが、「出て来た方々がいたとはっきり聞いた」と繰り返し、数日後にその事実を新聞で確認する。[45]また安懐南の「鉄鎖、切られる[46]」の主人公は、植民地主義的な関係が保たれた炭坑にいたため、新聞で降伏の記事を読んでも、その真偽を疑わしく感じていた。このように、噂・風聞は新聞より早く事実を伝えるというルポルタージュ的性格を持ち、むしろ新聞記事ですら噂のように疑わしいものとしてとらえられたのである。自伝的小説における噂・風聞・見知らぬ声は、事実とフィクションの境界を越えて、当時の状況的・感情的真実をあらわしている。

第二に、自伝的小説は、「解放・独立」という出来事がどのような言葉・状況・集団を通じて翻訳・変形されていたのかを、文字の読み書きができない人々の状況まで含めて表現するものである。戦争における噂をめぐる研究によれば、噂を集団的編集を通じて変形させる、ある種の「伝説形成の地」あるいは「解釈共同体」が存在するという(47)。自伝的小説の中でも噂が広がるのは集団の境界においてであり、噂がその境界を再編成する場合もある。また噂は事件への解釈でもあり、不安定な状況下で求心力を持つが(48)、似たような内容の噂が反復される時に、語られることがなかった大衆の歴史感覚があらわれる。この噂の歴史性に関しては、本稿の後半で詳しく考察する。

第三に、実のところ、朝鮮への「移住・帰郷」の物語は、朝鮮人の被害者としての立場だけを強調し、国家主義を強化する叙事とつながる可能性も大きい。例えば、金東仁は「八・一五以後の文学道にはもう一つの不文律があるようだ。つまり、作品の素材を三・一とか八・一五とか国家解放とか、このようなものに限定しなければならないという考えを持っているよう」だと不満を吐露している(49)。また韓雪野は「書くことはたくさんありそうだが捉えられない」と述べ、林和は「頭の中で現実をとらえる力がない」と語る(50)。多くの朝鮮知識人は植民地期の対日協力への疑いから自由ではなく、迫りくる反共イデオロギーの中で過去を見つめることも未来を予測することもできないまま、沈黙を守っていた作家は多かった。しかし、自伝的小説での噂と見知らぬ声は、作者の意図とは裏腹に、当時の状況的・感情的真実をあらわす、小説内部の亀裂として存在する。よって、これらの亀裂に着目することで、国家主義を批判しながらも、マイノリティー集団の「民族主義」[51]を考え直すことができるのである。

本稿で扱うのは、北九州の筑豊炭坑での強制徴用と移住・帰郷の過程を扱った安懐南の自伝的小説だが、これらの作品には上述した特性が豊かに含まれている。彼が徴用されたのは「国民徴用令」が朝鮮人まで一般徴用として拡大された一九四四年九月頃だが[52]、その背景には不足した労働力を確保しようとした鉱業会社側の要求も反映されていた。例えば、「大日鉱業株式会社社史（稿本）」（一九八一年三月）では、安が徴用された佐賀県伊万里大川の大日鉱業立川炭鉱が「軍需工業の重点施策を遂行する需要《ママ》な役割」を持っていたと説明されるとともに、労働力不足が続いたため、日本軍の真珠湾攻撃（一九四一年一二月八日）以降は「内地及び朝鮮から極力労働者を募集」したと書かれている[53]。

安は朝鮮に戻ってから炭坑での経験をもとに一二編の短篇小説を発表した。わずか一年の間に書かれた一二編のうち、六編は雑誌の創刊号に、二編は復刊号に掲載されるほど、彼の小説は「解放・独立」の雰囲気に相応しいものだった。かつて安懐南は植民地期に徴兵に応じることを勧める文章を書かなければならなかったこともあったが、帰郷後に初めて書いた中篇小説「炭坑」は、「同胞と共に鍬を持って飢えと破れ着と溜息で日々を暮らしたので（……）身をもって体験した生地獄の赤裸々な記録」であると紹介された[54]。

炭鉱に徴用された安懐南は、植民地支配の被害者という立場に自らの身を置くことで、他の作家が突きつけられていた「日本に協力したのではないか」という疑惑と罪責感からある程度免れることができたともいえる。[55] そのため、彼の小説の中心には、被害者である朝鮮人徴用労働者が祖国へ帰るという「帰国の物語」があり、それが国家主義と繋がってしまう面もあるといえる。しかし、朝鮮人労働者が「解放・独立」に託す夢は、国家主義のみに回収されるものではなく、「解放・独立」を絶え間なく翻訳・変形する噂によって揺れ動いていたのである。

安懐南の自伝的小説には、作家の分身と思われる人物が登場し、また作品の内容も当時徴用された人々の証言と一致する部分が多いため、この小説そのものが徴用労働者の証言をもとに書かれた可能性がある。また安の小説「その後の物語」は徴用仲間を訪ねて行き、帰郷後の物語を聞くという形式をとっており、強制的に徴用された労働者の帰郷の日付や帰郷した地域についても書かれている。この小説の冒頭で主人公は、労働者を訪ねて行って記録することが「文章を書く私の職責」だと語る。[56]

本稿で取り上げる「炭坑」と「鉄鎖、切られる」に書かれた噂からは、炭坑での朝鮮人徴用労働者の状況や、「解放」が伝えられたときの具体的な描写、朝鮮人徴用労働者が「解放・独立」に託した期待と希望や、その失敗と挫折、さらには異族間の葛藤を読みとることができる。その意味において安懐南の自伝的小説は貴重なテクストなのである。

3　噂の歴史性と異族の葛藤――安懐南の自伝的小説

噂になった事実――炭鉱での「解放・独立」と植民地主義の持続

安懐南の「炭坑」と「鉄鎖、切られる」における八月一五日の翻訳・変形行為と、異族間の噂を考察するために、筑豊炭坑の居住環境について簡単に述べておく。筑豊炭鉱の寮は「監獄」や「軍隊」のようで、外との交流が遮断されていただけではなく、各棟や各部屋の間の行き来も完全に断絶されていた[57]。情報を得る方法がなかった朝鮮人労働者は、「解放」を知らないまま過ごすうちに、周囲の噂や、自分たちを支配していた労務者から日本語で伝えられて「解放」を知ることになった[58]。「鉄鎖、切られる」でも、「解放・独立」の知らせを聞く場面が描かれているが、これは本稿の第一章で引用した安懐南の証言と一致する[59]。

労務課の捜査主任・田代が、顔をパンパンに膨らまして息をはずませながら入ってきた。（……）「**キサマ！**」という声が彼の口から先に出てきた。（……）彼は**ナンダ！　ナンダ？**　という声だけを連発し、足を踏み鳴らしてチョ・ソグン（조서근）を見上げて、「**ニホンハムジョウケンコウフクダ！　イイカ？**」と言うと、目をむいた。ラジオで日本の天皇が、自分がポツダム宣言に屈服すると放送したとのことであった。外界とは完全に遮断されたこの田舎では、入ってくる情報は皆無

だった。チョ・ソグンははじめはわけがわからなかったが、事実を理解するといきなり体が飛んでいるように感じた。しかし田代が棒を持ったままチョ・ソグンの顔色を一つも見逃すまいという様子で狙っているので、どうしようもなかった。彼は身動きひとつせずに立っていた。

「嬉しいか?」田代が問いかけた。

「……………。」

「嬉しいか?」

ソグンは返事が出来なかった。もし返事をすれば、一気に棒が頭に振り下ろされるだろう。

(……)チョ・ソグンは聞こえないふりをして(……)硬く強い表情でいた(……)「**チョウセンジンハワカラナイネ……。ヘビノヨーナヤツダ……**」(조선놈은 음흉해, 뱀 같은 놈)と呟きながら、まるでアオダイショウが塀を越えるようにするりと出ていった(鉄鎖/七二八―七三〇頁)(60)

日本が降伏をしてからも、捜査主任の田代(この「捜査主任(61)」とは、おそらく炭坑で朝鮮人労働者の寮を管理していた「教務課長」を指すと考えられる)は、朝鮮人の労働者に対して高圧的な態度を維持し、またチョ・ソグンはそれに服従している。このような二人の関係は解放の時空間の中に植民地期の時空間が入り込んでいるのをあらわしている。

しかし、朝鮮人労働者は「玉音放送」を伝えた日本人の声を聞きとり、さらにそれを伝えていく中で、その声の意味を複数に翻訳・変形させていった。チョ・ソグンも「果たしてこれが事実なのか」(鐵鎖

／七三一頁）と疑いながら、炭坑の朝鮮人や、炭鉱の近所にいる強制動員されていた朝鮮人の兵士たちにも「解放」を伝えたが、皆もチョ・ソグンと同様にとまどうことになった。互いに顔色をうかがううちに、一人の兵士が立ち上った。

今まで返事をしなかったことを詫びるかのように手を頭の上に乗せながら「はい、事実です。これで助かりました！」と言った。笑い声が人々の口から起きた。すると次にもう一人が立ち上がり、口だけをもごもごと動かすだけで何も話せないまま、ただ、

「万歳！」

皆が集まっている中で、ひとり、鼓膜が破れんばかりに大声で叫んだ。

「万歳！」

もう一人が立ち上がって同じように叫んだ。

「朝鮮、万歳！」

また一人。

「独立万歳！」

「朝鮮独立万歳！」

一人ずつ、それが次第に合わさって一つの声になった。（……）突然大騒ぎになった。あちこちの坑夫の部屋から人々が群がって出てきた。寝ていた者たちも皆起こされた。（鉄鎖、七三一―七三

三頁。下線は著者による）

玉音放送の日本語は日本人労務管理者の日本語になり、それがチョ・ソグンのような労務係の朝鮮人の職員の朝鮮語になると、今度は朝鮮人労働者の朝鮮語として伝わっていき、次第に「万歳」という声が騒ぎをつくりだした。この場面において、日本語から朝鮮語へと変化していく過程で降伏という言葉が「独立・解放」へと翻訳・変形されたことに注目したい。聞こえてきた「解放・独立」は、信頼できる人の聞き慣れた言葉によって伝えられ、それを語り合うという集団行為によって、ようやく信じられる事実となったのである。

ここで最終的に人々が叫んだのは「朝鮮独立万歳」という言葉だったが、この言葉に朝鮮人が託したものは独立した国への賛辞として単純に片づけられるものではなく、未決定の期待や夢が含まれていた。その夢こそが、真偽を疑いながらも「解放・独立」を積極的に翻訳・変形していくエネルギーであったともいえる。

まず、朝鮮人労働者は「独立・解放」を、「故郷へ帰る」という夢へと翻訳・変形した。チョ・ソグンは「独立」という言葉を知らない朝鮮労働者のグァンヒに次のように伝える。

グァンヒはもともと無知な人である。（「独立」の意味が―引用者）分からないだろう。ソグンは彼に説明した。

「戦争が終わった……日本が負けた……朝鮮は独立だ……われわれはすぐに故郷へ帰る……。」

グァンヒは話を聞きながら、途中までは理解できなかったが、故郷に帰るという説明で何のことかわかったのか、たちまち表情を緩ませながら、ソグンの手を握って「オオオ」と声を上げた。（鉄鎖／七三一頁）

次に、「解放・独立」は「強制労働からの解放」に翻訳・変形され、ひいてはもう一つの生への欲望を抱かせるものになっていった。これは、炭坑での朝鮮労働者の逃亡が、解放後はなくなったという現象と通じ合う。「炭坑」で解放以前を描いた部分では、「逃亡」の物語は重要な意味を持つ。逃亡も朝鮮人徴用者にとって故郷へ帰ることであり、また徴用労働から脱するという、もう一つの生への欲望をあらわすものであった。徴用者たちはいつでも逃亡できるように色とりどりの小さな包みに荷物をまとめており、それを「ぶらぶらとぶら下げて」いた。[62]

徴用者の証言にも逃亡・脱走の物語は数多く登場する。逃亡に失敗すると刑務所に収容され拷問を受けたり、家族に被害が及ぶかもしれないと恐れながらも朝鮮人徴用者は逃亡を試み続けた。その中には、朝鮮人労働者と同じ空間で働きながら、ひどい状態におかれ自殺まで考える彼らに同情した日本人の女性炭鉱労働者の助けによって逃亡に成功した者や、[63]「逃げる機会は病院に入っている時が多い」ため、「脚を一本折り不具になっても逃げたいと思い、大きな石を高い所から落とし」て病院に入院した者もいた。[64] 個人の逃亡は炭坑のシステムそのものを破壊することはできなかったが、「炭鉱全体に与える物的・心理的影響は計りしれないほど大き」かったため、労務管理者は徴用者の逃亡を防ぐために頭を悩ませた[65]。

このように逃亡・脱走は、収容所のような炭坑労働の中で朝鮮人徴用者がもう一つの生への感覚を取り戻すきっかけにもなった。朝鮮人労働者の逃亡が周囲に強い印象を与えたことは、一九五〇〜六〇年代の九州の炭坑で逃亡・脱走を意味して使われた「ケツワリ[66]」という日本語に変形された朝鮮語にもあらわれている。

ところが、「解放・独立」の知らせを聞いた後には、朝鮮人の逃亡は行われなくなる。「解放・独立」が逃亡に託した夢の代わりになったためである。例えば、安懐南の小説「星」の逃亡中の主人公は次のように独白する。

> 八月一五日で戦争が終り、われわれの不倶戴天の敵、日本の奴らが亡びたぞ。日本が負けたぞ、降伏したぞ。われわれはすぐに朝鮮へ帰ることになるはずだ。(……)私はいきなり朝鮮が何倍にも何倍にも懐かしくなった。
>
> (朝鮮はどうだろう)
>
> (朝鮮はどこだろう。　どっちだろう。)
>
> 考えながら空を見上げると、――星星星星星星星星…………
>
> 無数の宝石が空から絢爛たる光彩を放ち、きらめいていた[67]。

植民者の声で聞こえてきた「解放・独立」は、「故郷」へ戻るというもう一つの生への憧れとして翻訳・変形された。「解放・独立」の真偽を疑いながらも、それに夢を託す積極的な翻訳・変形行為と、その行為によって広がった噂には、解放期と植民地期が、未来に対する不安と夢が、受動的反応と積極的変形などが入り混じっている。植民者による単一的な声の権威を許さない、被植民者の複数の声がそこにあらわれたのである。

歴史になった噂——異族の葛藤と移住・帰郷のきっかけ

植民地主義の位階が維持されていた状況で、「解放・独立」が「噂」のようにとらえられたのとは異なり、異族間の恐怖と緊張を孕んだ噂は、まるで「事実」のように広がった。植民地主義が崩壊すると、植民地期に形成され内面化した暴力の構造は、「潜在的な攻撃者」[68]としての異族の間の関係をつくりだした。

シム・ジェギル（심재길）の証言によると、朝鮮の解放が知らされると日本人労務者は朝鮮人の復讐を恐れて逃げ出し、また朝鮮人でありながら朝鮮人労働者を募集・管理していた指導者や班長は、罪責感と復讐の恐怖から逃げたり自殺したりしたという[69]。日本人による朝鮮人虐殺も起こり、坑内に入れられた朝鮮人が皆殺しにされるとか、朝鮮人が帰郷する途中で皆殺しにされるという噂が広がった[70]。

とりわけ、安懐南の短篇小説「炭坑」と「鉄鎖、切られる」における噂の主語の変化には、異族間の境界の再編が反映している。「炭坑」が朝鮮が「解放・独立」されるまでを描いたとすれば、「鉄鎖、切られる」は降伏の知らせを聞いた人々が帰郷するまでを描いた作品である。二つの小説を繋ぎあわせると、植民地主義によって生み出された朝鮮人の間の分断が、「解放・独立」後に民族間の敵対心へとつながっていく過程を読み取ることができる。

まず、解放前後の状況を描いた小説「炭坑」における噂を見ると、朝鮮人でありながら異族になっていった存在に気付かされる。この異族の境界は、植民地主義の政策によって分断させられた被植民者同士の位階を浮き彫りにする。例えば、朝鮮人徴用者を連れてきて嫌がらせをするナカムラ（나카무라）は、朝鮮人の中の裏切り者であり、異族ともいえるだろう。「「あいつは募集しに朝鮮にあんなに出かけて行っても、自分の故郷の地は踏めずに戻ってくるんだってな………」坑夫たちはこう騒いでいた」という描写に見られるように、[71]ナカムラは人々の噂話を通じてその正体があらわれる人物である。洋服を着て日本語を使う彼は、一見日本人のようだが、実は全羅道生まれの朝鮮人だった。彼は年に一回は徴用者を募集しに朝鮮へ行くが、強制連行された朝鮮人の復讐が怖くて故郷に帰れないと噂されていた。

また、逃亡に失敗したパク・クムドン（박금동）も異族として存在するといえる。クムドンは冒頭では他の朝鮮人徴用労働者に混じって会話していたが、逃亡に失敗すると、彼は噂の対象となる。「パク・クムドンが捕まった」ことも噂で伝えられるが、さらに「逃亡して捕まったら、人が全然変わってしまった（……）特訓所の監房で鞭を打たれる時も、痛いという声を一度も出さずに耐えたという噂」が広まる。[72]逃亡に失敗したクムドンは、監房で酷い拷問と暴力を受けることになる。元来は臆病だったクムドンだったが、あまりにも酷い暴力にさらされた結果、恐怖と苦痛を感じる能力すら失ってしまっ

たのである。そのように変わったクムドンは、他の労働者から隔離され、憧れと恐怖を共に呼び起こす噂の対象となった。

朝鮮人労働者を管理していたドルサン（돌산）の妻・オクスン（옥순）もまた異族として存在した。ドルサンの死後、彼女はドルサンの「妻」から朝鮮人労働者の「下女」となり、さらにナカムラの「情婦」になることで朝鮮人の徴用労働者から排除されていき、最終的には朝鮮人労働者を客に取る「売春婦」になる。とりわけ、オクスンが朝鮮人労働者を客に取る「売春婦」になったことは、朝鮮人徴用労働者の噂を通じて明らかになっている。


「キム・ドルサンの妻が売春婦になるんだって？」

「まったく、ドルサンの運命は数奇なもんだ…………炭坑で死んで、日本の奴らの地で…………母親も死んで…………奴の女は売春婦になり…………」（……）

「ナカムラなんか叩き殺せ！」

「しっ………」（……）

「とんでもない…………あいつは叩き殺すなんてもんじゃない、焼き殺されるべきだ…………じゃあ今はあれを…………ドルサンの妻を俺たちに、俺たち数百人が一緒に連れ歩いて暮らせってことなのか？…………豚にも犬にも劣る奴…………」

「子供はどうする？　まさか、噂だろう、本当じゃないだろう…………」[73]

小説では、オクスンの不幸の責任がナカムラにあるかのように語られているが、オクスンが「売春婦」になったことをめぐる状況は単純なものではなかった。朝鮮人女性の遊郭を朝鮮人徴用労働者が利用するという構造の背景には、戦争によって不足した炭坑の労働力を朝鮮人で埋めるための対策があった。例えば、この作品の中で、朝鮮人徴用労働者を客とする遊郭を作ることになったのは、日本人労務課長がナカムラに指示したことによるものだった。その指示の内容は次の通りである。

逃走する朝鮮人鉱夫が多いのは、さぞ故郷に残してきた妻が恋しいからだろう。女が欲しくて逃げ出すのだから、遊郭を一つ作ろうということで、

「チョウセンジンハナイチジンノオンナントコロニハアガランカラネ……」
（조선인 광부들은, 일본인 여자 한테는 놀러 안 가니까 ……）

朝鮮の女を物色して、営業をさせようというのだった。(74)

特に、小説の中で朝鮮人相手の「遊郭」を作るという計画が、二年の契約が終わった朝鮮人を再徴用するという計画があった以後に語られていることは、注目すべきである。実際に、当時朝鮮人徴用労働者が再契約に感じていた不満や、その不満による逃亡を未然に防ぐために様々な対策が講じられたが、それは「事前工作」と「事後工作」に分けられていた。興味深いのは炭坑に配偶者や縁故者を連れてきたり、日本人女性との結婚を奨励したりする「事前工作」によって、朝鮮人の「定着」が推進されたこ

とである。[75] 安懐南の小説ではこれを「デイジャク（데이쟈꾸）」という朝鮮語化した日本語で呼んでいた。このように、朝鮮人徴用労働者によるオクスンの排除は、植民地政策による差別・暴力が被植民者同士の関係においても連鎖し内面化されていたことの反証であるといえる。

このように、徴用を二年間延長するという方針が発表された後にオクスンを「売春婦」にするという計画が語られたことに見られるように、[76] 植民地政策としての強制労働、民族差別、性差別など、より重層的な差別と暴力が朝鮮人女性に向けられていた。植民地主義は、朝鮮人の集団にもともと存在した差別と絡まり合いながら、朝鮮人同士をより強く分断したといえる。

ところで、八月一五日以降を描いた小説「鉄鎖、切られる」に見られる噂の主語は、「炭坑」とは異なり、民族名（朝鮮人、日本人、中国人）へと変化している。例えば、「日本人はみんな竹槍を作るという噂」（鉄鎖／七四八頁）、「政府が降伏をしても日本の軍隊が降伏しないで最後の抵抗をする」（鉄鎖／七五〇頁）、「（日本が―引用者）戦争をまた始めるという噂」（鉄鎖／七四七頁）などを挙げることができる。

戦争が終わって石炭が必要なくなれば、朝鮮人は「飢え死にする」という噂などに見られるように、朝鮮人や日本人を主語にした噂には、民族間に生じた恐怖と不安をあらわしたものが多かった。[77] 興味深いのは、中国人への恐怖をめぐる噂が日本人の間に広がると、日本人と朝鮮人の間の緊張も同時に高まっていったことである。

チャンコロガジョウリクスルソオダネ？（중국 군대가 상륙한다지？）（……）中国軍が来ると財

産も女も全て奪われて実に散々な目に遭うと言われた。（……）それと同時に、日本人と朝鮮人の間の感情が、ひどく悪化していく兆しが見えた。（鉄鎖／七五二頁下線は引用者による）

中国人が上陸するという噂が広がるにつれて、朝鮮人と日本人の間でも「朝鮮人が農園に行って、葡萄と梨を買って食べながら暴行したという噂」や「朝鮮人の軍隊が朝鮮に向かう船の中で日本人将校と引率者を殺して水の中に放り込んだなどの噂」、さらに「朝鮮では日本人の家の財産と女が全て奪われ、男性は皆殺しにされた」などと、噂はより過激なものとなっていく（鉄鎖／七五二―七五四頁）。訓練所の所長・松崎が朝鮮人に対して「諸君は朝鮮に戻っても日本と縁が切れるのではない。もしわれわれがチャンコロにまで圧制を受けるとしたら（あなたたちは―引用者）じっと我慢できるのか」と語りかけたのを聞いたソグンは、それを「朝鮮人と中国人を仲違いさせる言葉だ」と批判する（鉄鎖／七五二頁）。この場面は、朝鮮人と中国人の繋がりを恐れ、その間を分断させた植民地主義の構造が解放後にも続いている暗示としても読める[78]。

ところで、解放後に（元）植民者と（元）被植民者などの異族の間で広がった噂は、ただ敵対関係を作りだしただけではない。もちろんそこには植民地期の差別に対する鬱憤と復讐心が混在していた。しかし、マイノリティが噂に耳を傾ける理由は、彼らが生き延びるためなのである。

噂は、集団や個人の歴史として記録・証明・蓄積されるものではなく、そのような歴史に含まれることのない声を含むという点で、歴史の外部に置かれているといえる。噂は、一つの集団や個人に属するものではなく、その集団と個人が異質な集団と個人に接触した時に多く発生し、その接触面が持つ複雑な境界をあらわにしたり再編したりする。また噂は、その実態を実証的に証明できないだけではなく、伝達される過程の中で絶え間なく変形していく。とりわけ、解放直後のような時期には、その予測不可能な状況と異族への反応（好奇心と恐怖）を含んだ噂が、大衆の口から口へと拡散していく。つまり、噂は歴史にはなれないが、大衆には身体化された噂の歴史性があるといえよう。

例えば、朝鮮人労働者は、民族間の緊張が高まる中で関東大震災を思い出す。ソグンは「東京震災の時の朝鮮人虐殺と似たようなことが起こるのではないか」と危惧し、日本人との衝突を避けるために一人で出かけないようにしようと（鐵鎖／七三六頁）心がける。実際に、かつて関東大震災が起きた際には、地震によって生じた不安は異族へと向けられ、「朝鮮人が各地に放火をしている…、朝鮮人が井戸に毒を入れて回っている」という噂を国家や警察権力が公式の情報としたことが、朝鮮人と社会主義者の大虐殺へと繋がった[79]。

しかし、解放・独立後に同じ状況が繰り返されると、朝鮮人はそのような噂による虐殺の経験を、逆に生存のために利用する。ここで二つの証言を比較してみよう。（１）は関東大震災時に、（２）は解放直後に広がった噂だが、非常に類似しており、また上述した小説での言及ともつながる。

（１）朝鮮人を坑内に入れて、ダイナマイトで生埋めにするといった、もっともらしい噂が囁かれた（……）荷物をまとめて、いつでも逃げだせるように準備した[80]。

（2）ここに長くいると危険だ。朝鮮人を全員坑内に入れて皆殺しにするという噂がある。早く荷物の整理をして、いつでも出られるようにしておこう。[81]

このように、異族への恐怖があらわれた噂は、大衆に身体化された感覚となり、「気を付けろ」「逃げろ」という警告や、情報として機能した。また、小説の結末部分で労務課長がソグンを呼び「何かを企んでいると聞くが、それは何か」と噂の真偽を問うが、朝鮮人への不安を抑えきれない労務課長は「ミンナツレテ、サッソクカエレ」（鉄鎖／七五五―七五六頁）と告げる。このように、噂は植民地的位階を錯乱させる結果へと繋がりもしたのである。

異族間の葛藤を孕んだ噂は、植民地主義が作り出した位階と暴力の構造を反映していた。しかし、それは時に危険な状況を知らせ、異族間の衝突を防ぐものとして機能することもあったのである。安懐南の小説にあらわれている噂も、解放直後の混乱期に異族に対する葛藤や敵対心を増幅させもしたが、同時に予測不可能な状況において大衆が生き延びるための情報を与えるものであったという点で、両面性を持つものであった。

しかし、このような噂の性格は、解放前後に見られた噂に限定されるものではない。西欧から近代文明が入ってきた時や、[82]日韓（強制）併合の時などにも、[83]噂は両面性を帯びながら広がっていた。つまり、噂には、外からの変化と刺激を欲望しながらも、それが持つ暴力性と支配構造を拒否する大衆の両面的な態度が見られる。噂が持つこのような特徴は、朝鮮の近代化が植民地化と同時に行われたこと、そして植民地主義の権力構造が解放後にも継続し、さらにその構造が独裁政権に踏襲されたという歴史と、その歴史への朝鮮の大衆の反応を反映している。噂は、その出どころや真偽、さらに噂をめぐる良し悪しが区別されないまま広がっていくが、噂には大衆の欲望や情動、さらに倫理感覚や抵抗などが、それを形作ってきた歴史と共に垣間見られるのである。

このように、大衆の身体に刻印された情動的な情報と倫理感覚は、「噂の歴史性」といえる。この「噂の歴史性」は、記録された歴史には「空白」として残っているかもしれないが、「解放・独立」の意味を大衆の経験や異族との関係において絶え間なく問い直す力になりうるだろう。

4　問いとしての「解放・独立」
――アリラン部落と彼／女らの空白

噂のように聞こえてきて・聞かれていく「解放・独立」は、はたして何と呼ぶことができるのか。また、それを命名しようとする「われわれ」とは誰なのか。

韓国で「解放・独立」については、さまざまな形で語られてきた。その中でも、与えられたもの（「タダで得たもの」、「泥棒のように」訪れたもの）とされる傾向があった。一方で、近年では自主的な独立・解放の動きが植民地期からあり、一九四五年八月一五日以前から自主的な独立・開放が準備されていたという見解もあり、最近の研究では、このような「解放・独立」をめぐる自主的な動きを強調する傾向が強くなっている。

安懐南の自伝的小説に見られる噂は、その脱植民地化の受動性と能動性を共に含むものだったといえる。炭坑の日本人管理者の口を通じて日本語で「聞こえてきた」解放・独立だったという受動的な状況を反映しながらも、むしろそのような噂を口から口へと「伝えていく」能動的な行為を通じて、解放・独立の意味は様々に翻訳・変形されていった。例えば、噂は「生き延びた」「故郷に帰る」というもう一つの生への憧れや、それを実現させる情報にもなり、また炭坑で生活する朝鮮人に対して「逃げて」「気を付けて」などの警告としても作動したのである。

この無限に広がる噂は、「解放・独立」に未來への夢を託し、積極的に専有しようとした人々の状況的で感覚的な「真実」を内包していた。これは、廉想涉の自伝的小説や、台湾と中国などの東アジアの異族間の関係も併せて再検討する必要はあるが、大衆の身体に刻印された「噂の歴史性」ともいえる。本稿では、一つの起源を持つことができない解放前後の朝鮮の状況を、植民地主義・占領・内戦・独裁を経験した地域の脱植民地化への自主的な過程が持つ特徴としてとらえ、「解放・独立」を他者性への問いとして意味付けようとしてきた。

ところで、朝鮮人徴用労働者が「解放・独立」に託した夢は、どのように歴史の中で記録され（なかっ）たのか。彼／女らが思い描いた「故郷へ帰る」ことや「もう一つの生」は叶えられることはなく、その経験は噂の中に残されたといえる。突然馘首された者、船賃がなく船に乗れなかった者、炭坑事故で障碍者になった者、帰郷したが「内国難民」になり密航して再び日本に戻ってきた者などは[85]、炭坑周辺の駅や民家の屋根の下にバラックを作って住んでいた[86]。こうして形成されたのが「アリラン部落」である。このアリラン部落は地図上には確認できず、噂の語りの中にある時空間だが、多くの証言や研究によると、現在（二〇一八年）からわずか二四年前にも福岡の炭坑周辺に「約二八個程度」のアリラン部落があったという[87]。

一九五〇年代に炭坑サークルで活動していた上野英信は、一九五四年にアリラン部落をモデルにした小説「あひるのうた[88]」を青木信義の筆名で発表した。この作品に描かれているアリラン部落は、在日朝鮮人だけではなく、朝鮮戦争の休戦によって一九五三年から実施された炭坑合理化の結果リストラされた零細炭坑の日本人労働者や日本人の老婆、障碍を持つ朝鮮人の少年などが集まって、毎日たわいもない喧嘩をしながら生きていく異族が集った村であった[89]。アリラン部落に住む朝鮮人は、そこに暮らす日本人とは違って、主に密造酒や牧畜などで収入を得て暮らしていた。このように、アリラン部落に暮らす人々は、国家からは把握されない経済活動を行いながら、不可視化されたまま噂と語りの中にある時空間を形成していた。

また、安懐南の小節「炭坑」で噂の対象になっていたオクスンのような異族は、いかに歴史に記録され、あるいは記録されなかったのか。ここで、在日朝鮮人の一二歳の少女の李中善が書いた「八月一五日」という文章に注目したい。一九四六年の日本で東京の「足立朝鮮学院」に通っていた朝鮮人の少女が書いたと推測されるこの貴重な記録は、「解放・独立」をめぐるエッセイであると同時に、時代の証言であり、また彼女が朝鮮の歴史を学んだことの記録であったといえる。さらに、日本に住んでいながらも朝鮮語で書かれたこの文章は、日本語を使いながら暮らしていた彼女の日常生活を朝鮮語に翻訳・

変形する行為でもあったといえるだろう。

日本が戦争をしていた時、私は日本の子にひどくからかわれた。**チョーセンジン**（朝鮮人）と言われていじめられた（……）／八月十五日の昼休みに家に一度帰ったのだが、近所の人々が集まって何か話をしていた。聞いてみると、**テンノー**（天皇）が戦いに負けたと放送したというのだ。／本当なのかと聞いたら、もちろん本当だと答えた。／また学校に戻った時は遅刻だった。（……）勉強が終わって掃除をしていると、向こうの道端からドンチャンと音が聞こえた。**チンドンヤ**のようだった。／「わあ！」／と言いながら、皆が窓の外を見た。／「あれは**チョーセンジン**（朝鮮人）だろう?」と聞くので／「そうだよ！」と答える（……）掃除をして、家に帰った。／帰り道でまたその朝鮮人たちに会った。／私はその人たちの後についていった。みんな朝鮮病院の前で踊っていた（……）その人たちが別れる時に一緒に家に戻ってきたら、オモニに「どこをほっつき歩いていたの！」と叱られた(90)

この李中善の文章にも八月一五日の玉音放送のことは書き込まれているが、そこには特別な意味を付与していない。見知らぬ声や、ドンチャン騒ぎをするようになった朝鮮人の様子に好奇心から積極的に反応した李中善は、学校に遅刻し、また寄り道をして叱られることになる。このように八月一五日を経ることで彼女の日常は落ち着かないものになり、妙に揺らいでいる。この微妙な変化の中で、後女は自分をからかいの対象にした「チョーセンジン」という言葉の意味が変化していることを感じ取る。朝鮮人のチンドンヤを見た友達が、「あれは**チョーセンジン**（**朝鮮人**）だろう？」と聞くと、彼女は「そうだよ！」と元気な声で答える。蔑視の言葉であった「チョーセンジン」の意味が変化した瞬間だった。

李中善の文章における「聞こえてきた」見知らぬ声や、「チョーセンジン」が持つ感覚の翻訳・変形は、八月一五日に天皇の声を通じて敗北を知り、悲しさと悔しさを覚えた日本人の抒情とは全く異なる。また安在鴻と呂運亨の演説に見られるような、朝鮮人の「解放・独立」に抱いた期待とも異なる。安懐南の小説における帰郷への夢と異族間の恐怖が入り混じった噂とも違う。李中善の文章では、八月一五日の玉音放送を通じて彼女の日常が再構成されるのではなく、彼女の日常の中から玉音放送以降の人々の関係の変化があらわれているのである。

不可視化された者たちの八月一五日は、歴史の中では「空白」である。しかし、李の文章での玉音放送は特別な意味を持たないという意味で、もう一つの「空白」である。この二つの空白を、他者へと開かれた「独立・解放」を思考するための手掛かりとしたい。また、このように噂や見知らぬ声を含む朝鮮の「解放・独立」を絶え間ない問いとして思考することは、植民地支配を経験したアジアや第三世界における脱植民地化へと繋がる方法を模索することにもなるだろう。

（1）目取真俊『沖縄「戦後」ゼロ年』日本放送出版協会、二〇〇五年、一五頁。

(2) 本稿では南北の単独政府の樹立前は「朝鮮」とし、地理的に区分する際には「北」と「南」という名称を用いる。単独政府の樹立以降は、「大韓民国」(韓国)と「朝鮮民主主義人民共和国」(北朝鮮)とする。

(3) 佐藤卓己「まえがき―「八・一五終戦」神話に向き合うこと」佐藤卓己・孫安石編『東アジアの終戦記念日―敗北と勝利のあいだ』ちくま新書、二〇〇七年、八頁。

(4) 田淑禧「楽浪クラブが韓国を知らせました(낙랑클럽이 한국을 알렸어요)」『八・一五の記憶(8・15의 기억)』ハンギル社(한길사)、二〇〇五年、一〇五頁。

(5) 文済安「これから韓国語で放送する(이제부터 한국말로 방송한다)」前掲『八・一五の記憶』、二〇一―二一頁。文は安在鴻(八月一五日一六時頃)が自宅で講演した時や、政治犯が釈放された時に、人々が「大韓独立万歳」「独立万歳」「万歳」と叫んだと述べている。

(6) 権ボドゥレ「中立の夢一九四五〜一九六八(중립의 꿈1945〜1968)」『尙虛学報』第三四集、二〇一二年、二七二―二七三頁。

(7)「民族解放の獅子吼、われわれの理想の楽土を建設しよう―呂運亨氏の講演(民族解放의 獅子吼、우리들 理想의 樂土를 세우자―呂運亨氏 講演)」『毎日新報』一九四五年八月一七日、第一面(傍点は著者によるもの)。

(8)「互愛の精神で結合、われわれの光明の日を迎えよ、三千万に建国委員会の第一声―安在鴻氏の放送(互愛의 精神으로 結合、우리 光明의 날 맞자、三千萬에 建國委員會第一聲―安在鴻氏放送)」『毎日新報』一九四五年八月一七日、第一面(傍点は著者によるもの)。

(9)「朝鮮文学の指向―文人座談会速記録(朝鮮文學의 指向―文人 座談會 速記錄)」『芸術』第二巻第一号、一九四六年一月、四―九頁。「文学者の自己批判―座談会(文學者의 自己批判―座談會)」『人民芸術』二号、一九四六年一〇月、三九―四八頁。

(10) 白仁(金達寿)「独立宣言は書かれつゝある」『民主朝鮮』一九四六年四月、三頁。

(11)「われらの放談」『民主朝鮮』一九四八年四月、一五頁。

(12)「朝鮮文学の指向―文人座談会速記録」前掲『芸術』、五頁。
(13) Shahid Amin, "Gandhi as Mahatma : Gorakhpur District, Eastern UP, 1921–2", in Subaltern Studies Ⅲ, Oxford Univ. Press 1984, pp. 48–49.
(14)「引揚げ」「帰還・帰国・帰送」という言葉には「国民国家へ戻る」という含意があると批判する以下の論文の議論に共感し、本稿では「移住・帰郷」という言葉を用いる。これらの言葉はそれぞれ「住処を移す」「故郷へ帰る」という、国民国家へと包摂されない複合的な意味があるためである。テッサ・モーリス・スズキ著、田代泰子訳『北朝鮮へのエクソダス―「帰国事業」の影をたどる』朝日新聞出版、二〇〇七年。李鍾護「解放期における移動の政治学（해방기 이동의 정치학）」『韓国文学研究』第三六輯、二〇〇九年。李惠鈴「思想地理の形成としての冷戦と検閲（사상지리의 형성으로서의 냉전과 검열）」『尚虚学報』第三四集、二〇一二年。
(15)「異族」とは、森崎和江が「民衆における異集団との接触の思想―沖縄・日本・朝鮮の出逢い」（『異族の原基』大和書房、一九七一年。初出は『沖縄の思想』木耳社刊、一九七〇年）で用いた言葉である。森崎は、植民地主義、資本主義、性が重層的に重なり合う関係をあらわすために「異族」という言葉を使う。しかし、植民者の民衆と被植民者の民衆の間にある位階については明確に述べられていない。本稿ではその位階を意識しながら、「異族」という言葉を批判的に用いることにする。
(16) 米谷匡史「丸山真男と戦後日本―戦後民主主義の〈始まり〉をめぐって」『丸山真男を読む』情況出版、一九九七年。米谷は、丸山が戦中から戦後への転換点を感じたのは、一九四六年三月六日の「新憲法草案」に触れた時だったにもかかわらず、後にその転換点を八月一五日としたことは、丸山による「戦後民主主義」の起源の「偽造」と論じる。本稿では、米谷の議論をふまえながら、丸山が八月一五日という日付に執着したこと、「戦後民主主義」の「起源」を決めようとする欲望を持っていたことを批判的に考えたい。
(17) 丸山真男「復初の説」『世界』一九六〇年八月、三七〇頁。米谷は丸山の「超国家主義の論理と心理」（『世界』一九四六年五月）でも、八月一五日をめぐる丸山の意味づけを見ることができると論じる。

(18) 丸山真男「八・一五と五・一九―日本民主主義の歴史的意味」『中央公論』一九六〇年八月、四四頁。
(19) 丸山真男、同上、四五頁。
(20) 権赫泰著、鄭栄桓訳『平和なき「平和主義」―戦後日本の思想と運動』法政大学出版局、二〇一六年、四五頁。
(21) 文済安「これから韓国語で放送する」前掲書、一七―一八頁。
(22) 文済安「これから韓国語で放送する」前掲書、一九頁。
(23) 小林聡明「ソ連占領期北朝鮮における解放イベント」前掲『東アジアの終戦記念日』、一四二―一四三頁。
(24) 三つの玉音放送（天皇、福田、イの朝鮮語）を比較するために、国家記録院、映像資料院、KBS放送博物館などに音声ファイル、ラジオキューシート等が残っているかどうか問い合わせたが、必要な資料を見つけることはできなかった。だが、国史編纂委員会編『資料大韓民国史―一九四五年八月～一九五〇年六月』자료대한민국사―一九四五년八월～一九五〇년六월』（国史編纂委員会、二〇〇二年）には、八月一五日に放送されたと記された「降伏調書」の「日文国訳」が収録されている。これは日本語の「降伏調書」を朝鮮語に翻訳したものだが、一箇所だけ内容が異なる。原文の「或ハ同胞排擠互ニ時局ヲ乱リ為ニ」という部分は、「或은 日明排版하여 서로 시국을 亂하고」と翻訳され、「同胞」という漢字が変えられていた。単なる誤植の可能性もあるし、特に「日明排版」は「日朝排版」の誤植だと思われるが、一応言及しておく。
(25) 竹山昭子『玉音放送』晩聲社、一九八九年、三七頁。
(26) 儀礼としての玉音放送の特徴に関しては、竹山昭子、前掲書を参照。
(27)「設問―その日の表情（설문―그날의 表情）」『民声』一九四五年一二月二五日創刊号、六―七頁
(28) 安懐南の「その後の物語（그 뒤 이야기）」（『生活文化』一九四六年一月）では、筑豊炭坑にある「立川炭坑」に徴用されたと書いている。「立川炭坑」は、佐賀県伊万里大川の大日鉱業立川炭鉱を意味する。
(29)「設問」『民声』一九四五年十二月二五日創刊号、六―七頁。（下線は筆者による。）

(30) キム・ギヒョプ『解放日記一（해방일기1）』ノモブックス（너머북스）二〇一一年、七四―七六頁。
(31) 辛珠柏「歴史教科書に再現された八・一五、忘却された八・一五（역사교과서에서 재현된 8・15 망각된 8・15）」『八・十五の記憶と東アジアの地平（8・15의 기억과 동아시아적 지평）』ソンイン（선인）、二〇〇六年、三〇頁の注三（キム・ユギル（김유길）の証言）からの再引用、七六頁。
(32) イ・ギヒョン「賛託は愛国であり、反託は非愛国である（찬탁은 애국이요 반탁은 비애국이다）」前掲『八・一五の記憶』、二六六頁。
(33) 寺尾五郎「一九四五年一〇月に出獄して」『季刊三千里』一五号、一九七八年八月、六〇―六一頁。
(34) 辛珠柏、前掲文、七九―八〇頁。
(35) イ・ギヒョン、前掲文、二六七頁
(36) 「設問」『新天地』一九四六年二月創刊号、七〇―七二頁。
(37) 遠藤正敬『戸籍と国籍の近現代史』明石書店、二〇一三年、一六三―一六四頁。
(38) 尹健次「「帝国臣民」から「日本国民」へ―国民概念の変遷」中村正則ほか編『占領と戦後改革第五巻 過去の清算』岩波書店、一九九五年。
(39) 小林聡明「大韓民国の八月十五日」川島真・貴志俊彦編『資料で読む世界の八月一五日』山川出版社、二〇〇八年、八三頁。この論文を通じて『京城日報』と『毎日新聞』を比較する示唆を得た。ただ、小林は「降伏詔書」の見出しの違いについては言及していない。また、「論告」「降伏詔書」「内閣告論」が『毎日新報』に掲載された日付を一九四五年八月一六日としているが、調査した結果八月一五日であったことが明らかになった。
(40) 「民族解放の獅子吼、われわれの理想の楽土を建設しよう―呂運亨氏の講演（民族解放의 獅子吼、우리들 理想의 樂土를 세우가―呂運亨氏 講演）」『毎日新報』一九四五年八月一七日、第一面。
(41) 「互愛の精神で結合、われわれの光明の日を迎えよ、三千万に建国委員会の第一声―安在鴻氏の放送（互愛의 精神으로 結合、우리 光明의 날 맛자、三千萬예建國委員會第一聲―安在鴻氏放送）」『毎日新報』

一九四五年八月一七日、第一面。

(42) 一九四五年前後の「移住・帰郷」を扱った自伝的小説に招かれた噂について分析することは、二〇一七年一〇月に一橋大学大学院言語社会研究科に提出した博士論文「比較に抗して：一九四五年前後の朝鮮・台湾・日本の接触思想と対話的テクスト」のテーマの一つである。紙幅の都合上、本稿では安懐南のみを扱うが、北九州からの移住・帰郷を描いた安懐南の小説では民族間の葛藤が浮き彫りになるのに比べて、満洲からの移住・帰郷を描いた廉想渉の小説では、人種、階級、ジェンダー、イデオロギーの葛藤が見られる。北九州と満洲からの移住・帰郷によって生じた風聞・噂・見知らぬ声（音）を考察し、台湾や中国との関係も含めて論じるのは、また稿を改めたい。

(43) ハンス＝ヨアヒム・ノイバウアー著、西村正身訳『噂の研究』青土社、一九九九年、二〇三―二〇五頁。

(44) イ・ヒファン「解説（해설）」金南天『一九四五年八・一五―解放直後最初の長編小説（一九四五년八・一五―해방 직후 최초의 장편소설）』作家たち（작가들）、二〇〇七年、三四二頁。

(45) 金南天『一九四五年八・一五―解放直後最初の長編小説』作家たち、二〇〇七年、八一九頁。金南天の『一九四五年八・一五』は、一九四五年一〇月一五日から一九四六年六月二八日まで、『自由新聞』に全一六五回連載された。ここでの引用は、前述した金南天の作品集を参考にした。

(46) 安懐南「鉄鎖、切られる（鐵鎖 끊어지다）」は、『開闢』の一九四六年一月（創刊号）に第一回が、四月号に第二回が連載されている。『韓国近代短篇小説体系13―安懐南篇』（太学社（태학사）、一九九九年、七二六―七五七頁）には、第三回の内容も含まれているが、その原文は『開闢』では見当たらない状態である。また『韓国近代短篇小説体系』は影印本を収録しているが、掲載号のページ数が見当たらない部分もある。よって、この小説を引用する際は（鉄鎖／頁）と表示し、『韓国近代短篇小説体系』のページ数から引用する。

(47) ハンス＝ヨアナム・ノイバウアー著、前掲書、一六四―一六八頁。

(48) 同前、一五六頁。

(49)金東仁「解放後作、文壇の独裁性（解放後作　文壇의　独裁性）」『金東仁全集一六』朝鮮日報社（조선일보사）、一九八八年、二六五頁。（初出は、『白民』第十四号、一九四八年五月）

(50)「朝鮮文学の指向―文人座談会速記録」前掲『芸術』、四―五頁。

(51)「強制徴用」という言葉は、安懐南が「徴用」と表現したことと、以下の論文にもとづいて用いる。韓恵仁「「強制連行」と「強制動員」のあいだ―二重の歴史化過程のなかでの「植民地朝鮮人」の排除」権赫泰・車承棋編、中野宣子訳、中野敏男解説『〈戦後〉の誕生―戦後日本と「朝鮮」の境界』新泉社、二〇一七年。

(52)朴慶植『朝鮮人強制連行の記録』未来社、一九六五年、五四―五六頁。

(53)東定宣昌「日鉱業株式会社社史（稿本）」九州大学石炭研究資料センター編『石炭研究資料叢書』第二輯、一九八一年三月、一八五―一八六頁。

(54)安懐南「炭坑」（第一回）『民声』、一九四五年一二月二五日創刊号、一〇頁。「炭坑」は一九四五年一二月から一九四七年三月まで一四回連載された後に中断された。第一四回（『民声』第三巻第三号、一九四七年三月一日、二三面）に、「第一部終」と書かれていることから、第二部も書かれた可能性がある。しかし、「炭坑」は『安懐南全集』にも収録されていないため、第二部まで続いたかどうかは確認することができない。また、第二回（一九四六年一月）、第七回（一九四六年六月）、第八回（一九四六年七月）、第九回（一九四六年九月）、第一〇回（一九四六年一〇月）が掲載された号は、韓国では国立中央図書館に所蔵されているが、資料の状態が悪いため現在は公開されていない。

(55)安懐南が炭鉱でどのような位置にいたのかについて明確な記録を探すことが出来なかった。炭坑では「日本語を話せる朝鮮人坑夫を選んで、寮長あるいは指導員として労務係の職員に採用、各寮に配置」され、彼らは「労務係兼通訳として、炭鉱側と朝鮮人坑夫との間のパイプ役となり、同時にリンチの際の仕置人となった」という（林えいだい『強制連行・強制労働―筑豊朝鮮人坑大の記録』現代史出版会、一九八一年、九〇頁）。

この言及に基づいて考えてみると、日本語を話すことができる安懐南も、普通の徴用労働者ではなく、労務管理系の職員であった可能性も考えられる。しかし、このような炭坑の朝鮮人職員（隊長、寮長、指導員など）は、一般的に「同胞の朝鮮人坑夫を虐待したので、八・一五以後帰国してから報復されて殺された者が多」（林えいだい、前掲書、九〇頁）かった。それに対し、安懐南は自身の経験について隠すことはなく、また自身と炭坑の朝鮮人労働者との交流が解放後にもあったことを示す随筆・小説も発表している（例えば、「その後の物語（그 뒤 이야기）」『生活文化』一九四六年一月）。そのため、彼が労務管理系の職員だったと断定することはできない。

安の小説では、労務管理系の朝鮮人職員は、朝鮮で人員募集したり同胞を虐待するブローカーとははっきり区別されて描かれており、また同胞側につく寮長や隊長も登場する。もちろん「同胞側につく寮長」という設定は、単に安が自身の炭坑での立場を正当化するものであるかもしれない。しかし、朝鮮人職員も強制徴用された朝鮮人の中から選ばれ、日本人労務管理者の監視下に置かれていたため、同胞を監視するしかなったということを忘れてはならないだろう。

(56) 安懐南「その後の物語（그 뒤 이야기）」『生活文化』一九四六年一月、五八頁。
(57) 林えいだい前掲書、一九八一年、八七―九八頁。
(58) 金光烈『足で見た筑豊―朝鮮人炭鉱労働の記録』明石書店、二〇〇四年、九八―一〇〇、二〇六―二〇八頁。
(59) 「設問―その日の表情」『民声』創刊号、一九四五年一二月二五日、六―七頁。
(60) 以降傍線は筆者による。また、太字で片仮名の表記は、原文で日本語がハングルで音写されたものである。括弧内の朝鮮語は日本語のハングル音写が長くなった際に言葉の意味を説明したもので、原文に書き込まれたものをそのまま残した。
(61) この作品において教務課長が「捜査主任」とされたことは、炭坑の朝鮮人労働者の教務課長をめぐるイメージがかかわっているといえる。林えいだいによると、朝鮮人労働者を管理していた教務課長は、「軍人や警察官上がり」が採用されたという（林えいだい、前掲書、一九八一年、七九頁）。そのため、炭鉱の朝鮮人たちは、警察官のイメージが反映された「捜査主任」という名称で教務課長を呼んでいた可能性があると考えられる。

(62) 安懐南「炭坑」（第五回）『民声』第二巻第五号、一九四六年三月二三日、一一頁。

(63) 林えいだい写真・文『〈写真記録〉筑豊・軍艦島―朝鮮人強制連行、その後』弦書房、二〇一〇年、一四六―一四七頁。

(64) 朴慶植、前掲書、一一三頁。

(65) 林えいだい写真・文、朴慶植序文、高崎宗司解説『清算されない昭和―朝鮮人強制連行の記録』岩波書店、一九九〇年、八二頁。

(66) 上野英信『地の底の笑い話』岩波新書、一九六七年五月、一〇八―一〇九頁。井上洋子・小野俊彦・坂口博・田代ゆき・茶園梨加『サークル誌の時代―労働者の文学運動一九五〇―一九六〇年代福岡』福岡市文学館、二〇一二年、一九頁。上野英信によると「ケツワリ」は、朝鮮の南部方言「ケッチョカリ」（갯조가리―故郷を背にし真夜中に遁走する行為）が、炭坑に流れてきた朝鮮人によって持ち込まれ、炭坑労働者の逃亡・脱走をあらわす「ケツをワル」になったという。他にも炭坑には、労務者を指す「ヤンパン」（양반―朝鮮時代の上流官僚階級の意味）という言葉や「飯をくえというところをパンモグラ（밥 먹어라）」と言うなど、「日常用語化した朝鮮語」が多いという。

(67) 安懐南「星」『革命』一九四六年一月（『韓国近代短篇小説体系12』太学社（태학사）、一九九七年、六八〇頁）。

(68) 金艾琳「「排反」としての国家、あるいは「難民」としての人民（″배반″으로서의 국가 혹은 ″난민″으로서의 인민）」『尚虚学報』第二八号、二〇一〇年六月、三三四―三三五頁。

(69) キム・ホギョンほか著『日帝の強制動員、その知られざる歴史―日本戦犯企業と強制動員の現場を訪ねて（일제 강제동원, 그 알려지지 않은 역사 - 일본 전범 기업과 강제동원의 현장을 찾아서）』ドルベゲ（돌베개）、二〇一〇年、一〇六、一一二頁。

(70) 林えいだい、前掲『強制連行・強制労働―筑豊朝鮮人坑夫の記録』、二五一、二五五頁。

(71) 安懐南「炭坑」(第一四回)『民声』第三巻第三号、一九四七年三月一日、二三頁。

(72) 安懐南「炭坑」(第一二回)『民声』第二巻第一三号、一九四六年一二月一日、二三頁。

(73) 安懐南「炭坑」(第一四回)『民声』第三巻第三号、一九四七年三月一日、二三頁。

(74) 安懐南「炭坑」(第一四回)『民声』第三巻第三号、一九四七年三月一日、二三頁。

(75) 林えいだい、前掲書、一〇〇頁。

(76) 安懐南「炭坑」(第六回)『民声』第二巻第六号、一九四六年四月二三日、一五頁。

(77) 安懐南「米」『新時代』一九四六年三月、一二五頁。

(78) 解放後の噂は民族名を主語に広がり、民族の内部における分断は不可視化される傾向にある。しかし、解放後も民族の内部における分断は続いている。帰郷後を扱った安懐南の小説や、満洲や朝鮮北部からの移住・帰郷を扱った廉想渉の小説には、階級、ジェンダー、イデオロギーなどの葛藤があらわれている。

(79) 加藤直樹『九月、東京の路上で』ころから、二〇一四年、二四頁。

(80) 林えいだい、前掲書、三七―三八頁。

(81) 林えいだい、前掲書、二五一頁。

(82) 近代初期における噂については、拙稿「外部から来た科学、内部から湧き出た噂と反応―近代啓蒙期における社会進化論の輸入と外国・鉄道・博覧会という経験(외부에서 온 과학, 내부에서 솟아난, 소문과 반응, 들 ― 근대 계몽기 사회진화론의 유입과, 외국, 철도, 그리고 박람회, 라는 경험)」『韓国文学研究(한국문학연구)』第四二集、二〇一二年六月を参照。

(83) 権ボドゥレ『一九一〇年代、風聞の時代を読む(一九一〇년대, 풍문의 시대를 읽다)』東国大学校出版部、二〇〇八年、一七頁。

(84) 咸錫憲著、金学鉉訳『苦難の韓国民衆史―意味から見た韓国歴史』新教出版社、一九八〇年、三〇〇―三二三頁。原著は、咸錫憲『意味で見た韓国歴史(뜻으로 본 한국역사)』(一宇社、一九六二年)。安東洙

「その前夜（그 전날 밤）」『私たちの文学（우리문학）』第一号、一九四六年一月など。また、最近の研究としては、千政煥「解放期における巷の政治と表象の生産」『尚虚学会』第二六号、二〇〇九年六月、キム・ギヒョプ（기김협）『解放日記一（해방일기１）』ノモブックス（너머북스）。二〇一一年など。

(85)上野英信・趙根在監修『写真万葉鏡・筑豊９　アリラン峠』葦書房、一九八六年、七七頁。

(86)林えいだい、前掲書、二五五頁。

(87)林えいだい『地図にないアリラン峠—強制連行の足跡をたどる旅』明石書店、一九九四年、五二頁

(88)青木信美（上野英信）「あひるのうた」『地下戦線』第五号、一九五四年三月。『上野英信集１—話の坑口』径書房、一九八五年に再録。

(89)茶園梨加「北部九州におけるサークル運動と朝鮮人—上野英信「あひるのうた」が提起する問題」『近代文学論集』三五号、二〇〇九年一一月。この論文を通じて、上野英信の小説「あひるのうた」の存在を知るなど、多くの示唆を受けた。

(90)李申善「八月十五日」『子供通信（어린이通信）』第四号、一九四六年八月、九頁。（宋恵媛編、在日朝鮮人運動史研究会監修『在日朝鮮人資料叢書９—在日朝鮮女性作品集２（一九四五～八四年）』緑蔭書房、二〇一四年、八四—八五頁。李申善の文章の原文を提供していただいた宋恵媛氏に感謝の念を申し上げる。本稿では、宋による日本語訳をもとに、日本語のハングル音写を太字の片仮名で表記し、改行は「／」に替えた。また、宋恵媛の日本語訳では「어머니（母）」が「オモニ」になっている。これは、在日朝鮮人としての李申善の言語感覚をあらわすものとして重要であると思うので、本稿でもそのまま「オモニ」とした。

附記１　本論文は、"Plurality-in-Time and Ethnic Conflicts Found in Pre-and Post-1945 Rumors–Departures and Returns in the Short Stories of An Hoe-nam and Yom, Sang-sop"（『サイ間 SAI』二一号、国際韓国文学文化学会、二〇一六年十二月、八一—一三二頁、原文英語）に修正を加え、大幅に加筆したものである。

附記２　日本語を修正していただいた高橋梓氏、和田圭弘氏、嶽本新奈氏に心より感謝したい。

第6章　身体を生きることの痛みに向けて
――目取真俊「面影と連れて」論

村上陽子

目取真俊『面影と連れて』影書房、二〇一三年

1　身体への呼びかけ

目取真俊「面影と連れて《うむかじとぅちりてぃ》」（初出『小説トリッパー』一九九九年三月・春季号）は現実の世界において聞き捨てられていく声が書きとどめられた、たぐいまれなテクストである。生涯を通して自らを語る言葉と聴き手を持たなかった一人の女性が、身体を失って魂《まぶい》となってはじめて自らの痛みを語りはじめるその内容を、まずここでたどっておきたい。

「面影と連れて」の語り手の「うち」は、一九五五年頃に那覇に生まれた。両親は成長に遅れが見られた「うち」に手を焼き、四歳の「うち」を沖縄本島北部で畑仕事をしながら暮らす神女《かみんちゅ》の「おばあ」に預ける。「うち」は「おばあ」に可愛がられて成長するが、小学校にあがると同級生からいじめを受け、二年生のときに学校に通うのをやめてしまう。「うち」は御嶽《うたき》のガジュマルの木の下でひとりの時間を過ごしていたが、次第にそこにあらわれる魂の姿を見たり、声を聞いたりするようになった。「うち」は魂たちの話に耳を傾け、「おばあ」にすべてを教わりながら成長していった。

「うち」が十八のときに「おばあ」が急死し、「うち」は海洋博(1)を控えて賑わいを見せていた村のスナックに働きに出るようになる。そこで「うち」は、寡黙な建設作業員の「あの人」と出会う。自分と同じように魂の姿を見ることができるらしい「あの人」に「うち」は心を許し、打ち解けていく。ある日「あの人」は「うち」を誘って海洋博会場に出かけ、会場やホテルや道路を背景に「うち」の写真を撮った。しかしそのすぐ後、「あの人」は「自分のことは一切しゃべらんでほしい」と言い残して姿を消し、「うち」は警察で厳しい取り調べを受けることになる。そこで「うち」は「あの人」が海洋博の開会式に合わせて来沖した皇太子夫妻を襲撃する計画を立てた一人として警察に追われていることを知らされるが、警察の脅しや両親の泣き落としに屈することなく沈黙を守り通した。

海洋博が終わり、景気が悪くなってからも「うち」はスナックで働きながら「あの人」の帰りを待っていた。しかし「あの人」が姿を消してから三年が経った頃、「うち」は自宅に忍び込んだ青年たちにレイプされてしまう。「うち」は苦しみと痛みを感じつづける身体から魂となって抜け出し、幻想的な風景のなかを漂ううちにガジマルの枝に縊死体となってぶら下がる「あの人」を目にする。そして神女姿の「おばあ」に出会って早く身体に戻るように諌められ、自宅に戻った。しかしそこで痛めつけられた自分の身体に直面した「うち」は、「これ以上哀れしなくていい」、「あの人のいる所に行こう、おばあのいる所に行こう」と考えて身体に戻ることを選ばずに魂となり、二十三年の生涯を閉じた。語りの現在において、「うち」はかつての自分と同じように魂の姿や声を感じ取ることのできる女子童《いなぐわらび》に自分の話を聴かせている——。

「面影と連れて」の語り手の「うち」は、折り重なる痛みを生き、死んだ女性である。社会が求める規範から心ならずも逸脱してしまう「うち」は、ガジマルの木の下に自分の居場所を見いだし、そこで「話したがり屋」の魂たちの声に耳を傾けてきた。しかし魂との交流を深めれば深めるほど、「うち」は現実の世界で孤立していくことになったのである。

語りの主体である「うち」は魂であり、その声は本来生者に届くことはない。ガジマルの木の下は、生者には見聞きすることのできない魂と、魂の声を聴いてしまうがゆえに孤独に陥っていく人間との閉ざされた語りの空間となっている。魂の声を聴くことができる女子童が「うち」の語りの聴き手となり、読者もまた女子童と同じ位置で「うち」の声に耳を澄ませていく。魂の声を聴いてしまうがゆえに孤独な生を生きた「うち」の語りに直面した読者は、この女子童もまた現実の世界を生き延びるためには魂の声を内に秘め、沈黙していかなければならないのであろうことを予想する。

高和政は、魂を見聞きする者の連なりに「うち」の語りを誤配された読者が組み込まれるテクストとして「面影と連れて」を捉えた。魂の語りを聞いてしまった読者には、魂の声を別の誰かに語り継ぐという〈応答〉=〈負債〉が課されると高は言う。そこには、聞いてしまったことで生じる読者の応答責任を問題にしようとした峻厳な読みの姿勢がある[2]。

一方、池澤夏樹は「一人語りには力がある。／目の前に座った誰かがこちらに向かって自分の生涯のことを語り始めたら、それは聞くしかない。夢幻能の構図である[3]」と、このテクストを評した。語り―聞くという構図を重視しながらも、池澤は「外から見れば不運と受難の人生だったとしても、それに拮抗する力が彼女の中にはあった。長い不幸を超える短い幸福があった」とつづけることで外／内という境界を立ち上げ、聴き手、あるいは読者を安全な外の位置に置きつづける。この読みのなかでは他者の痛みはどこまでも他者の問題であり、聴き手や読者に送り返されることはない。

しかし「面影と連れて」というテクストを読み進めるとき、「うち」の語りの聴き手である女子童の位置に寄り添うようにしてその語りを聴くことを求められる読者は、すでに「うち」からの呼びかけを受け取ってしまっていることだろう。「うち」の語りは、テクストを読む読者自身の身体の被傷性、すなわち自分の身体が他者の暴力によって傷つけられる可能性を呼び覚ます。そのとき、読者の身体に生じるうずきは決して他者の痛みではなく、他者の痛みを受け渡された自分自身の痛みであるはずなのだ。

高と池澤が「面影を連れて」を読むときに注目したのはいずれも語り手と聴き手の関係性であった。しかし語り—聴く関係性が注目されるとき、魂という身体なき存在が身体を有する者に向けて自らの人生を語りつづけているという問題は閑却されてきたように思われる。[4] 語り継がれることのほとんど不可能な「うち」の語りを読み開こうとするとき、言葉とは異なるかたちで痛みを受け止め、伝達していく身体に着目することが必要になるのではないだろうか。

本稿では、魂という存在についての考察や、海洋博当時の沖縄の歴史的・社会的文脈を踏まえて「面影と連れて」を読み進め、身体を通して「面影と連れて」の閉ざされた語りを読み開くことを目指したい。

2　魂《まぶい》という存在

生者が身体と魂を備えているのに対し、死者の魂はすでに身体を失った存在である。『沖縄大百科事典』によれば、魂には生者の肉体に宿る「イチマブイ（生霊）」と死後に存続する「シニマブイ（死霊）」

の二者がある。前者は急な衝撃を受けたり、不調に陥ったりした際に身体から遊離する性質を持つ。魂が遊離した人間は衰弱するため、身体に魂を戻す「魂込め《まぶいぐみ》」を行わなければならない。一方、後者は「人の死によって発生し、死者の肉体とは独立に死者の個性を保って存続する」[5]という。「面影と連れて」にあらわれる魂は、ほとんどがこの「シニマブイ」である。

身体は触覚や暴力に露出し、他者に対してさらされたもの、すなわち公共的なものである。身体を生きるとは痛みとともにあり、他者へのさらされを生きることにほかならない。死を境として身体＝公共性を失い、それでもなお生前の記憶を保って死の状態を生きつづけている存在が死者の魂だということができるだろう。身体＝公共性を持たない存在となった魂は「暗くて、広くて、果てがなくて、もう長いことなるんだけど、だれにも会ったことない」という孤独な空間を漂っている。

ほかの魂や生者とともに在ることを許されない魂たちはガジマルの木の下を時々訪れる。「うち」は、このガジマルの木の下に「大人も子供も年寄《としゆい》も、男も女も、村の人も他村の人も大和《やまとぅ》の人も、アメリカーはいなかったけどね、ほんとにいろんな人の魂がいた」と語っている。ここで、「うち」が出会い、話を聴いている魂たちが沖縄出身者と日本人に限られていることは注目に値する。魂たちは生前と同じように島言葉《しまくとぅば》や日本語を操り、その言語を理解できる「うち」に語りかけていたと考えられるからである。

ジュディス・バトラーは、公共的な次元における身体が「他者の痕跡を刻まれ、社会的るつぼのなかで形成されている[6]」ものであり、決して自分自身だけのものではありえないのと同様、言語もまた自分自身のものではありえないと論じている。自分自身を説明するために魂たちが用いる言語は、自らに先だって存在し、他者との関係性を築くために習い覚えてきた、他者の言語である。身体の公共性を失った孤独な魂たちは、他者の言語を使用することでかつて自分たちが生きた社会の文脈にふたたび送りかえされ、同じ言語を生きる他者との関係性を練り上げていこうとしている(7)。魂たちが「話したがり屋」であるのは決して偶然ではなく、他者とともに在りたいという切実な欲求が彼ら彼女らを突き動かし、言葉を紡がせているためなのだ。

たとえば、「うち」は、自分がはじめて出会った魂について次のように語っている。

ああ、この人は村の人たちとは違う、って思ってね、どこから来たの？　って聞いたら、生まれは奄美大島だけど、この村に住んでたこともあるんだよ、って言いよったさ。今、農協が建っている所には、戦争で焼け落ちる前までは二階建の旅館があって、そこで働いていたんだって。日本軍の将校たちがいつも遊びにきてね、そのうちのひとりに言いよられたけど、女の人は別に好きな人がいてね、隣部落の青年だったけど、戦争とかいろんなことがあってね、結局一緒になれんかった、ってうちに話するわけさ。大人の人からそんな話を聞くのは初めてだったけど、うちは一生懸命聴いたさ。子供だから、男と女のね、詳しい事情はもちろん分からんよ。でもね、その人がとても苦しくて、悲しい思いをしたのはね、分かりよった。子供のうちにもね。女の人はとてもやさしい目でうちのことを見ながら話し終えるとね、聴いてくれてありがとうね、って言って、だんだん姿が薄くなって消えていきよったさ。

「どこから来たの?」という「うち」の問いかけに対して自分自身の来歴を話しはじめるこの魂は、まず「うち」が暮らす現在の村とかつて自分が住んでいたころの村の姿を重ね合わせる。あなたも知っているあの場所、かつて自分はそこで働いていた、というかたちで開かれた語りによって、魂の生の軌跡が聴き手に向けてさしのべられていく。無論、聴き手の「うち」は語られている内容を十分に理解しているわけではない。ここで話をしている魂がおそらく「従軍慰安婦」として村で過ごした女性であることや、彼女の恋や仕事にまつわる「詳しい事情」は「うち」の理解の外にある。しかし、「うち」は魂の言葉を理解するよりも先にまず真摯な聴き手であろうとし、「とても苦しくて、悲しい思いをした」彼女の語りを受け止め、記憶していくのである。魂は、語り終えると「うち」という聴き手を得られたことに感謝して姿を消していく。

沖縄で死者の魂を供養する方法のひとつに、巫者や親族の老女が魂を口寄せし、死者に成り代わって死の原因や現在の心境を述べるという儀礼がある。魂は生者に自分の思いを語ることで現世に対する思いを解消し、他界へ去っていくことができるという(8)。体験や記憶を他者に向けて語り、思いを受け渡したときに、魂は生前の記憶を保った個性ある死者であることを手放していく。死者の魂が自由になるために、語ること、語りを受け止める聴き手の存在があることはきわめて重要な条件とされているのだ。

しかしガジマルの木の下に寄りつく魂たちは、生前の関係性のなかでそのような聴き手を持つ機会に恵まれてはおらず、死と孤独な彷徨を経た上で、偶然に聴き手とめぐり合っている。魂たちの語りとは、身体を失ってはじめて成立しえた、他者に向けて語る機会を奪われた存在の語りなのである。かつて魂たちの話の聴き手であり、テクストの現在時において魂となって語りを展開している「うち」も例外ではない。次節では、「うち」の語りをたどることで彼女が生きた痛みがいかなるものであったかを明らかにしていきたい。

3　身体を生きることの苦しさ

うちは那覇で生まれたんだけどね、生まれる時にふつうとは逆さまに生まれてきて、そのために途中で引っ掛かって出るのに時間かかってね、血をいっぱい飲んで息もしなかったから、医者たちも生きるとは思わんかったらしいさ。そのせいで育ち方も順調じゃなくてね、兄さんたちもまだ小さいし、お父は商売始めたばかりで、お母も手伝いをしないといかんということでね、すぐ下の弟ができたときに、うちはおばあの所に預けられたらしいさ。うちが順調だったらよかったのかもしれんけど、四つになってもね、襁褓していたというからね、手がかかったわけさ。

「うち」は物心ついた頃にはすでに両親と引き離されている。逆子として生存が危ぶまれる状態で生まれたこと、成長しても排泄のコントロールがままならなかったことは、「うち」自身の記憶にはないはずの出来事である。しかし、幼い「うち」はなぜ兄弟のうちで自分だけが両親から引き離され、「おばあ」に預けられたのかを知りたがっただろうし、「おばあ」はその要求に応じて上記のような経緯を繰り返し「うち」に言い聞かせたのだろう。「順調」ではなかったために両親から引き離されたという物語は、自分自身ではどうすることもできなかった身体のままならなさを「うち」に突きつけるものであり、「うち」の人生の最初期に位置づけられる痛みの記憶ともなっている。

「うち」は「おばあ」に可愛がられ、見守られることで少しずつその痛みから回復していくのだが、「おばあ」の目の届かない学校という空間でふたたび身体の問題に直面することとなる。

うちは何させても遅かったから、走るのも、物覚えるのもね。字も覚えきれんから、いつも先生に、何であんたの字は反対向きになるの、って怒られよったけど、言われた通りにしようと思っても手が動いてくれんし、みんなが見るから震えてくるわけ。体育でも算数でも、班で競争する時はうちのせいでいつも負けるしね。男の子たちには叩かれるし、女の子たちも文句言うし、だんだん学校に行きたくなくなったんだけど、おばあに言いきれんでね、我慢して行っていたわけさ。

勉強も運動も同級生と同じようにできない「うち」の身体は衆目にさらされて震え、叩かれたり、水をかけられたりという暴力を被る。教師の目の届かないトイレに入るたびに嫌がらせをされた「うち」は恐怖でトイレに行けなくなり、ある日教室で大便を漏らしてしまう。これをきっかけに同級生からのいじめはさらにエスカレートしていき、「うち」は学校に通わないという決意を固めた。小学校二年生から十五歳頃まで、「うち」は暴力を回避するために学校に通わせようとする教師や悪戯をする同級生から身を隠し、自らの生をつなぎ止める。

そのようなかたちで他者との接触を断った「うち」にとって、自分を育て、見つめ、添い寝し、触るというかたちで接触する「おばあ」はかけがえのない存在であった。「おばあ」との生活は、「うち」の短い生涯のなかでほぼ唯一の、他者の身体との幸福な接触をもたらしている。しかし他者と接触することは、他者を傷つけ、痛みを引き起こす可能性と常に隣り合わせである。「うち」と「おばあ」の関係も、痛みを引き起こす接触と無縁ではありえなかった。

　うちが生まれたのは戦争が終わって十年ぐらいしてからさ。あんた沖縄で昔、戦争があったの知ってるね？　あんたはまだ小さいから知らんかもしれんけどね、あったんだよ。この村でも人がいっぱい死んでね、うちのおじいも戦争で死んだらしいけど、どこで死んだかは分からんらしいさ。日本兵に引っ張られてそのまま帰って来なかったらしいけどね、おばあはね、戦争の話をしたら頭が痛くなって仕事できんくなるから、ってそれだけしか教えてくれんかったさ。うちもおばあを心《ちむ》痛《や》みさせたくなかったから細々《くまぐま》とは聞かなかった。

戦争や「おじい」の死を想起し、それを語ろうとする「おばあ」の身体には、記憶を甦らせることに抵抗するかのような頭痛が生じる。この頭痛のために「おばあ」は戦争について多くを語ることなく沈黙し、「うち」も戦争のことを尋ねないという状況が生まれる。身体的苦痛を伴う接触を回避しようとすることで、「おばあ」と「うち」の間に語ることのできない領域が作り出されるのである。また、「おばあ」は「うち」に学校で何があったかを聞くことはなかった。身体を有する者同士が、聞いてしまえば血が噴き出すような互いの傷つきやすさを感じ取り、傷をかばい合いながら接触をはかる構図がここにあると言えるだろう。

しかし「おばあ」の死後にスナックに働きに出た「うち」は、他者と接触することを余儀なくされる。十八になっていた「うち」は、「頭は足りんくても女陰《ほーみ》さえあればいい」という思いを隠しもしない男たちに囲まれ、男たちの欲望のまなざしに身体をさらして働きはじめる。

このスナックで「うち」は「あの人」との出会いを果たすのだが、「うち」と「あの人」との関係には身体的な接触が完全に欠如している。「うち」は「あの人」に乞われて魂の話をし、「あの人」も「うち」を自分の家に上げて語りかける。それまで魂の話の聴き手として生きてきた「うち」は、自分の話を聴いてもらえることにこの上ない喜びを感じ、「あの人」に好意を寄せていく。次第に「うち」は「あの人」との身体的接触を強く望むようになるのだが、「あの人は最後までうちの手も握らなかった」。「うち」は「話ができるだけでもいい」と自分に言い聞かせ、語り合うことで「あの人」との関係を紡いでいこうとする。その点において、「あの人」に向き合う「うち」の姿勢は身体を介さずに言葉によってのみ聴き手と結びつこうとする魂たちと酷似している。

ここまで見てきたように、「うち」は他者との身体的な接触において不可避的にもたらされる傷や痛みを極力回避しようとして生きてきた。「あの人」が関わっていたという皇太子襲撃の計画を知って「だれであっても人を怪我させてはいけんと思うさ」とつぶやく「うち」は、人間の身体が必然的に抱える脆弱性を知るがゆえに、傷を負う手前で踏みとどまろうとしている。それは、身体を抱えた存在として傷つきながらも、他者とともに生きることに望みを託していた「うち」が発した言葉なのである。だが、「うち」はレイプという暴力を被り、身体を生きることを諦めていく。レイプによって「うち」の身体は傷そのもの、痛みそのものとなり、「うち」の魂は暴力にさらされる身体を手放していくのである。

上に乗った男が首締めながら、声出したら殺《くる》すんど、って言って、うちの下着破って体を動かしよったけど、声出したら何されるか分からんから、どんなに苦しくても、痛くても我慢してね、悔しくて、悔しくて、声かみ殺して泣いていたら、口からも耳からも頭からもあそこからも血が流れて、男が動くたんびに体の中から血が溢れ出してくるみたいで、自分は死ぬんじゃないかと恐ろしくて、早く終われ、早く終われ、って心の中で言いつづけたさ。だけど、ひとりが終わったと思ったら、腕を押さえていた男がのしかかってきて、前よりもずっと痛くて、首絞めながら耳元で何か言うんだけど、何言ってるか分からんくて、黙っていたら顔殴られて、うちはもう、こんなに苦しいんだったら死んだ方がいいと思った。その男がやっと終わったと思ったら、また別の男がのしかかってきて、あそこは火の棒を入れられたみたいに痛くて、うちはもう何も考えきれんくなってね、ただ、死にたい、死にたい、死にたい、って思ったさ。

「声出したら殺《くる》すんど」という脅迫によって「うち」は声を発することを禁じられた。死を恐れ、早く行為が終わることを念じていた「うち」は、首を絞められるという苦痛のなかで何事かを語りかけられ、応じずにいることで殴られて、身体に押し込められていく。「うち」が苦痛から逃れるためには、もはや身体を手放すしかなくなり、「うち」は最初のうちは恐れていた死を自分から強く望むのである。

男たちが去った後、それまで他者を傷つけることを慎重に回避しようとしてきた「うち」は、自分を襲った男たちを「殺してやりたい」という思いに突き動かされる。レイプによって身体の脆弱性をむき出しにされた「うち」は、その傷や痛みを男たちの身体に送り返したいという衝動にとらわれてしまうのである。

その衝動をそらしていくのはガジマルの枝にぶら下がる「あの人」の縊死体であり、身体に戻って生きるように諭す「おばあ」の言葉であった。「うち」は「あの人」や「おばあ」とともに在ることを望んで魂となる決断をするが、結果として一人の空間に取り残され、男たちへの殺意や暴力への衝動もその空間のなかに塗り込められて発動しないままに終わる。

「面影と連れて」において、虐げられ、傷つけられた死者が復讐のために暴力を行使する主体として立ち上がってくることはない。しかしそれは、死者が自らの身体に行使された暴力を許したり忘れたりすることを意味しているわけではない。死者たちは自らの死を生きつづけ、傷をさらし、血を流しながら暴力の手前で踏みとどまるのである。

これは魂たちにのみならず、皇太子襲撃計画を立てたとされる「あの人」という死者にも共通する特徴であった。次節では、「あの人」とはいったいどのような存在なのか、海洋博当時の沖縄の状況を補助線として考えていきたい。

4　海洋博と皇太子来沖

「あの人」は「面影と連れて」のなかでももっとも謎の多い人物である。八重山の出身だという「あの人」は、本土の大学を中退後、沖縄で職を転々とし、海洋博ブームに乗って建設作業員となったと「うち」に語る。スナックに通ってくる「あの人」が「この間ガジマルの木に座っていた女の子は妹ですか」と聞いてきたことで、「うち」は「あの人」も魂を見ることができるのだと確信する。(9) それ以降、「うち」は「あの人」と急速に親しくなっていく。しかし、なぜ「あの人」が「うち」と関係を築こうとしたのか、その狙いは明らかではない。「あの人」が後に皇太子襲撃計画を立てた一人として警察から追われることを考えると、周囲から「神懸り」していると思われている変わり者の「うち」を隠れ蓑として北部の村に潜伏し、海洋博会場の下見に利用したという可能性も十分にあるだろう。一方、「あの人」が魂を見ることのできる人間であったことや「うち」と身体的な接触を一切持とうとしないことは、「うち」に対する「あの人」の思いに利害関係以上のものを読み取る根拠となりえるかもしれない。この実像をつかみがたい「あの人」について考えるため、しばしテクストから離れ、海洋博前後の沖縄の状況を見ておきたい。

沖縄が日本に復帰したのは一九七二年五月一五日のことである。しかし米軍基地をめぐる状況は復帰前とほとんど変わらず、ドルが急激に下落するなかでの通貨切り変えが日常生活を直撃するなどの問題が生じたため、沖縄社会にはむしろ復帰への失望が広がっていった[10]。

日本政府は沖縄の日本復帰に際して日本本土と沖縄の社会的経済的格差を埋め、沖縄の自立的発展の基礎的条件を整備することを目標として一〇カ年の沖縄振興開発計画（一次振計）を立てた[11]。海洋博関連事業はこの一次振計の目玉であった。公共投資を活用して道路や空港、船舶などのインフラ整備を整え、海洋開発機関や産業の発展を目指すとうたわれた海洋博事業に、当初沖縄の経済学者や政治家は期待を寄せた。だが、実際に海洋博関連の工事がはじまるとインフレーションや乱開発が問題となり、沖縄県内では海洋博に反対する世論も高まっていった[12]。

賛否両論が渦巻くなかで海洋博の準備は進められていったが、沖縄の農業や水産業の衰退、製造業やホテル業の危機などさまざまな問題が発生した。しかし県経済や政治との絡みから、海洋博反対運動を徹底することも困難な状況がつづいた。

また、海洋博開会を間近に控え、皇太子が海洋博の名誉総裁に就任した一九七五年四月頃から、沖縄では皇太子来沖をめぐっても激しい議論が起こり、沖縄における天皇制の問題を再考する契機となっていく。[13]

同年六月二六日、米軍嘉手納基地第二ゲート前で当時二十九歳だった青年・船本洲治が皇太子来沖に対する抗議の焼身自殺を遂げる。[14] 船本は「これはイショではない／私は生きるために死ぬのだから」と書きはじめられた文書を残し、そのなかで「皇太子暗殺を企てるも、彼我の情勢から客観的に不可能となった。したがって、死をかけた闘争ではなく、死をもって抗議する」と述べていた。[15] 船本の自殺は闘争の文脈において必ずしも肯定的に受け止められたわけではなかった。[16] また、この自殺によって警察の過激派対策はますます強化されていった。

同年七月、屋良朝苗沖縄県知事は皇太子夫妻の「歓迎体制」を敷くため県民の協力を要請したが、それに対する民主団体や労組の反応は次のようなものであった。

沖教組合は七月六日の執行委員会で屋良知事の協力要請について協議「歓迎もしないし、協力も出来ない」との態度を決めたが、さらに九、十の二日間にわたって那覇市内で開いた第七回定期大会では執行部の方針を修正、来沖反対を賛成多数で決定した。また県原水協の組織に加盟している国家公務員労組、自治労、全軍労、マスコミ労もそれぞれ組織内で反対を打ち出した。しかし、民主団体の中心をなす県労協は七月十二日の亀甲議長、友寄副議長、峰原事務局長の三役会議で①皇太子来沖問題では最後までなんらの意志表示もしない②したがって皇太子来沖問題を議題にした幹事会は開かない③県労協としての反対行動は一切組まない④青年協の闘争も認めない——との結論をまとめた。この結果、反対運動はセーブされた形となり、十七日の皇太子ご夫妻来沖の日を迎えた[17]。

このように、屋良知事から労組幹部への根回しが実を結んだかたちで皇太子夫妻は迎えられた。県労協（沖縄県労働組合協議会）の幹部三役会議での強硬的な決定によって皇太子来沖への反対行動がつぶされたことに対して、県労協に加盟する各労組からは抗議や批判が相次いだが、皇太子来沖反対闘争は勢いをそがれざるをえなかった。

皇族として戦後はじめて沖縄の土を踏む皇太子夫妻の警備のため、当日は他県からの応援部隊二四〇〇人を含めた総勢三八〇〇人での厳戒態勢が敷かれていた。しかしそれでもなお、皇太子夫妻は南部戦跡に向かう途上で糸満市の白銀病院から空ビン、角材などを、ひめゆりの塔では火炎ビン二本を投げつけられることとなった。いずれも皇太子夫妻を傷つけることはなかったが、ひめゆりの塔の前で燃え上がる火炎ビンに直面して身を固くする皇太子夫妻の写真は広く報じられた。白銀病院、ひめゆりの塔での皇太子夫妻襲撃は、沖縄解放同盟（準備会）とそれに連帯する共産同戦旗派のメンバー四名によって、白銀病院とひめゆりの塔でそれぞれ沖縄出身青年と本土出身の青年がペアとなるかたちで実行されたものだった[18]。

ひめゆり火炎ビン事件で逮捕された一人であり、当時二十五歳の青年だった知念功は、皇太子来沖一週間前にあたる七月一一日からひめゆりの塔の第三外科壕に潜みつづけた。知念は後年ひめゆりの塔の壕に潜んでいた一週間の行動や思いをドキュメント風に綴っている。そして、その手記の締めくくりに次の詩が掲げられている。

背筋に落ちるのはひめゆりの雫
蟬の音は灼熱の太陽と共にやまぬ

忘れもしない七月一七日午後一時二五分
積年の恨みはためらいもなく決行する

山が割れ地が裂けた恐怖の九〇日
頭は千切れ胴が飛び交う摩文仁が丘
阿鼻叫喚の地獄図は鮮やかに再現する

僕は見た
腹がえぐられ鮮血に染まるセーラー服の乙女
腕が飛ばされ顔のない鉄血勤皇隊
水を求める老幼の手
逃げまどう日本兵

私は聞いた
脳裏に響く呻き声
「必ずやってくれ」と囁く復讐の依頼

巨大な火柱はその一族を飲み込む

皇太子は蒼白となり膝を折る
美智子は悲鳴を上げ逃げ惑う
その姿に明日の日本帝国主義の末路を目撃した
忘れはしない七月一七日
珊瑚礁に押し寄せる潮騒は美童の嬉し泣きか
「ニライ」からの祝砲か(19)

あまりに直裁な政治的主張が盛り込まれたこの詩において注目すべきは、壕に潜伏していた一週間の間、知念もまた死者たちの姿を見、声を聴こうとしていたということである。知念は、壕内に散らばる薬莢や遺骨を目にし、沖縄戦当時の第三外科壕を何度も想像していた。壕の暗闇のなかに浮かび上がる死者たちの姿が痛ましければ痛ましいだけ、聴こえてくる声が悲痛であればあるだけ、「復讐」のための怒りが知念の内部で燃え上がっていくこととなった。死者の声を自らの政治的主張や行動に積極的に結びつけていく知念は、自らの行動の根拠となる死者の声を身体に呼び込んでいったのである。そのため、知念の身体は壕を駆け上がり、火炎ビンを叩きつける攻撃的な身体としてあらわれる。

「面影と連れて」においてひめゆり火炎ビン事件の写真は、「あの人」について取り調べを受ける「うち」の眼前に突きつけられる。「あの人」は「海洋博会場に行くコータイシデンカの車を襲おうとしていた」という計画を立てていた一人だと説明する刑事は、机を叩いて「もし実行されていたらあんたも共犯になりよったんだよ」〔傍点引用者〕と「うち」に迫るのである。皇太子来沖をめぐる現実の闘争と強く結びつけられはするものの、未発の行為としての「あの人」の皇太子襲撃計画の全貌が明らかになることはなく、政治的立場や犯行動機も不透明なままである。そして何よりも、「あの人」の身体は、立ち上がり、火炎ビンを投げつける攻撃的な身体とは対照的な在り方を示している。少なくとも、「うち」の眼に映る「あの人」の身体は、暴力を行使するために立ち上がる身体としてではなく、横たわり、眠り、逃げ、最後には木の枝にぶら下がる、非闘争的な身体としてテクストにあらわれている。たとえば、「うち」が「あの人」の部屋で時間を過ごすときの様子は次のように語られる。

家財道具はほとんどないんだけどね、押し入れ開けると、中には本がいっぱい積んであってね、難しそうな本ばかりでうちは題名の意味もよく分からんかったけど、訪ねていくとあの人はいつも本ばかり読んでいたさ。話し疲れた時もね、うちがぼんやり川を眺めている間、あの人は畳に仰向けになって本を読んだりしていてね、そのうち本が落ちる音がしたかと思ったら、眠ってしまってるわけさ。疲れてたんだはずね。痩せて、丈夫そうには見えなかったからね、仕事がきつかったんだはず。よくうなされてもいてね、夢もあまりいい夢は見ていなかったみたいさ。でもね、うちはあの人の寝顔を見るのが好きだったさ。無精ひげ生やしてね、少し口を開けて寝ているのを見ながらね、ああ、こんなして生活できたらね、って思いよった。時々は本を置いてうちと一緒に川を眺めることもあったよ、何も言わんでね。

知念が暗い壕のなかに凝った死者の怨嗟の声を想像して攻撃的な身体を練り上げられていったのとは異なり、「あの人」のそばには「うち」を介して復讐や襲撃という一つの意味に集約されることのない雑多な魂の語りが響いていた。「まわりにいろんな魂が集まってきて、うちの体を使って話をしているみたい」という状態にあった「うち」のそばで、「あの人」の身体は眠りに沈んでいく。

無論、これは「あの人」が暴力性を有していなかったということを意味するわけではない。「あの人」の計画に「うち」は少なからず巻き込まれ、本土との紐帯を重視する沖縄の刑事の脅しや、家族に迷惑をかけるなという両親からの叱責、「あの人」と一緒に仕事をしていた人たちからの八つ当たりなど、「あの人」を疎ましく思う社会の暴力にさらされていった。「これからいろんな人が自分のことを聞きにくるかもしれんけど、何も知らないと言って、自分のことは一切しゃべらんでほしい」と頼んで姿を消した「あの人」にそれらが予想できなかったはずはなかった。だが、暴力と無縁ではありえず、武力闘争の場を生きようとしていた「あの人」が、横たわり、眠り、逃げ去る身体として描かれていることの意味は大きい。傷つけられた身体の痛みを別の誰かの身体に傷を負わせることで贖おうとすることへの踏みとどまりが、「あの人」の身体の在り方において示されているからである。

５　魂から、身体を生きる者たちへ

目取真俊は沖縄を生きることと身体の傷が不可分に結びついている状況を書きつづけてきた作家である。目取真の作品世界を生きる者は、沖縄戦の記憶に繰り返し引き戻される身体、レイプや暴力にさらされる身体、日米軍事同盟下の政治的暴力に直面する身体を抱えている。身体に刻まれつづける傷の痛みは、ときに沖縄の政治的主体の立ち上げや、沖縄を生きる身体が暴力を発動することへの欲望を誘発する場合もある。

たとえば、短篇「希望」（一九九九年）や長篇「虹の鳥」（二〇〇六年）では沖縄の人間によるアメリカ人の幼児殺害事件が描かれた。「希望」の主人公は「今オキナワに必要なのは、数千人のデモでもなければ、数万人の集会でもなく、一人のアメリカ人の幼児の死なのだ」という思いのもとにアメリカ人の男児の首を絞める。「虹の鳥」では薬漬けにされ、売春を強要されてきた少女・マユと、沖縄の現実や自分たちの現状に苛立ちながらも不良の元締めである比嘉に逆らえず、マユの世話を任されている青年・カツヤが登場する。マユが比嘉を殺したことをきっかけにカツヤはマユを連れて逃走するが、その途上でマユはアメリカ人の幼女の首をかき切るのである。

この二つのテクストにおいては、沖縄を生きる身体としての主人公やマユが、手を伸ばせばたやすく触れあえる距離に存在するアメリカ人の幼児を抱きすくめ、きわめて暴力的な接触によってその命を奪っていく。日米軍事同盟という構造的暴力を生きることを強いられている沖縄において、沖縄の人間によって発動されるこの暴力は、アメリカ人の幼児の死を通して、沖縄の人間とアメリカ人がともに脆く傷つきやすい身体を有していることを露呈させる。しかしその暴力が沖縄という政治的主体の立ち上げにつながるわけではない。「希望」の主人公は焼身自殺を遂げ、マユはカツヤとともにやんばるの森に去っていく。暴力を行使した主体が自らを滅ぼしていくしかない、痛ましく無意味な暴力のあらわれをここに見ることができる[20]。

「面影と連れて」に登場する「あの人」もまた、皇太子襲撃計画によって皇族の身体の傷つきやすさを呼び覚まし、沖縄という政治的主体を立ち上げることを夢想したはずである。そこに「希望」や「虹の鳥」で描かれたような暴力への欲望を見出すことは難しくない。しかしすでに見てきた通り、「あの人」の非闘争的な身体はそのような欲望を裏切っていく。また、弱者に向かう暴力をその身に浴びつづけ、凄絶なレイプと暴力の果てに殺されていく「うち」は、身体と同時に自らを傷つける存在に対する殺意も手放していくのである。「あの人」は枝にぶら下がる身体としてその生を閉じ、「うち」は魂として新たに生まれ直していった。

魂は身体を持たないために暴力にさらされることを免れているが、同時に暴力を行使して他者を傷つけることもできない。魂は、死者の記憶と痛みそのもの、生々しく口を開けている傷そのものとしてそこに在る。非身体的な存在としての魂は、身体とは別の生を生きながら語りを紡いでおり、その語りはいまだ傷つきやすい身体を抱えている聴き手に向けられているのである。「うち」の語りは次のように締めくくられる。

　ごめんね、こんな長話をして。あんたみたいな小さい女子童にね、こんな話を聞かせてね。でもね、あんたはうちみたいになってはいけんよ、絶対にね。ああ、小魚の群れが川を上っていくねえ、光がきらきらしてね、あの人もどこかでこの光を見ているのかねえ……。〔傍点引用者〕

孤独に漂う魂の声は、身体を生きる者に向けられている。魂の言葉を聴き取ろうとするとき、聴き手は暴力にさらされうる、そして同時に暴力を発動して他者を傷つけうる自分の身体を魂の傍らに置くことを求められている。身体を有する者が暴力の手前で踏みとどまるときに魂の声は響き、聴き取られていくのである。

（1）沖縄国際海洋博覧会の略称。一九七五年七月二〇日から一九七六年一月一八日まで、沖縄県北部の本部《もとぶ》半島を会場として開催された海洋博は「海―その望ましい未来」をテーマとし、海洋に対象をしぼった初の国際博覧会として注目を集めた。

(2) 高和政「「魂」の声を聴け、語れ―目取真俊「面影と連れて」という〈暴力〉」、『中央大学国文』四五号、二〇〇二年三月。

(3) 池澤夏樹編『世界文学全集　短篇コレクションI』河出書房新社、二〇一〇年、四九六頁。

(4) 戦後沖縄の社会的文脈を踏まえ、「うち」が身体を手放すという選択をしたことの意味を考察した佐久本佳奈「北部への監禁―目取真俊『面影と連れて』について」(『越境広場』四号、二〇一七年一二月)でも、魂としての「うち」と身体としての「うち」の関係性が論じられている。

(5) 加藤正春「マブイ」、『沖縄大百科事典』下巻、沖縄タイムス社、一九八三年、五二七頁。

(6) ジュディス・バトラー『生のあやうさ―哀悼と暴力の政治学』本橋哲也訳、以文社、二〇〇七年、五九頁。

(7) ジュディス・バトラーは自分自身を説明することについて、次のように述べる。「私たちが説明のために用いる言葉、自分自身を自分と他者たちに理解可能にするために用いる言葉は、私たちが作ったものではない。それは社会的特性を持っており、社会的規範、つまり不自由の領域と、置き換え可能性―私たちの「特異な」物語はそのなかで語られる―を確立するものである」(『自分自身を説明すること―倫理的暴力の批判』佐藤嘉幸・清水知子訳、月曜社、二〇〇八年、三八頁)。

(8) 桜井徳太郎「マブイワカシ」、前掲『沖縄大百科事典』下巻、五二八頁。

(9) ただし、「あの人」は常に魂の姿を認識できるわけではない。魂とのおしゃべりを途中で切り上げて「あの人」の部屋に上がりこんだ「うち」が、ガジマルの枝に座ったまますねた顔をしている男の子の魂を指して「あの子には悪いことしたさ」と言うと「あの人」が「不思議そうな顔」をし、「あの人」には魂の姿が見えていないのかと「うち」がいぶかしむ場面もある(『面影と連れて《うむかじとぅちりてぃ》　目取真俊短篇小説選集3』影書房、二〇一三年、六〇頁参照)。

(10) 新崎盛暉『沖縄現代史　新版』岩波新書、二〇〇五年、五六頁参照。

(11) 前掲、新崎『沖縄現代史　新版』五一―五二頁参照。

(12) 一九七二年一月、高良鉄夫琉球大学学長や作家の大城立裕など学者や文化人、ジャーナリストらで構成された沖縄海洋博研究会は、当時行政主席であった屋良朝苗に対して海洋博を無批判に受け入れることの危険を提言した（「ドキュメント　海洋博への道」、『青い海』一九七五年七・八月号）。ただし沖縄海洋博研究会は復帰前後には雲散霧消していく。沖縄海洋博研究会のメンバーのうち、政府の海洋博事業計画委員に抜擢された大城立裕は沖縄を代表する文化人として、沖縄県の公務員として海洋博事業に積極的に携わっていくこととなった。

　また、一九七三年七月一六日には豊平良顕県史編集審議会長を座長とする沖縄の文化と自然を守る十人委員会が海洋博関連工事に意義を唱え、海洋博推進自体が沖縄の喪失につながるという声明書を屋良朝苗沖縄県知事に手渡した（沖縄の文化と自然を守る十人委員会「沖縄の文化と自然を守る要望書」、『新沖縄文学』二五号、一九七四年一月）。

(13) 『新沖縄文学』第二八号（一九七五年四月）では「天皇制」特集が組まれ、池田和、いれいたかし、我部政男、比屋根照夫による座談会をはじめ、宮城栄昌、太田良博、船越義彰、川満信一、清田政信、友利雅人、岡本恵徳、新川明ら、戦中世代から戦後世代にまたがる沖縄の代表的な論客の論考が収録された。新崎盛暉によればこの号は「発行後まもなく売り切れになった」という（前掲『沖縄現代史　新版』五三頁参照）。

(14) 船本洲治は広島大学を除籍となった後、山谷や釜ヶ崎で活動をしていた。しかし一九七四年、釜ヶ崎「愛隣センター爆破事件」で爆発物取締罰則違反の容疑で全国指名手配され、潜行生活を送りながら全国をめぐっていた（「船本洲治略歴」、『黙って野たれ死ぬな―船本洲治遺稿集』れんが書房新社、一九八五年、三〇三―三〇四頁参照）。

(15) 前掲『黙って野たれ死ぬな』二〇二頁。

(16) 舩《ママ》本洲治同志追悼人民葬／暴力手配師追放釜ヶ崎共闘会議／山谷悪質業者追放現場闘争委員会は、船本の自殺に対して「とうとう最後まで彼の苦闘を共有できなかった」ことを悔やむと同時に、「狂信的闘争がいきづまった現状から逃避した」と書きたてた「商業新聞」や船本の死を「敗北的自殺」として片付ける

「評論家」や「主義者」の「一度「死んだ」人間を、もう一度足蹴にし殺す意見と態度に、私たちは反対します」と表明している（「沖縄で焼身抗議をした舩《ママ》本洲治君の遺書および追悼」、『現代の眼』一九七五年九月号）。

(17) 「沖縄年鑑」編集委員会『沖縄年鑑'76』沖縄タイムス社、一九七六年、二八頁。

(18) 逮捕された四名は、「ひめゆり」組が礼拝所不敬罪・火炎ビンの使用等の処分に関する法律、「白銀」組が警備の警察官への公務執行妨害の罪によって起訴された。暴力行為等処罰による法律違反や傷害罪に問わないことで皇太子夫妻や皇室関係者の出廷を避ける意図があったとされる。一九七七年三月三〇日、那覇地裁は「ひめゆり」組に二年六ヵ月、「白銀」組に一年六ヵ月の実刑判決を下した。「ひめゆり―白銀統一被告団」は上告するが、同年一〇月に控訴棄却。上告を断念し、服役することとなった（川野純治「ひめゆり火炎瓶事件」『沖縄を知る事典』日外アソシエーツ、二〇〇〇年、一八〇頁参照）。

(19) 知念功『ひめゆりの怨念火《いにんび》』インパクト出版会、一九九五年、八〇―八一頁。

(20) 新城郁夫は「希望」について「ここには政治的主体化の働きなどかけらもない。そこに作動しているのは、ただ、こうした残酷なまでに無意味な死が「この島にとって自然であり、必然なのだ」という絶望を、そこに生きる全ての人間の身体のなかに深く刻み込み、そしてそうした言葉の体内化においてこの同盟の下の人間を等しく死に至らしめていく日米軍事同盟の力である。そしてこの軍事同盟の力のもとに捕縛された人間にとって、死を賭けた政治的主体化が、主体化の不可能性としてしかありえないという逆説をこそ、このテクストは、「希望」として開示している」と指摘している（新城郁夫『沖縄を聞く』みすず書房、二〇一〇年、六〇頁）。

注記　「面影と連れて」からの引用はすべて『面影と連れて　目取真俊短篇小説選集3』（影書房、二〇一三年）に拠った。

第7章　ジェンダー・セクシュアリティ・記憶
――東日本大震災前後の観光消費文化における「台湾」と女性雑誌

李　文　茹

『FRaU』の台湾特集「ありがとう台湾!」二〇一一年八月号

「植民地忘却が植民地肯定につながる」
（西川長夫『〈新〉植民地主義論　グローバル化時代の植民地主義を問う』）

はじめに

第二次世界大戦の終結から今日に至るまで、七〇年間以上が経過している。日本と台湾の関係を歴史化・物語化する際、植民地経験者の声を直接聞く機会が失われていく中で、記憶をめぐる言説も変容を余儀なくされている。そんな中で二〇一一年の東日本大震災以降、日本の女性雑誌が頻繁にツーリスティックな「台湾特集」を組むようになった点は注目されよう。震災以降の大衆文化と観光消費文化における日台関係やそれにまつわる記憶の語り方の変化について、歴史学やジャーナリズムなど従来の歴史的言説と異なる表現文化の分野をも視野に入れて分析する必要があるのだ。

本稿は九〇年代以降、女性雑誌による台湾特集の時代的な変化を分析しながら、日本の観光消費文化において台湾がいかに表象されるか、またその流れの中で日本と台湾をめぐる歴史と記憶の語り方がいかに変容してきたかを考察する。具体的にはまず九〇年代から震災後の時期にかけて、日本の言説空間にみられる「台湾」イメージを網羅的に確認しておく。次に震災前後における台湾（台北）についての文学作品の語り方と女性雑誌による台湾特集との関連性や、震災後のツーリズムにおける料理や食べ物に特化した台湾像が大衆文化といかに連動しているかを分析した上で、今日の日本の言説空間にみられる日台をめぐる歴史的言説や記憶語りについて、ジェンダーとセクシュアリティの問題も視野に入れながら論じる。

1　九〇年代以降の日本の言説空間における「台湾」イメージ

日本では植民地時期の台湾についての歴史書が多く出版されている。ここ数年刊行されたものを大まかに列挙すれば、『台湾鉄道と日本人　路線に刻まれた日本の軌跡』（片倉佳史、交通新聞社新書、二〇一〇）、『日本と台湾――なぜ、両国は運命共同体なのか』（加瀬秀明、祥伝社新書、二〇一三）、『台湾で見つけた日本人が忘れた「日本」』（村串栄一、講談社、二〇一六）、『台湾とは何か』（野嶋剛、筑摩新書、二〇一六）などがある。ドキュメンタリーでは酒井充子監督による『台湾人生』（二〇〇九）、『台湾アイデンティティ』（二〇一三）、『台湾万歳』（二〇一七）という「台湾三部作」があり、同監督にはほかに日本の高層ビルのデザインを手がけた台湾人建築家を描く『空を拓く　建築家・郭茂林』（二〇一三）もある。

時代を遡って九〇年代から二〇〇〇年前後にかけて、『台湾　四百年の歴史と展望』（伊藤潔、一九九三）や司馬遼太郎『街道を行く　台湾紀行』（『週刊朝日』連載、一九九三〜一九九四、以下は『台湾紀行』と略す）、『証言　台湾高砂義勇隊』（林えいだい、一九九八、草風館）などのほか、著者の台湾入国禁止処分までに発展した小林よしのりの『新ゴーマニズム宣言SPECIAL　台湾論』（小学館、二〇〇一、以下は『台湾論』と略す）もある。

九〇年代以降の台湾を舞台とする小説や映画などについて、坂元さおりは四タイプに分類した上で、東アジアの歴史と記憶を問い直す際、「ハードボイルド・ミステリ」というジャンルの持つ可能性について論じているが[1]、本論では歴史的経緯も確認しながら細かに九〇年代以降の問題を見ていこう。

台湾は一八九五年から一九四五年まで植民地支配に置かれた。坂元の分類にある「本省人」とは戦後、中国大陸各地から国民党の軍隊と共に渡ってきた「外省人」と区別して使用される呼称で、第二次世界大戦の終戦までにすでに台湾で暮らしてきた漢民族を指す。台湾は一九四九年から一九八七年まで戒厳令が敷かれるが、その二年前の一九四七年に「外省人」と「本省人」との歴史的対立を生み出した二・二八事件が発生し、「本省人」や先住民族を含めた多くの人々は政治的な弾圧をうけた。「白色テロ」の時代が続いている中で、植民地時期に日本語教育を受けた知識人の多くは、戒厳令が解除されるまで「日本時代」をめぐる社会的な経験について語れずにいた。

九〇年代以降、彼ら・彼女らは再び社会で活躍する機会に恵まれるようになる。『台湾論』や『台湾紀行』、『台湾人生』などの作品で記録される「日本精神」を唱え、植民地支配に肯定的な態度を示す言説は、そのような「日本語世代」が中心となって形成されてきた。日本の言説空間でも流布される植民地支配肯定論に関するこれらの言説をめぐって、川島真は日本社会に存在する「（引用者注・中国を批判する）「嫌中」ムードに裏打ちされている部分がある」と指摘している[2]。いわば九〇年代半ば頃から二〇〇〇年代にかけて日本社会で形作られた「中国批判のため」の「台湾像」は、話し手が意図せぬところで「反日」や「親日」の言説としても利用されがちなため、ついヘイトスピーチに加担してしまう側面があることも否めない[3]。

そんな中、二〇一一年に起きた東日本大震災を機に日本社会における台湾の関連言説は転機を迎える。二〇一四年六月に一般財団法人日本旅行業協会（ＪＡＴＡ）が発表した夏休み海外旅行人気ランキングでは、台湾は第二位のハワイとわずかな差で第一位となった[4]。雑誌メディアでも、特に女性ファッション誌は従来にない勢いで台湾特集を次から次へ発表していく。二〇一六年の年末から二〇一七年の初夏にかけての半年間だけでも、『Hanako』（マガジンハウス）、『CREA』（文藝春秋）、『ミセス』（文化出版局）、『an・an』（マガジンハウス）、『家庭画報』（世界文化社）などが台湾特集を発表した。女性向けのファッションや暮らしの情報誌が頻繁に台湾特集を企画するようになり、台湾での身近な日常風景の中でも、女性雑誌を手にしながら台北市内を歩く日本人男性も見かけるようになった。

以上のような理由もあり、三・一一の後、歴史や政治的言説とは異なる次元で、日本と台湾の「パートナーシップ」をイメージ化するエンターテイメントや大衆文化などが力を発揮している現象はやはり見逃すべきではないだろう。戦後七〇年以上過ぎた今日、台湾で植民地時期を経験した「日本語世代」の声を聞く機会は減少していくにつれ、『台湾紀行』や『台湾論』、『台湾人生』などの作品に登場した人たちの言説に出会うことも困難になりつつある。さらに、震災後に企画された女性雑誌の台湾特集は、記憶語りの変容に拍車をかけ、日本の大衆文化と結びついた形で、日台関係をめぐる新たな「非歴史化」された語りの誕生をも促していく。例えば震災後、「ニッポン頑張れ」／（震災に対する義援金が二〇〇億円を突破し世界最大となったことに対して）「ありがとう、台湾」の掛け声が盛んに叫ばれる社会的な雰囲気の中で、ソーシャルネットワークのフェイスブックを通して出会った日本人男性と台湾人女性との国際結婚という実話に基づいたコメディ映画『ママは日本へ嫁に行っちゃダメというけれど。』（監督・谷内田彰久、二〇一七）や、台湾人の父と日本人の母を持つ自らの出自をアピールしながら台湾について積極的に発信する一青妙による一連の台湾作品、『私の箱子』（講談社、二〇一二）、『ママ、ごはんまだ？』（講談社、二〇一三）はその例である。それらの作品に見られる共通項は観光消費文化的な要素が濃厚に織り込まれる中で、日本と台湾のパートナーシップが強調されることである。

したがって日台の歴史関係をめぐる「記憶」の語り方を問題化する際、三・一一以降の観光消費文化による影響を視野に入れて考察する必要がある。震災後の変容について論じる前に、震災前の記憶をテーマとする台湾関連の作品『愛を乞うひと』（下田治美、情報センター出版局、一九九二）と『あまりに野蛮な』（講談社、二〇〇八、上下二冊）における観光地としてしての台湾の描き方について見てみよう。

2　母たちの痛みと台湾の旅：『愛を乞うひと』と『あまりに野蛮な』

九〇年代以降の日本の言説空間における、台湾植民地時期の「記憶」と関連した書籍の多くは、「旅」と密接に関係している。先述した『台湾紀行』、『台湾論』、『台湾人生』はいずれも台湾を旅した「日本人」（日本語話者）の書き手や作り手が、現地の人たち、なかんずく植民地時期を実際に生きた人たちへの取材を元に制作された作品である。また山間部に入り「霧社事件」や「高砂義勇隊」の経験者に日本語で取材して書かれた台湾先住民に関するものも多くあり、例えば『台湾からの手紙――霧社事件・サヨンの旅から』（早乙女勝元、草の根出版社、一九九六）『台湾先住民・山の人たちの「聖戦」』（柳本通彦、現代書館、二〇〇〇）、『台湾秘話　霧社の叛乱・民衆側の証言』（林えいだい、新評論、二〇〇二）、『霧社の花嫁　戦後も台湾に留って』（杉本朋美、草風館、二〇〇五）などがある。台湾の日本語世代に取材した歴史書や証言集は、一九九〇年代半ば頃から二〇〇〇年代にかけて集中して出版されており、書き手に関して言えば、六〇年代生まれの酒井と杉本以外はほとんどが男性で年齢も戦前生まれか五〇年代生まれに集中している。

実在人物の経験や体験を記録するそれらの作品と異なる創作の分野では、家族物語や家族史を通して日台を越境する記憶を小説化した『愛を乞うひと』と『あまりに野蛮な』は代表的な作品であろう。両作品とも「父」「息子」「夫」といったいわば男性の不在をめぐる痛みやトラウマを抱える女性が、家族にまつわる記憶を補填する／再構築するために台湾への旅を行う話である。記憶の空白を埋めながら、自らのアイデンティティを確立し直したり、痛みを癒したりする台湾への旅は、象徴的な意味で通過儀礼のようなものでもある。刊行時期には一〇年ほどの開きがあるが、両作品における台北描写の違いは、異なる時代におけるアジア観光のあり方を反映している。この節では主人公の女性たちの台湾に向ける眼差しに注目したい。

『愛を乞うひと』の主人公・山岡照恵は、終戦後の一九四七年に日本で結婚した台湾人の父・陳文珍と日本人の母・豊子との間に生まれた子どもである。陳は一九三七年に「東京の生徒の募集」の広告を見て日本に留学を決意し、卒業後、軍需工場で働いていた。照恵は生まれたあとからずっと母親の折檻を受けるのであるが、それを見かねた父・陳は妻を置き去りして娘と二人で生活を始める。その後、陳が結核で他界してから孤児院に預けられた照恵は、豊子に引き取られる。成人するまで母親から絶えず虐待をうけ続けた照恵はのちに結婚して、娘が一人できる。事故で夫を亡くした後、四〇歳の時に父親の遺骨を探し自らの「生まれた証」を確認するため、高校生になる娘の深草と共に台湾を旅する。この作品は一九九八年に同名のタイトルで平山秀幸監督によって映画化され、二〇一七年一月にもテレビ朝日の制作でテレビドラマ化された。

映画の公開時期に注目した松崎寛子は、作品が制作・発表された時期の時代的な意味を次のように指摘している。すなわち、これは「一九四七年から一九九七年の日本が敗戦を経て戦後復興し、経済成長を遂げる時代の中で、忘れられていった過去の記憶を掘り起こしていく」作品で、「忘れられた過去の傷跡――日本の敗戦、そして植民地統治といった過去の記憶を日本の観客に想起させ、アジアにおける日本の主体性に対して疑問を投げかける」作品でもある、と。[5] その「日本の主体性」を再検討する時代的背景には、バブル経済の崩壊があることも想起される。後述するが、日本社会において東アジアの観光に関心が向けられるのもこの時期からだ。

『愛を乞うひと』では台湾や台北の風景はさほど描写されていない。父の記憶を宿す舞台は、「台中県大甲区沙鹿鎮」（現・台中市沙鹿区）という「何もない退屈な」（二一三頁）場所に設定される。沙鹿鎮の訪問が終わり再び台北に戻った時の照恵はこう思っている。「地方にいるより都会の方のほうが、わたしには居心地がよい。一度見ただけの台北市内の風景が、たまらなくなつかしい。商店の看板が難しい漢字だらけでなかったら、東京と錯覚してしまいそうだ。マクドナルド、セブンイレブン、そごうデパート、それをとりまくひとの群れ。微風の香り。ギャルたちのファッションの色とりどりの原色が南国らしい」（二四五―六頁）。台北を「なつかしい」とする述懐はノスタルジックな感情からというより、地方から馴染みのある東京のような都会に戻った心情を表す表現である。「ギャルたちのファッションの色」以外、台北も東京と変わらぬ多国籍企業によって街の風景が均質化されている。これは一五年後に発表された『あまりに野蛮な』や第三節で取り上げる女性雑誌における台北の観光宣伝と比べてみれば、照恵が旅した九〇年代初頭、台湾（台北）をめぐる観光言語はまだ定着／典型化されてはいなかった。そのため、台北を語る際、「ギャルたちのファッションの色とりどりの原色が南国らしい」というのは照恵にとっての精一杯のツーリスト的な表現となる。

『あまりに野蛮な』は、植民地時期に台湾へ渡った伯母ミーチャ（美世）の足跡を辿るために台湾を一人旅する日本人女性リーリー（茉莉子）が主人公である。子どもを喪失した痛みを抱えながら旧植民地台湾を一人旅する五〇代の日本人女性の旅行記としても読むこともできる。『愛を乞うひと』とは対照的に、『あまりに野蛮な』にある台北の描写は登場人物の歴史への想像力によってさらにロマンに満ちている。

叔母ミーチャの日記や手紙を手がかりにリーリーは初めて台湾を訪ねる。ミーチャは一九三一年から三四年にかけて台北高等学校で教鞭を執る夫と共に台北の「昭和町」、現在の青田街及びその周辺で生活する。[6] リーリーは、「昭和町」と呼ばれる青田街にずらりと並んでいる日本統治期に建った家屋のあいだを散策し、「家屋は昔のものだとしても、堀も昔からあったのだろうか、道だってミーチャの時代は、まだアスファルト舗装などされてはいなかったはず、そんなことを思いながら」（『あまりに野蛮な上』、九三頁）、とミーチャの「過去」を想像する。目の前に見える風景から、植民地時期の景色を思い描いたり七〇年前に台湾にいる「内地人」（日本人）たちの暮らしぶりへの思いに耽ったりするリーリーの心理描写が、作品中に散在している。

植民地時期にこの土地にいた日本人と現在の自分と重ねて考えるリーリーの心象風景は、日本統治期を記憶する場所を眺める時に現れる。「今まで、ミーチャも出入りしていたにちがいない、日本統治時代からの台大医院や台北郵局――昔のタイホク郵便局――、台湾銀行などの建物を見届けてきた。浄水場に台湾大学、植物園にも行った。（略）毎日、汗を流しながら、リーリーは昔の建物をとにかく見て歩いた。日本統治時代に日本人が建てた建築物がこうも数多く、今でも平然と使われていることにまず意外な気持ちがして、それから困惑した」（『上』、一〇三―一〇四頁）。[7]

青田街と植民地時期の集団的記憶を記録する建物を見学したリーリーの「意外な気持ちがして、それから困惑した」感情に関して、二つの次元から考えられる。一つは統治時代の遺構を保存・再利用する二〇〇五年以降の台湾社会における動きで、今ひとつはそれと連動する日本における台湾の観光宣伝である。日本式建物をリノベーションして利用する青田街にあるカフェレストランの「青田七六」はその一例である。そこは戦前、内地人教師が中心となって組織された「大学住宅組合」によって建設され、台北帝国大学（現台湾大学）の教員住宅（地質研究の足立仁が住人）として利用されていた。二〇〇六年に台北市政府によって歴史的建築物に登録され、二〇一一年にカフェレストランとしてオープンした(8)。小説の中でリーリーが散策した日本式家屋が集まる「昭和町」は、雑貨屋やカフェが多くある永康街にも近隣し、日本の女性ファッション誌の台湾特集でもよく登場するエリアだ。日本式建物を再利用し商業化する動きが始まったのが二〇〇〇年以降である。同じく旅人として台北に滞在する二人の女性だが、照恵は日系企業のそごうデパートが代表となる多国籍企業によって均質化される「東京らしい」台北の都会の一面に注目し、リーリーは植民地時期の歴史と関連のある場所に注目する。二人の目に映った台北風景の違いは、女性雑誌における台湾表象の変化を語るものでもある。それについては次の節で見ていきたい。

3　日台の観光宣伝の戦略と茶芸イメージに見られる重層的なオリエンタリズム

二〇〇〇年以降、日本の大衆文化の中で次第に形成されていく台湾イメージは、日本と台湾による共同作業の結果とも言える。日本社会が東アジア観光に関心を持ち始めたのは、バブル経済崩壊後の一九九〇年代半ば頃からである。台湾の場合、外国人観光客を招致するため、積極的に観光宣伝を展開していくのも二〇〇〇年以降である。この時期、日本社会で再構築された台湾像は、日本と台湾両者によるコラボレーションの結果でもあり、それが東日本大震災を経て現在に至っても低周波音のように響き続けている。この節では日台による観光宣伝の戦略のもとで台湾イメージがいかにジェンダー化され、「グルメ」に特化されていくかについて、日本の女性雑誌で表象される「台湾」を中心に考察を行う。その前にまず同時期の台湾と日本の時代背景を確認しておきたい。

二〇〇〇年に行われた台湾史上の二度目の直接総統選挙では、民主進歩党（以下、民進党）の候補が当選し、長年、与党として務めてきた国民党に取って代わり、日本と台湾との関係も新たな時代に突入した。前述したように九〇年代後半から、戦後長く沈黙を強いられた日本語世代の活躍ぶりはこの時期からより顕著となる。(9) 国際観光都市へと躍進するための観光政策が新政権のもとで打ち出され、韓国や香港などといった近隣国家や地域と並べて、日本も外国人観光客を誘致する際の重要な対象国と看なされるようになった。

日本向けの宣伝に関して、二〇〇二年より中華民国交通部観光局及び台湾観光協会は、日本向けの台湾観光キャンペーンにイメージキャラクター「茶さん」（茶・壱福）を起用した。中国茶を淹れる急須を頭とし、それに目がついており、太極拳服の格好をしている「お茶さん」は、二〇〇二年に日本のテレビ・コマーシャル「ニッポンの疲れに、台湾」にも登場し、二〇〇三年より家族の「ママ茶」（茶・ジャスミン）、「ベビー茶」（茶・若葉）、「おじい茶（茶・陳年）が新たに加わり、「茶さんファミリー」と共に日本向けの観光プロモーション用に登場した。そのほか日本人タレントや俳優をイメージキャラクターや台湾観光親善大使に起用する活動も行われた。最初、コマーシャル・イメージキャラクターに選ばれたのはタレントの渡辺満里奈で、以降、歌手の小林幸子（二〇一〇年）、シンガーソングライター・俳優の福山雅治と雅楽師の東儀秀樹（二〇一四年）、芸能人の木村拓哉（二〇一五年）、女優の長澤まさみ（二〇一六年）そして日台のハーフでもあるタレント・渡辺直美（二〇一六年）が次々に任命されていった。[10]

国際観光都市化をめぐる一連の政策や宣伝は、中国本土の中華圏文化と差異化を図るために推進された台湾の本土化運動（台湾ナショナリズム・アイデンティティ確立運動）とも連動している。戦後になってから、長年、与党を務めてきた国民党は中国との関係を強く意識していたが、一九九〇年代後半から高揚しつつある本土化運動は、民進党が与党となってからより積極的に推進されるようになった。[11]つまり外国人観光客を招致する政策は、台湾ナショナリズム・アイデンティティ昂揚の気運と中国への対抗意識といった台湾の社会的な動きと関係しているのである。

日本の女性雑誌における東アジア諸都市の観光に対する関心をめぐって、二〇代から三〇代前半を主なターゲットとする女性ファッション誌に注目した岡田章子は、「それまでのバリ、タイなどをはじめとするビーチ・リゾートへの眼差しから、東アジアを中心とする消費型都市への眼差しへと拡大・変容した」のが九〇年代後半からだと指摘している。その背景として「Nies諸国（引用者注：新興工業経済地域）の経済・都市発展と共に、バブル崩壊後の円安によって、観光目的地が、欧米からよりコストの安いアジア地域へとシフトした、という事情がある」[12]。「九〇年代には、旅行会社が「安・近・短」（すなわち、安く、近場で、短い滞在を楽しめる場所）をキャッチコピーに、東アジア諸都市の観光をより一般の旅行者に向けて積極的にアピール」する中で、「九〇年代後半には八〇年代すでに人気定着していた香港に加えて、台湾（台北）、韓国（ソウル）、中国（上海）、ベトナム（ホーチミン、ハノイ）」などが女性雑誌の各誌の旅行記事として特集されるようになる。[13] 同論文付録の一九九七年から二〇〇二年五月にかけての東アジア関連記事一覧を見る限り、ベトナムに関連するものが一番多く、台湾は二四件のうちにただ二件である。[14] それぞれの記事は「どこか懐かしい町並みをのんびりとそぞろ歩き」（『MORE』二〇〇〇年一〇月号、集英社）や「人も自然も食も、すべてが優しい台湾。お茶の香りと麗らかな空気があなたを癒します。懐かしくて新しいアジア」（『CREA』二〇〇二年五月号）を宣伝文とする。そのほか二〇〇二年に『Hanako』も「いちばん新しい台湾」（六月、六二九号）を特集した。

日本の女性雑誌で表象された近隣のアジア諸都市における消費の魅力について、岡田は、それが単なる各観光都市の「土着性」の産物のみにあらず、グローバル化時代における「アジアのモダニティの成熟」（八五頁）もその契機となるが、東アジアの観光都市をめぐる表象にはオリエンタリズムの視線が交錯しているとも指摘している。[15] 七〇年代以降の日本の女性雑誌の発展を歴史的に辿れば、ファッションから経済的に自立した女性のライフスタイルに至るまで、その根底は欧米への憧れに満ちていたが、その中で形成したオリエンタリズムを含めた欧米の見方や評価を内面化した視線は、観光消費の都市として自国や東アジアをイメージ化していく際にも影響を及ぼした。九〇年代後半から二〇〇〇年前後にかけて台湾を特集した『CREA』や『Hanako』は、いずれも経済的に自立し新たな生活スタイルの提案を求める女性を主な読者とする。[16] 台湾をめぐる宣伝にある「懐かしくて新しい台湾」といったキャッチコピーは、先進的な日本の過去にもあった素朴な日常性を台湾に見いだすと同時にグローバル化した台湾のモダニティ（都会性）も享受する表現としても捉えられるが、岡田の論点を援用すれば、「新しいアジア／台湾」といった文句にある「新し」さは、欧米のオリエンタルな視線を内面化しつつ形成した東アジアへの眼差しから、観光都市としての台湾を新たに「ディスカバリー」する意味でもある。

日本の女性雑誌では、ノスタルジックな癒しを得られる観光地としての台湾のイメージは、よく茶芸（中国茶）と共に紹介される。二〇〇二年の茶芸をメインイメージにする『Hanako』の台湾特集の表紙には、台湾の茶芸と日本の茶カフェをめぐるキャッチコピーが同時に掲載されており、前者は「懐かしくて、新感覚アジアンワールドを遊び尽くす」で、後者は「東京では日本茶カフェが大流行。今、緑茶に新しいスタイルあり」とある。台湾の茶芸（中国茶）を日本で宣伝する代表的な人物の一人が、先ほども述べた女優の渡辺満里奈であろう。渡辺による『満里奈の旅ぶくれ――たわわ台湾』（新潮社、二〇〇〇）は、茶芸や茶器を中心とする観光案内であるが、ほかに『中国茶・アジアの誘惑　台湾銘茶紀行』（平野久美子、ネスコ、一九九九）もこの時期に出版された[17]。九〇年代後半以降の日本の女性雑誌で注目を浴びた台湾の茶芸と同時期のテレビ・コマーシャルや観光宣伝で造形された「オリエンタル・ビューティ」、「アジアン・ビューティ」のイメージのあり方に言及しながら、岡田は次のような見解を示している。「台湾特集のなかでは「東方美人茶」（オリエンタル・ビューティ）が紹介されたり（中略）、茶の文化の共有、茶の健康的・浄化のイメージが、オリエンタル・ビューティ、あるいはアジアン・ビューティと結びつけられて解釈されたりする。（中略）茶の習慣から美容やエステの紹介へ連なるケースがある。そして、それらの美容処方は、日本から見ての、癒しや和みである反面、面白半分の、土着的なものであることが暗示される」。また観光都市の表象、特にかつての日本の植民地である韓国や台湾をアピールし、東アジアの魅力を語る際の「近さや親しみ」といった表現に「日本に続いて発展する魅力的な経済圏であることとともに、文化的に同じであること、近いことが強調される」（八七頁）と、岡田は見ている。つまるところ、日本の女性雑誌でイメージした台湾観光は、移動／旅を通して未知の世界に刺激を求めるより、「文化的に同じであること、近いこと」に安心感を求める視点が内包される。「近さや親しみ」といった「安心感」には、西洋を意識する眼差しが交錯していることはいうまでもない。

日本茶や茶芸といったアジアの茶文化への注目は、アメリカ発・都会型消費文化を象徴する多国籍企業のスターバックスの日本における事業展開の時期と重なる。一九九六年に日本に進出したスターバックスは、二〇〇〇年に至るまでの四年間で平均年間一〇〇軒のスピードで急速に店舗を展開していった(18)。二〇〇二年前後の日本の女性雑誌における台湾の茶芸のイメージ形成に、重層的なオリエンタリズムの要素を見いだすことができよう。例えばスターバックスが代表となる欧米文化への対抗意識から生まれた、東洋を新たに「ディスカバー」するオリエンタリズムの視線や、旧植民地を意図的に「懐かしさ」や「癒し」で宣伝するオリエンタルな幻想が取り上げられる。ただ既に見てきたように、台湾観光局側による宣伝戦略もあったため、その重層化したオリエンタリズムの形成を考える際に、台湾からの働きかけ、いわば戦略的に打ち出されたオリエンタルな自画像及びこの時期に高揚しつつある台湾ナショナル・アイデンティティ昂揚の気運も見落としてはならない。二〇〇〇年前後に始まった、「台湾」を茶芸のイメージと結びつける傾向は震災後にも見られる。たとえば震災直後に刊行された『Hanako』（二〇一二年一月、一〇〇九号）、『an・an』（二〇一二年二月、一七九三号）も茶芸を表紙のイメージ図に採用している。このように台湾を美食でイメージする現象が、女性雑誌で次第に定着していく。

4　三・一一の後――グルメのイメージを通して形成される台湾に対する「感情の共同体」

三・一一の直後に発行された女性雑誌にある「台湾」イメージは、基本的に前述した重層的なオリエンタリズムの延長線上にあるが、その影響は日台をめぐる歴史的言説と異なる次元で次第に大衆文化に浸透していく。旅行に関する情報収集をする際、女性雑誌がどのぐらい参考にされるかについて、二〇一六年四月に発表された、女性たちの購買行動や消費心理を収集・分析する情報サイト「BWRITE」による調査結果が参考になる。それによると、スマートフォンでの情報収集で完結しがちだと思われている若い女性たちだが、実は「ガイドブックや雑誌などの書籍」のほうをパソコンやスマートフォンより頼りにしていることが明らかとなった。同サイトではその理由について、「ことりっぷ」（小旅行）などのいわゆる「女子旅ガイドブック」の存在による影響が大きく、名所巡りの途中でおしゃれなカフェやかわいい雑貨屋に立ち寄ることを好む女性のニーズをうまく捉えているからだと分析した。[19] またインターネットが普及する環境の中で日々膨大な情報量に晒されているからこそ、女子旅ガイドブックは

「理想の旅」を提案するキュレーションメディアのような存在として重宝されているという。[20]

三・一一の後に初めて台湾特集を出したのが『旅』（七月）で、「週末、台湾でお茶を」というテーマを掲げている。女性雑誌としては、『FRaU』（講談社）の台湾特集「ありがとう、台湾！」（二〇一一年八月号）が最初となる。[21]その誌面を飾るキャッチコピーは「感謝臺灣」（訳：台湾、ありがとう）と「訪れて楽しむことが、一番のお礼だと思うから」である[22]（扉図版）。『FRaU』に次いで台湾特集を出したのが『Hanako』の「你好台湾」（二〇一二年一月、一〇〇九号）と『an・an』の「台湾に行って、キレイになる」（同年二月、一七九三号）であり、両誌とも茶芸を表紙のメインイメージとしている。[23]宣伝文句として、「今だからこそ訪ねたい、懐かしい場所へ」、「美味しくて、心地よくて、癒される」（『Hanako』）と「週末は台湾へ、目的は〝キレイになる〟」（『an・an』）などが見られる。『an・an』の表紙モデルを飾るのは中国茶の湯呑みを手に持つ女優の杏で、撮影地は東京にある中国茶カフェである。そのほか、『MORE』も別冊付録のトラベルブックで「元気になれる　乙女旅in台湾」（二〇一二年一〇月号）を出している。「訪ねて楽しむことが、一番のお礼」、「今だからこそ訪ねたい」などの文句は震災への義援金をめぐる「台湾、ありがとう」という社会的雰囲気を反映したものである。「美味しくて、心地よくて、癒される」といった感覚表現に関して、先述した二〇〇〇年以降の「懐かしくて新しいアジア」の言説がそれを培った土壌となるが、味覚の部分はその後さらに強化されていく。

二〇一四年の夏休み海外旅行人気ランキングに呼応するかのように、同年七月の『an・an』（二日、一九一二号）は特集「週末、台湾」を発表し、表紙は小籠包の蒸籠が高く積んであるイメージ図から構成される。売れ行きが好調だったため、二ヶ月後に持ち運びに便利なバックサイズにリメイクされた『an・an特別編集　週末台湾』が刊行された。巻末に台北市内及びその近郊の街のマップが付録として付いている号の表紙は、生地のふわふわとした白い中華まんのイメージ図である。二〇一五年一月『OZ』（スターツ出版）も台湾特集「台湾へ　温かくて、懐かしくて、優しくて」を出し、その表紙はふかふかした中華まんを手に取る女性モデルで構成されている。(24) 茶芸の代わりに小籠包や中華まんが、台湾を表象するイメージとなっていく。

二〇一四年の夏休み海外旅行人気ランキングは、二〇〇〇年代以降の日本航空業界への格安航空会社（LCC）の国際線への参入が相次いでいる中で、東アジアの近隣国への旅がより容易になったのと、三・一一に対する台湾の高額な義援金をめぐる「感謝台湾」のブームによる結果である。こうした女性雑誌はその後も積極的に台湾特集を組み、二〇一六年の年末から二〇一七年の初夏にかけての半年の間だけでも『Hanako』（「台湾　おいしいものだけ」、二〇一六年一二月、一一二四号）、『CREA』（「ゆるむ　台湾」、二〇一七年一月号）、『an・an』（「歩く、台湾」、二〇一七年四月、二〇四八号）、『ミセス』（「台湾は楽しい」、二〇一七年五月号）があり、また高級志向の『家庭画報』（二〇一七年七月号）も最初の台湾特集「『台湾』極上の旅へ」を出版した。受容者の年齢層は二、三〇代から中高年女性にまで拡大し、気楽で手軽な旅とひと味違う「贅を尽くした」の旅のスタイルも打ち出され始める。『家庭画報』は「日本から近く親しみあふれる台湾の魅力」を宣伝文句とする。これらの雑誌のほとんどは「食べる」、「歩く」、「のんびりする」、「美しく」などを中心に台湾観光を宣伝している。(25)

女性雑誌で表象される「台湾」のイメージはテレビ・コマーシャルでも利用される。二〇一五年に、俳優の木村拓哉と長澤まさみが起用されるコマーシャル「Time for Taiwan」と「Meet Colors! 台湾」(自分の色を見つける)が日本の地上波で放送される。[26]「Meet Colors! 台湾」は赤、紫、緑などの鮮明な色彩で台湾の文化や風景などを象徴的に表現するのに対し、サラリーマンを主人公に設定した「Time for Taiwan」は様々な台湾の料理や食べ物で構成される。

「マンゴーかき氷の本場」編では、突然飛び上がった鳩に驚かされてアイスクリームを手から滑らせた木村が、「Time for Taiwan」と呟くや否や、画面は台湾のシンボルともなる一〇一ビルを眺めながら、高層ビルにある店でマンゴーかき氷を食べる画面に切り替わる。「小籠包はやっぱり台湾」編では、雨で渋滞に巻き込まれている最中、小籠包を楽しんでいる友人が携帯電話に送ってきた動画をみて溜息をついた主人公が、「Time for Taiwan」とつぶやくと今度は画面を埋め尽すほどの蒸籠がうず高く積み上げられたテーブルの前で、小籠包に舌鼓する主人公が映る。「世界の銘茶　台湾ウーロン茶」編では、酷暑の中、飲み物の自動販売機の故障に苛立ちつつも、「Time for Taiwan」というフレーズが頭をかすめた途端、主人公は雄大な大自然に囲まれ湖の橋の上で正座して静かに台湾ウーロン茶を淹れている。「Time for Taiwan」は日常生活の中で気分が満たされない時の癒しとなる。[27] このように日本の女性雑誌における美食に特化する「台湾」像は、日本の大衆文化の中で次第に定着し、やがて味覚を中心とする日台をめぐる家族物語の誕生を促していく。

5　「美味しい台湾」を家族の記憶・共同体の記憶へ織り込む

グローバリズムにおける消費者の欲望や関心をめぐって、ジクムント・バウマンはジョン・キャロルの『自我と魂　近代西欧社会学の意味の探究』を引用しつつ消費社会における移動／旅行について言及している。消費社会の習慣をめぐって、キャロルは次のような指摘をしている。「気分が悪ければ、食べなさい」という表現にある「気分の悪さ」は、つまり「空っぽ、寒い、退屈」などと感じる時でもあるが、それを満たすために「暖かく、豊か、活力のあるもの」が必要であるが、本来、心を満たす手段はほかに歌や映画などもあり、食べ物である必要はない。しかし「満腹の状態になることが救済にいたる道である。消費して元気になれ！」というのも消費社会の習慣である。(28) そこから見れば、女性雑誌にあるグルメに特化する「台湾」の表象はグローバリズムの中の消費社会においては珍しいことではない。ただ味覚文化も風土も異なる台湾の食を、日本の消費者からなる共同体の感情を満足させる癒しの記号として成り立たせるため、歴史を忘却する装置・書き直す装置が必要だということも看過できないだろう。二〇一七年五月号の『ミセス』の台湾特集では、作家・角田光代は「おいしい」について問いかけている。

「おいしい」と、私たちはどこで感じるのだろう。（中略）その町や地方の味覚文化も知らず、食べ慣れた味も異なるのに、そこで暮らす人も、遠方からやってきた私（引用者注：日本人の私）も、共通して「おいしい」と思う。（中略）今回の台湾の旅で、私はつくづくとその不思議について考えた。台湾の食は、日本で暮らす私たちには身近で食べやすいものが多い。それでも食文化は異なるし、私は初めて食べる台湾料理も多かった。なぜ、「おいしい」と分かるのだろう？（中略）どうして、台湾の味覚で育った人と、日本は関東の味で育った私が、ものを「おいしい」と感じるのだろう？

（「角田光代さんが訪ねる、台北の食い倒れの旅」、一二四頁）

確かに女性雑誌で表紙イメージ図としてよく利用される中華まんは、日本のコンビニでは簡単に買い求められるし、小籠包も中華料理によくあるメニューである。角田は台湾の料理人の苦労に美味しさの理由を見いだそうとしているが、日常生活の「身近にある」中華街や中華・台湾料理店が記憶する日台の歴史関係や日本戦後社会に生きた華人ディアスポラの存在には関心を向けていない。『無国籍』（新潮社、二〇〇五）の著者である陳天璽の例は、その問いへの一つの答えとなるだろう。横浜で生まれ育った陳は生まれた翌年の一九七二年に、日台国交断絶に伴い両親と共に中華民国の国籍から離脱せざるを得なくなる。[29] 親が二人とも中華人民共和国の国籍や日本の国籍を取得するのを拒否したため、陳は二〇〇三年（三二歳）に日本国籍に帰化するまで日本の法律上では無国籍だった。そのような陳の実家は横浜の中華街にある中華料理店である。

「美味しい台湾」をめぐって、一青妙のエッセイ集『私の箱子』と『ママ、ごはんまだ？』は女性雑誌の台湾特集に見られる料理や食べ物のビジュアル・イメージを物語化した文学作品とも言える。『ママ、ごはんまだ？』は一九七〇年に台湾に嫁いだ日本人妻やその子どもたちの台湾と日本を行き来する生活、家族の食卓の様子などを描き出しながら、台湾料理のレシピも紹介している。作品の時代背景は、その前作の父親や一家の台湾との関わり方を描いた『私の箱子』が下敷きとなっている。台湾料理にまつわる家族の記憶を語りながら日台を越境する共同体の記憶を紡ぎ出すのがこの二作の特色ともいえるが、日本と台湾の「切っても切り離せない」関係を語る際、戦前から戦後に連続する日台の歴史関係を象徴する台湾人の父が重要な存在として浮かび上がってくる。

著者・一青妙は、一九七〇年に生まれで一九八一年まで台湾で過ごすが、一五歳（一九八五年）の時に父と、二一歳（一九九三年）の時に母と死別する。一青妙の父・顔恵民は、植民地時代から九份などの鉱山開発で台湾五大財閥となる「顔家」の長男として一九二八年に生まれる。一〇歳から一九歳まで東京の学校に通い、終戦二年後に「日本人であることを否定」されアイデンティティの問題に悩み続けつつ、日本から台湾に引き揚げるが、一九四九年に再び日本に密航する。仕事の関係で日本と台湾を頻繁に往復していた顔は、一九七〇年に一青和枝（一九四四年生まれ）と台湾で結婚するが、家族と離れて暮らす時間が多く、一九八五年に他界する。日本での家族と暮らした最後の三年間は、がんという病状を告知されなかったことによるわだかまりで妻に口をきかなくなった。一青妙は二〇〇九年、家を改築する時に家族の思い出の品々を詰めた箱を開けたのがきっかけで、封印されていた台湾をめぐる記憶と両親をめぐる記憶の空白を埋めるため、日本と台湾を行き来しているという。

両作品における顔の人物像は、前述した一九九〇年代の日本の言説空間にある台湾の日本語世代のイメージと重なっている。顔は戦前、愛国思想を強く持つが、戦後、「日本人として育てられながら日本人であることを否定され」たショックで、その「二つの「国」に引き裂かれたアイデンティティの問題」に悩んだあげくノイローゼにかかった。年数回、長ければ一ヶ月ほど引きこもる理由はそこにあるという。なぜ「日本が私たちを捨てたのか」という言説は酒井充子の『台湾人生』や『台湾アイデンティティ』のドキュメンタリーに登場する日本語世代の話の中にも出てくる。ちなみに顔が他界した時、台湾はまだ戒厳令期間中であった。

『ママ、ごはんまだ?』では、そのような顔のために日本人妻として台湾料理を懸命に覚える様子が描写されている。二〇一七年に同名の映画が発表され、『私の箱子』と『ママ、ごはんまだ?』が元となるこの映画は第六四回サン・セバスチャン国際映画祭キュリナリー部門の正式出品作品にもなった(監督・脚本は白羽弥仁、二〇一七年に公開)。顔をめぐっては、「私はチュウゴクジンじゃないんだ。おれはニッポン人なんだ。」(台湾語)、(顔の旧友が女主人公の一青妙に向かって)「あなたのお父さんは日本人以上の日本人でした。戦争が終わって台湾は日本から離れ。国民党は台湾を占領に来ました。そのギャップは余りにも大きいので余りもショック。二・二八で処刑された台湾人。これが政治かこれが人生か。精神的に大きな打撃を受けたのだろう。あなたのお父さんは日本人でした。台湾の生活、政治、経済、私たち親族事々に合わない。台湾に帰っても苦しいだけ」と語っている。それらの言説は、空白だった父の記憶を後から埋めるものであることも想起されよう。映画『ママ、ごはんまだ?』はそのような歴史観を下敷きにした上で、料理するときの音や様々な台湾料理の映像を鮮明に写し出している。

一青妙による一連の台湾関係の仕事は、三・一一の後に現れてきた女性雑誌の台湾特集ブームの中で生まれてきたものでもあり、グルメに特化するそのような台湾特集の延長線上にある作品でもある。日本語世代への取材が次第に困難となりつつある中、当事者ではなく、歴史資料や旅の経験を通して収集した非当事者の「記憶」を再構築の形で日台の関係を語るスタイルは、今後も増えていくだろう。ちなみに一青妙は現在、台南市親善大使にも任命され、現在でも積極的に台湾の観光宣伝を展開している。

終わりにかえて　旧植民地観光とセクシュアリティの問題

『私の箱子』の後書きでは、三・一一への義援金をめぐって次のように書かれている。「多くの日本人は『なんで台湾の人が』という疑問を持ったに違いない。でも、いまの私にはなんとなくわかる。台湾人とって日本人の不幸は「他人事」だとは思えないほど、両者の関係は近いのである。（中略）旅に出かけ、考えてきた。顔家は日本抜きには発展することはなかったし、その没落も、日本の敗戦の結果だった。一方、母が父と結婚したおかげで、いまは一青の姓を継いでいる私も妹、台湾とは切っても切り離せない関係になっている。（中略）私たち四人の家族は、とっても複雑でややこしいけれど、心と心がしっかりとつながっている日本と台湾の関係を象徴している」（『私の箱子』、二八二頁）。

顔家の繁栄は一九一四年に日本の藤田組（現在の藤田観光の前身）に九份・瑞芳の金鉱を購入したこと

に始まる。戦後になって、創始者の長男で一青妙の祖父に当たる顔欽賢が二・二八の「首謀犯」として指名手配され長期間の逃亡を強いられ、さらにその後、金の自由売買禁止令やエネルギー事情の変化で一九七一年に閉山を決定する。戦後の時代的変動とともに歩んできた顔家の没落はここでは「日本の敗戦の結果」に原因が求められている。その結果とは一九四七年に国民党が台湾に来てから発生した台湾人鎮圧事件・二・二八事件である。これは第一節ですでに見てきたように、日本語世代による植民地支配を肯定する言説ではよくあるレトリックでもあり、『台湾紀行』や『台湾論』、『台湾人生』といった日本語で「日本時代」について取材を行った作品によく見られる歴史認識でもある(30)。

が、それより注目したいのは、「私たち四人の家族は、とっても複雑でややこしいけれど、心と心がしっかりとつながっている日本と台湾の関係を象徴している」という文句である。すでに見てきたように、『愛を乞うひと』、『あまりに野蛮な』、『私の箱子』、『ママ、ごはんまだ?』の共通点と言えば、主人公の日本人女性が台湾への旅を通して記憶の中で空白だった「父」を求めて家族史を再構築することである。父をめぐる記憶を埋めることで、『愛を乞うひと』の照恵はトラウマの原因となった母親と向かい合えるようになり、『あまりに野蛮な』のリーリーはモーナ・ルーダオを象徴的な父に想像して子を失った傷を癒そうとする。実話に基づいたエッセイ作品である『私の箱子』も『ママ、ごはんまだ?』も断片的な父の記憶や父方の家族史を再歴史化することを通して自らの台湾とのつながりを再確認し、作家みずからが台湾の観光宣伝の活動を展開していく。旅を通して再発見した「心と心がしっかりとつながっている日本と台湾の関係」とは、単に婚姻関係でつながる個人史や家族史をめぐる日台関係を意味することに留まらず、「家族」というメタファーで日台の関係を象徴する表現としても捉えられる。そして台湾の父（『あまりに野蛮な』では先住民族である想像上の父）の「不在」を埋めて自我を確立していく際、「台湾」はその通過儀礼のための旅先となる。旅をする彼女たちは一九九〇年代以降、東アジア・台湾を「観光」する女性雑誌の読者でもある。作品が発表される時期はそれぞれ一〇年ぐらいの開きがあり心の満たされ方にも時代的な違いがあるものの、一つ言えるのは三・一一以降、『愛を乞うひと』と『あまりに野蛮な』にあるような「痛み」があまり描かれなくなる代わりに、「美味しい」、「心地よい」、「癒される」場としての「台湾」が次第に日台をめぐる記憶や歴史の言説空間に浸透し、その流れで新たな日台関係をめぐる家族の物語の誕生を予言するような作品も出ている。

二〇一七年に映画『ママは日本へ嫁に行っちゃダメというけれど。』が公開される。三・一一の後、ソーシャルネットワーク「東日本大地震『台湾から義援金』」のコミュニティーで、「日本加油!!」という日本語を勉強している台湾人女性大学生のコメントに、「ありがとう台湾!!」と見知らぬ日本人男性が返事したのがきっかけとなり、二人は連絡をはじめるが、その後、男性は友人と台湾観光に来て、やがて二人は交際を始める、という内容である。表題にある「ママは日本へ嫁に行っちゃダメというけれど。」に関して言えば、映画の時代背景とは異なるが、論者自身も祖母に同じことを言われたことがあるのを思い出す。戦前生まれで教育を受けていなかった祖母が思い描いた植民地支配とセクシュアリティの問題は如何なるものなのかは、今では聞くすべはない。

ジェンダー及びセクシュアリティの観点で日本社会にある「台湾」及び台湾観光のレトリックを歴史

的に辿ってみると、ある「構造」が発見できるであろう。『ママは日本へ嫁に行っちゃダメというけれど。』に登場してくる日本語を片言しかしゃべれない日本で飲み屋を経営する台湾人女性は、一九七、八〇年代における日本人男性の台湾観光の歴史を暗示するような存在でもある。大宅壮一賞授賞第一作でもある『誰も書かなかった台湾　「男性天国」の名に隠された真実』（鈴木明、産経ドラマブックス、一九七四）と『たいわん物語』（邱永漢、中央公論社、一九八一）が、その歴史を証言している。七、八〇年代、台湾を旅する日本人男性と九〇年代以降の台湾を旅する日本人女性については、前者が日本経済の発展と円高がもたらしたツーリストであり、後者はバブル崩壊後、円安がもたらしたツーリストであると言えるであろう。その違いはあるものの、両者の観光消費文化のあり方には、「台湾」に癒しを求める構造が内在している点においては共通性がある。戦後日本人の台湾への旅に見られるセクシュアリティの問題、また癒しを求める欲望装置、その歴史的な連続と断絶の問題は七、八〇年代に遡って考える必要があるが、それは今後の課題としたい。

（1）「東山彰良『流れ』論──「ハードボイルド・ミステリ」が異化する〈東アジア〉三世代の「歴史」と「記憶」（『越境　日本語文学研究』第四号、二〇一七）において、坂元は以下の四タイプに分けて論じている。（一）日本統治期を肯定的に語る「本省人」を焦点化したタイプで、小説やエッセイとしては『台湾紀行』、『台湾論』、吉田修一の『路』（文藝春秋、二〇一二）、映画では監督の酒井充子による「台湾三部作」などがある。（二）台湾の少数民族（先住民）に注目したタイプで、作品としては津島佑子の『あまりに野蛮な』（『群像』、二〇〇六年九月〜二〇〇八年五月連載）が代表例である。（三）多言語越境を自らの出自と結びつけて語るタイプで、作品としてはリービ英雄の『越境の声』（岩波書店、二〇〇七）、『模範郷』（集英社、二〇一六）のほか、温又柔の『来福の家』（集英社、二〇一一）や『台湾生まれ、日本語育ち』（白水社、二〇一五）などが挙げられる。（四）ハードボイルド・ミステリーで、船戸与一の『金門島流離譚』（毎日新聞社、二〇〇四）や東山彰良の『流』（講談社、二〇一五）などがある。

（2）「方法としての台湾　台湾への眼差し」、東アジア文史哲ネットワーク編、『〈小林よしのり〉『台湾論』を超えて　台湾への新しい視座』、作品社、二〇〇一、四二―四三頁

（3）「日本語世代」の言説の利用の仕方をめぐって、『台湾論』のほか、NHKが制作したスペシャルシリーズ「Japan デビュー　アジアの〝一等国〟」（二〇〇九）に対する台湾側の番組出演者が起こした訴訟問題もある。

（4）https：//www.jata-net.or.jp/data/trend/ranking/pdf/140630_rank.pdf（二〇一七年三月アクセス）

（5）「戦後日本映画『愛を乞うひと』における台湾表象―忘却と記憶のはざまで」（松崎寛子、『越境　日本語文学研究』第四号、二〇一七）、引用は一一九頁より。

（6）台北高等学校の正式名称は台湾総督府台北高等学校、現・台北師範大学本部キャンパス所在地で日本語の観光ガイドでよく紹介されるスポットでもある。

（7）青田街を歩くときの場面では、「今の日本人がタイペイに残されている日本家屋をこうして好奇心だけでのぞき見てもいいものだろうか、と自分（引用者注：リーリー）で自分の視線にうろたえてもいた。できることなら、日本人だと気付かれたくない。単なる通行人として見逃してほしい、と願いつつ歩きつづける」（『上』、九八―九九頁）とある。

（8）青田七六をはじめとする植民地時期の建物の保存と台湾における日本時代への歴史認識について、石井清輝の「植民地時期の遺構をめぐる価値の生成と「日本」の位相―台湾における日本式木造家屋群の保存活動を事例として」（所澤潤・林初梅編、『台湾のなかの日本記憶　戦後の「再会」による新たなイメージの構築』、

三元社、二〇一六）を参照されたい。

（9）台湾初の民選総統として発足した李登輝政権（一九九六～二〇〇〇）から、民進党の総統候補者であった陳水扁が総統に就任するまでの日本語世代の活躍やその後に新たに展開された日台関係の有りようについて、楊永明の「安全保障条約の二重の三角関係―一九九五～一九九九年」や「東アジアの構造変動と日台関係の再編―二〇〇〇～〇六年」（川島真・松永康博・清水麗・楊永明編、『日台関係史一九四五～二〇〇八』、東京大学出版会、二〇〇九）を参照されたい。

（10）他方、日本の国土交通省は訪日外国人旅行者の促進活動として二〇〇三年に「ビジット・ジャパン・キャンペーン」（VJC）を発足し、重点国として位置づけられる台湾の訪日旅行者の拡大のための施策として実施した「VJC台湾観光親善大使」に女優の林志玲（リン・チーリン、二〇〇四～二〇〇六）と頼雅妍（ライ・メーガン、二〇〇七～二〇一〇）が任命される。

（11）例えば一九九七年、台湾において台湾文学を専門とする最初の台湾文学学科が真理大学で設置され、続いて二〇〇〇年に成功大学で台湾文学学科の修士課程、二〇〇二年に博士課程が開設された。二〇〇七年秋の時点では台湾の文学・文化・歴史・言語を専攻する学部、大学院は合わせて二七箇所に上る。「パネルディスカッション報告　台湾文学研究　この一〇年、これからの一〇年」（星名宏修『日本台湾学会報』一一、二〇〇九・五）を参照されたい。

（12）「女性雑誌における東アジア観光都市のイメージ」（『マス・コミュニケーション研究』六二号、二〇〇三）引用は八二頁より。この論文は一九九七年から二〇〇二年にかけて刊行された女性雑誌に注目している。

（13）引用は八二頁より。台湾と関連する記事ではほかに「二〇〇〇年占いの本場「台湾」ちょっと旅二泊三日」（『non-no』一九九九年十二月五日号）、「夢見る上海愛しの台湾」（『CREA』二〇〇二年五月号）がある。

（14）二〇〇二年頃の行き先別上位五位は、アメリカ、韓国、中国、タイ、台湾となり、香港は六位。また女性旅行者数のうち、二〇代は全体の三二%と圧倒的に多く三〇代は十八%となる。

（15）岡田はそれを「三重化するオリエンタリズムの視線」と捉えている。一つは文化的に同じである「近さ」

や豊かな日本という特権的な立場から初めて認知しうる「人工的な懐かしさ」という視線で、今ひとつは『コロニアル』に見る西洋への憧れ」の視線で、それはつまり香港やベトナムに見られる旧宗主国のファッションを含んだヨーロッパの面影と東洋的なものとの融合に対する憧れでもある。三つ目は、「西洋のオリエンタリズムの内面化と自己オリエンタリズム」の視線からきたものであるが、「ディスカバリー・ジャパン」（旧国鉄のキャンペーン・コピーで日本の地方を「外国人のような目」で眺める旅）や「欧米人が行くアジアツアー」（『CREA』一九九九年五月号）といったキャッチコピーのように、欧米の目、評価を内面化しながら、オリエンタルな眼差しで自他文化を観光消費の対象としてみる視線である。

(16) 例えば「東京都で働く女性」を主な対象とする『Hanako』は「〝お洒落〟な楽しみ方を提案」し女性の『知りたい!!』を叶え」てくれる暮らしの情報誌で、『CREA』は「二五歳から三〇歳の経済的に自立した」、「聡明な女性」を演出するためのファッション情報やトラベル情報を提供する雑誌である。雑誌に関して「女性ファッション雑誌ガイド」http : //www.magazine-data.com/、「日本最大級の雑誌オンライン書店」http : //www.fujisan.co.jp/ を参照されたい。二〇一七年三月アクセス。

(17) 『満里奈の旅ぶくれ―たわわ台湾』ではグルメに関する情報もあるものの、内容の大部分は茶芸に関するものである。渡辺は中国茶の取材で初めて台湾を訪ねたのが一九九四年である。金城武が出演した映画による影響で台湾に関心を持ちはじめたという。

(18) 一九九六年に東京・銀座第一号店をオープンして以来、一九九七年には合計一八軒で、一九九八年に五二軒、一九九九年に一一七軒で、二〇〇〇年に入ってから年間一〇〇軒のスピードで店舗を増やし、二〇一三年に千軒を突破した。http : //www.starbucks.co.jp/、二〇一七年三月アクセス）

(19) 「二〇代女子に「ガイドブック」が意外な人気!?:「旅行についての意識調査」」https : //prtimes.jp/main/html/rd/p/000000065.000012846.html（二〇一七年三月アクセス）

(20) ブログに関して、台湾を旅する際の参考として「青木由香の台湾一人観光局」も女性たちに支持されているようだ。ほかに台湾生まれの一青妙「妙的日記」もある。

(21)『FraU』は翌年二〇一二年の九月号、「これからも、台湾！」を特集し、サブタイトルは「さらに楽しく、もっと仲良しになる（ハートマーク）旅へ」である。表紙は屋台がずらりと並ぶ夜市の屋台の写真である。二〇一一年と二〇一二年の特集をまとめて出版されたのが『最好的台湾』（青木由香・FRaU編集部編、講談社、二〇一三年。その翌年、台湾で中国語が出版された。『最好的台灣：你從不知道、這些美好打動了日本人』、台湾：尖端）である。青木由香は台湾在住の日本人コーディネーターとして活躍するライターでもあり、「台湾一人観光局ほぼ日支局」のブログを運営している。震災後、『FraU』で台湾全島案内したのも青木である。

(22) 序章のリードは「一〇〇億円の義援金を集めてくれた、世界一日本を好きでいてくれている台湾のこと、もっともっと知りたい」と書いてある。

(23)『Hanako』は「一番新しい台湾」（二〇〇二年六月、六九二号）の表紙は二〇一二年の台湾特集と同じく茶芸館をメインイメージとした。その後、特集「台湾が叶えてくれる一〇〇のこと」（二〇一五年七月、一〇九一号）では「野村友里さんが台湾で2泊3日の料理修行。」の記事が掲載されている。

(24)『OZ』（月刊）は二〇代―三〇代の首都圏で暮らす女性や働く女性をメインターゲットとするライフスタイル情報誌。「まだ知らない台湾の素顔に出会う旅」や「温かく、懐かしく、やさしくて」をコピーフレーズに飾ったこの号では、話題の台湾映画『KANO　一九三一海の向こうの甲子園』も紹介され、現在、ブームを呼んでいる台湾ものづくりの文化も取り上げられる。女性雑誌の中であまり話題にならない台湾先住民についての記事も掲載されている。

(25) キャッチフレーズに「食べてのんびり、また食べる」（『CREA』）、「食べて、学んで、美しく！　だから行きたい台湾」（『ミセス』）、「人気の街を楽しみ尽くす！」（『an・an』）などがある。

(26) 長澤は二〇一六～二〇一八年の台湾観光イメージキャラクターでもある。二〇一三年に台湾ドラマ『ショコラ』や監督・ジョン・ウーの映画『The Crossing』に出演したことがあり、台湾で知られている日本人女優でもある。

(27) 二〇〇〇年頃、JAA機内放送では金城武と志村けんによる共演の宣伝ビデオが放送されていた。二人でローカル電車に乗ったり伝統市場をスクーターで回ったりする映像は、台湾のローカル色を強く写し出しているのに対し、「Time for Taiwan」は一〇一ビルも入れて、台湾の現代モダニティを全面的に出している。

(28) 『グローバリゼーション　人間への影響』（澤田真治・中井愛子訳、法政大学出版局、二〇一〇）、引用は一一五頁より。

(29) 父親の陳福坡は満州で青春を過ごし一九四九年に中国より台湾に渡り、一九五七年に留学生として日本へ渡る。中華民国の国籍を離脱した後、「イデオロギー」の違いで中華人民共和国の国籍の取得を拒み、日本国籍に帰化するのも妻が反対していたようだ。陳天璽は二〇一三年に日本国籍を取得した。母の詹珮筠は二〇一七年二月に他界するまでそれに対する理解を示さないままでいたという。NHKドキュメンタリー「無国籍～ワタシの国はどこですか」（玄真行制作、二〇〇九年TV放送）、「無国籍三〇年　陳天璽に取材」（二〇一七年八月の記事、https://www.mirrormedia.mg/story/20170810pol002/ 二〇一七年八月アクセス）。

(30) 台湾の日本語世代を取材するときの使用言語の問題に関して、川口隆行「日本における『台湾』／台湾における『日本』」（水羽信男編、『アジアから考える　日本人が「アジアの世紀」を生きるために』、有志社、二〇一七）を参照されたい。

編者・執筆者紹介（執筆順）

坪井秀人（つぼい・ひでと） 編者、序言

国際日本文化研究センター教授。日本近代文学・文化史。『声の祝祭―日本近代詩と戦争』名古屋大学出版会、一九九七年。『感覚の近代―声・身体・表象』名古屋大学出版会、二〇〇六年。『性が語る―二〇世紀日本文学の性と身体』名古屋大学出版会、二〇一二年。

北原恵（きたはら・めぐみ） 第1章

大阪大学文学研究科教授。視覚文化論。『アート・アクティヴィズム』インパクト出版会、一九九九年。『攪乱分子@境界』インパクト出版会、二〇〇〇年。『アジアの女性身体はいかに描かれたか』（編著）青弓社、二〇一三年。「〝モダン〟と〝伝統〟を生きた日本画家・谷口富美枝（一九一〇―二〇〇一年）」『待兼山論叢』四八号、二〇一四年。「昭和天皇の広島・被爆者慰問―一九四七年国立大竹病院巡幸」高雄きくえ編『被爆70年ジェンダー・フォーラムin広島「全記録」―ヒロシマという視座の可能性をひらく』ひろしま女性学研究所、二〇一六年。

秦剛（しん・ごう） 第2章

北京外国語大学北京日本学研究センター教授。日本近代文学。「芥川龍之介と谷崎潤一郎の中国表象」『国語と国文学』八三巻一一号、二〇〇六年。「柳瀬正夢の漫画と一九三〇年代中国の左翼美術」『JunCture 超域的日本文化研究』六号、二〇一五年。「谷崎潤一郎と田漢」『アジア遊学』二〇〇号、二〇一六年。

尹芷汐（いん・しせき） 第3章

名古屋大学大学院人文学研究科博士研究員。愛知淑徳大学・名城大学非常勤講師。日本近代文学。「『週刊朝日』と清張ミステリー――小説「失踪」の語りから考える」『日本近代文学』八八号、二〇一三年。「「内幕もの」の時代と松本清張『日本の黒い霧』」『日本研究』五二号、二〇一六年。「名探偵の「死」とその後―日本の社会派推理小説と中国の法制文学」『跨境 日本語文学研究』二号、二〇一五年。「文化外交をする女性たち―一九八〇年代の「日本友好」連環画」『連環画研究』七号、二〇一七年。

廣瀬陽一（ひろせ・よういち） 第4章

大阪府立大学非常勤講師、同大学客員研究員。在日コリアン文学・日本近現代文学。『金達寿小説集』講談社：講談社文芸文庫、二〇一四年。『金達寿とその時代―文学・古代史・国家』クレイン、二〇一六年。「金達寿と文学運動―リアリズム研究会を中心に（김달수와 문학운동 —— 리얼리즘연구회를 중심으로）」『国際高麗学』一六号、二〇一六年。

申知瑛（しん・じよん） 第5章

（韓国）延世大学国学研究院HK教授。朝鮮近現代文学

（植民地期の朝鮮文学）、一九四五年前後における東アジア（朝鮮、台湾、日本）の文学・思想・歴史。『比較に抗して―一九四五年前後の朝鮮・台湾・日本の接触思想と対話的テクスト』一橋大学大学院言語社会研究科博士論文、二〇一八年。『不／在の時代―近代啓蒙期及び植民地朝鮮における演説・座談会研究（부／재의시대―근대계몽기및식민지조선의연설좌담회연구）』韓国：召命出版、二〇一二年（世織書房より日本語版出版予定）。“Chains of Comparison, Difference in Empathy: Dialogic Texts in Colonial Korea and Taiwan”, *The Journal of Korean Studies* 20(2)., 2015.

村上陽子（むらかみ・ようこ）第6章
沖縄国際大学総合文化学部講師。沖縄・日本近現代文学。『出来事の残響―原爆文学と沖縄文学』インパクト出版会、二〇一五年。「沖縄・海洋博の爪痕―大城立裕『華々しき宴のあとに』をめぐって」『昭和文学研究』七五集、二〇一七年。「傍観者的立場の揺らぎ―井伏鱒二「かきつばた」論」『日本文学』六六巻一一号、二〇一七年。

李文茹（り・うぇんる）第7章
淡江大学日本語文学科副教授。日本近現代文学における「植民地台湾」の表象について。『帝国女性と植民地支配―一九三〇年～一九四五年における日本人女性作家の台湾表象』名古屋大学大学院博士論文、二〇〇五年。「雑誌『人間』と「戦後日本」との接点―八〇年代台湾における「核」言説のジレンマ」『原爆文学研究』一六、二〇一七年。『「露社事件と戦後の台湾／日本　ジェンダー・エスニシティ・記憶』台湾：瑞蘭国際、二〇一八。

戦後日本を読みかえる　第5巻
東アジアの中の戦後日本
二〇一八年七月三一日　初版発行

編　者　坪　井　秀　人
発行者　片　岡　　敦
印刷・製本　亜細亜印刷株式会社
606-8204　京都市左京区田中下柳町八番地
発行所　株式会社　臨　川　書　店
電話（〇七五）七二一―七一一一
郵便振替　〇一〇七〇―二―八〇〇

落丁本・乱丁本はお取替えいたします
定価はカバーに表示してあります

ISBN 978-4-653-04395-9　C0336

〔ISBN 978-4-653-04390-4　C0336　セット〕